RICHTIG MALEN MIT
PASTELLKREIDEN

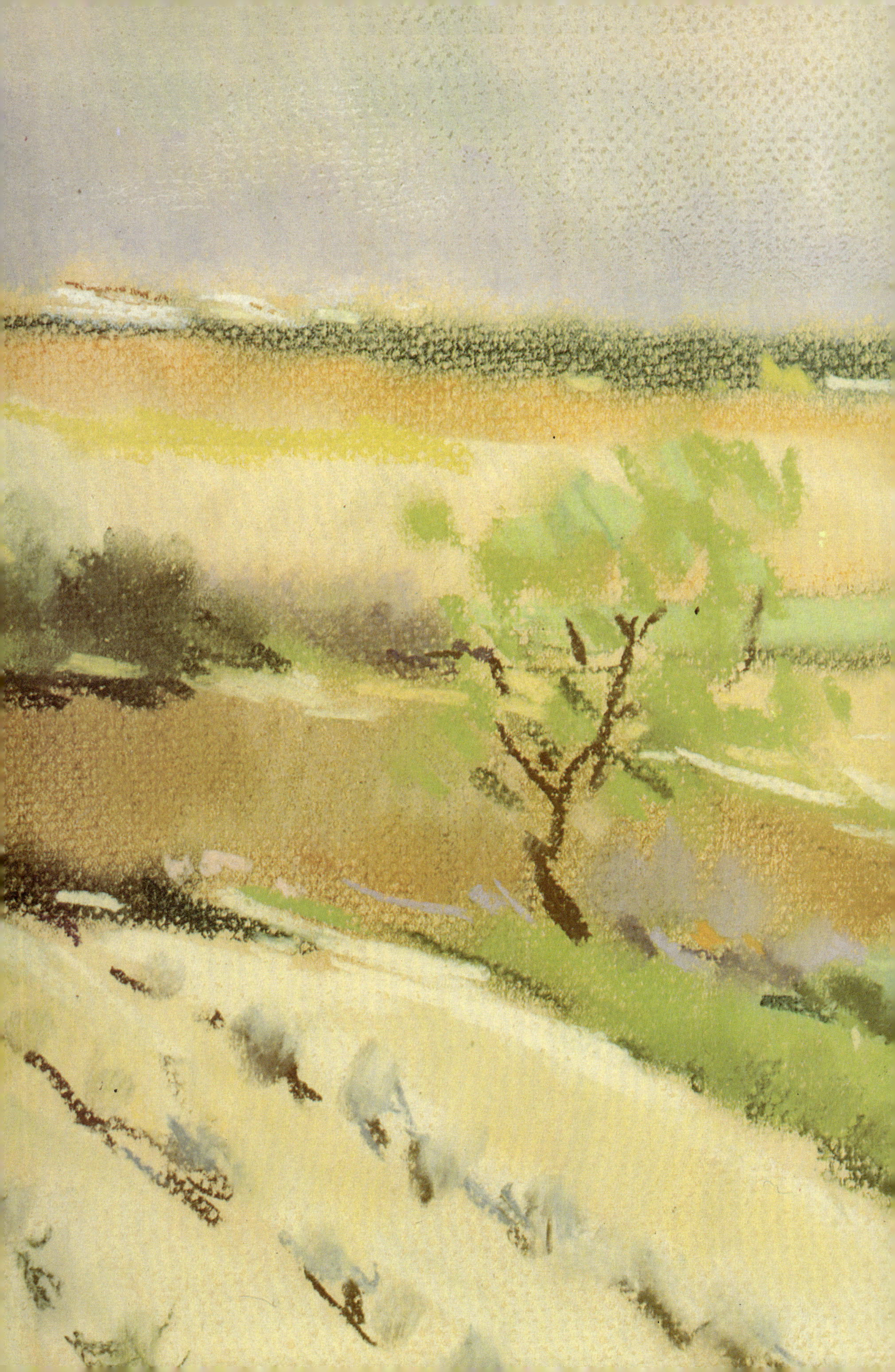

RICHTIG MALEN MIT

PASTELLKREIDEN

S. G. OLMEDO

EDITION
MICHAEL FISCHER

Titel der Originalausgabe: "La pintura al pastel"
Aus dem Spanischen übertragen von Christa L. Cordes

8. Auflage 1999

Herstellung und Satz:
Verlagsservice Henninger GmbH, Würzburg

Printed in Spain

ISBN 3-924433-14-6

Inhalt

1

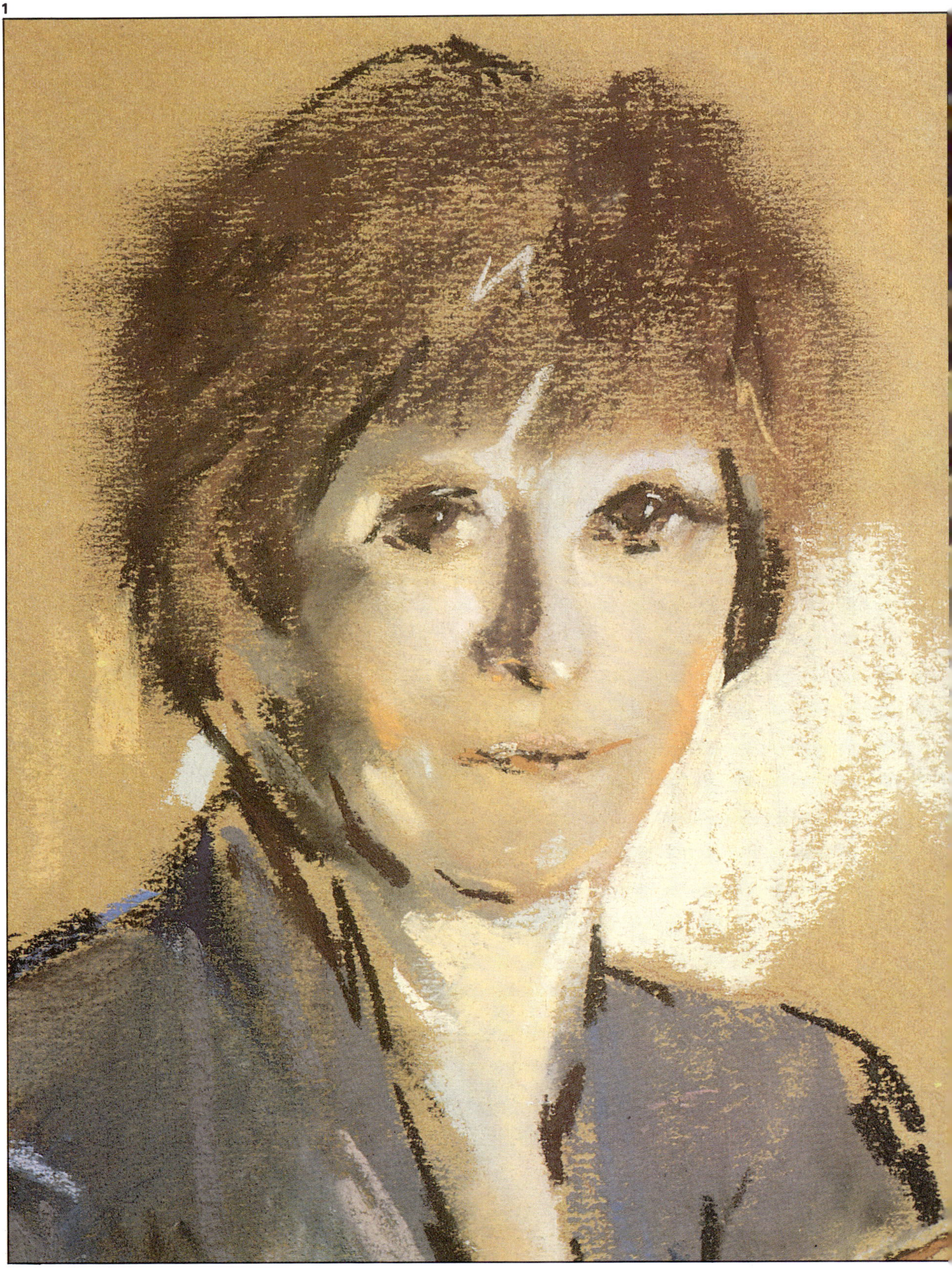

Einführung

Abb. 1: G. Olmedo, *Frauenporträt.*

Das Gemälde und jedes Kunstwerk im allgemeinen ist die Kristallisation einer Idee. Es ist eine ganz besondere Ausdrucksform und drückt Gefühle, angeborene Fähigkeiten oder erworbene Verhaltensweisen aus – nicht immer ohne Schmerzen, doch stets begleitet vom intimen Genuß eines schöpferischen Aktes seitens des Künstlers.

Dieses Buch möchte die Begeisterung des Lesers für ein künstlerisches Verfahren wecken, das die ausdrucksvolle Unmittelbarkeit der Zeichnung mit der sinnlichen Anziehungskraft des großen Gemäldes in sich verbindet. Die Rede ist von der Pastellmalerei, mit deren Hilfe wir an dem großen Abenteuer der künstlerischen Schöpfung teilnehmen wollen.

Die Pastellkreiden bieten uns, wie wir noch sehen werden, die Möglichkeit, unsere ästhetische Auffassung, unsere Art und Weise, die Welt in Formen und Farben auszudrücken, mit wenigen bildhaften Elementen darzustellen, wenn wir nur mutig, rasch und gewandt damit umgehen. Das ist nicht weiter erstaunlich, denn die Pastelltechnik hat schon immer die großen Meister der Kunstgeschichte bis in unsere Tage interessiert. Einerseits sind die Pastellkreiden wegen ihrer erwähnten Merkmale für Maler mit einer nachimpressionistischen Auffassung zu einem attraktiven Medium geworden, andererseits erscheinen sie wegen ihrer Ähnlichkeit mit der Zeichenkohle für nicht wenige eher „akademische" Künstler begehrenswert.

Mit Hilfe der Betrachtung der Werke großer Meister und hervorragender Beispiele, die uns die an der Herstellung dieses Buches beteiligten Pastellmaler zur Verfügung gestellt haben, wollen wir den Geheimnissen des Mediums im Atelier auf die Spur kommen. Als begeisterter Liebhaber und Maler von Pastellbildern erlaube ich mir, Ihnen dabei zu helfen. Ich stelle Ihnen mein gesamtes Handwerk – das, was man als das praktische Wissen bezeichnen könnte – in Form von Ratschlägen und Beispielen zur Verfügung.

Dies ist das Buch eines Malers, der es wesentlich stärker gewohnt ist, sich mit Papier und Farbkreiden auszudrükken als mit Hilfe des geschriebenen Wortes und der folglich die Tat der Gelehrsamkeit vorzieht. Erinnern Sie sich an einen Ausspruch von Sir Joshua Reynolds (1723–1792):

„Der kleinste schriftliche Essay eines Malers bringt die Kunsttheorie weiter als eine Million Bücher."

Ich glaube, daß dieses Buch eine Lükke innerhalb der Reihe „Richtiges Malen und Zeichnen" ausfüllen wird, da das Thema Pastellkreiden bisher nur unvollständig neben der Technik mit Wachsmalstiften, Gouachefarben und Collagen etc. unter dem Titel „Richtig malen mit Pastellkreiden" behandelt wurde. Dank der guten Aufnahme, die dieses Thema bei Verlag und Herausgeber gefunden hat, können wir jetzt einen Band vorlegen, der sich ausschließlich mit dieser Technik befaßt. Ich möchte dafür José M. Parramón und allen Mitarbeitern an diesem Buch meinen Dank aussprechen. Dank für den Ansporn und die angenehme Zusammenarbeit.

2

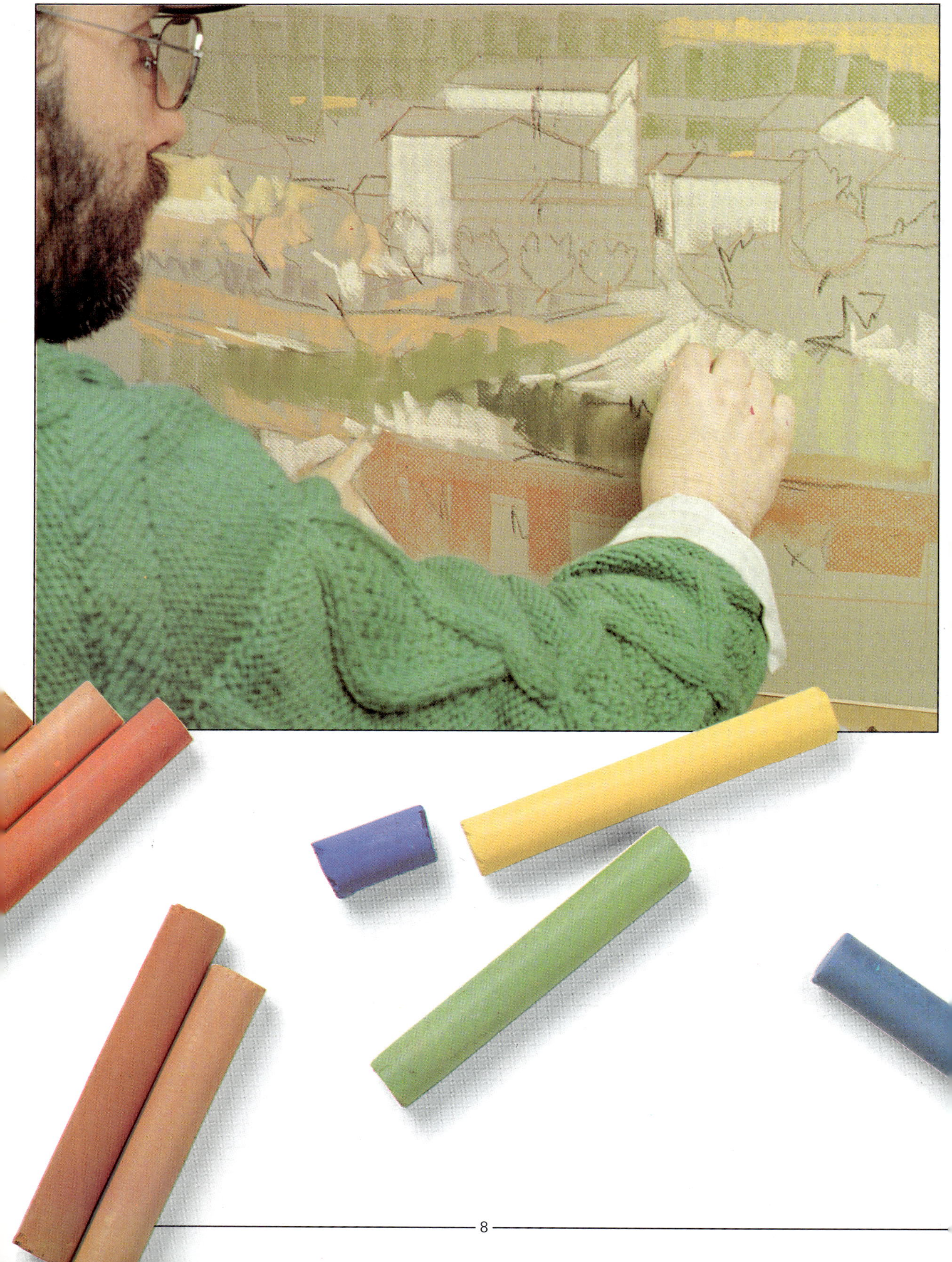

Das Material

Abb. 2: Die Pastellkreiden sind eines der künstlerischen Ausdrucksmittel, die einen engen Kontakt mit dem Material erfordern. Die Stäbchen stellen quasi eine Verlängerung der Finger dar. Es bildet sich eine Beziehung zwischen der Hand und dem Material, vergleichbar mit der zwischen dem Töpfer und seinem Ton.

Ich hatte den Eindruck, daß bisher nur wenig über die Pastellkreiden geschrieben worden ist. Für zahlreiche Künstler, die mit anderen Medien arbeiten, sind die Pastellkreiden (das Material) und ihre Möglichkeiten (die Werke der Spezialisten) noch immer ein unentdecktes Gebiet.

Nochmals: Mein Handwerk ist nicht das Schreiben! Ich möchte daher als Pastellmaler meine Erfahrungen dem Leser weitergeben. Außerdem hoffe ich in meiner Eigenschaft als Liebhaber der Malerei im allgemeinen und der des Pastells im besonderen, daß meine Begeisterung sowie meine Erfahrung ein ausreichender Ansporn sind, Sie auf diese wirklich hinreißende Technik neugierig zu machen. Sie ist ein gediegenes Medium, zu dem man eine außerordentlich enge Beziehung entwickelt, die bis unter die Haut dringt. Es wäre eine große Befriedigung für mich, wenn ich Ihnen durch meine Arbeit das herrliche Gefühl des Malens mit den Fingern vermitteln könnte. Auch Sie können sich davon überzeugen: Dies ist die Quelle der Malerei.

Wie alle Maltechniken beinhaltet die Malerei mit Pastellkreiden bestimmte Erfordernisse. Ein Pastellbild muß sich durch Frische auszeichnen. Das Material erlaubt im Grunde keine Überarbeitung, und obwohl Verbesserungen möglich sind, müssen diese äußerst behutsam erfolgen. Deshalb zeichnen sich gute Pastellmaler durch mutige und, was noch wichtiger ist, einzigartige und unwiederholbare Werke aus.

Wie die meisten Künstler habe ich auch zunächst mit Ölfarben gemalt, bis ich eines Tages in einem Künstlerzentrum die Pastellkreiden und die Pastellmaler entdeckte. Mich beeindruckte die Leichtigkeit, mit der sie ihre Werke schufen, die immer wieder anders waren und alle eine große Attraktivität besaßen. Von den Werken hyperrealistischer Maler bis hin zu Künstlern, die einzig die Realität anstreben, reicht die Spannweite der Stile – die breiteste, die man sich überhaupt vorstellen kann.

Für die Arbeit mit Pastellkreiden eignet sich jedes Thema, auch wenn Pastellmaler offensichtlich eine Vorliebe für den unbekleideten oder halbbekleideten weiblichen Akt besitzen. Das mag vielleicht an der Leichtigkeit liegen, mit der sich die Farbe auf dem Malgrund verschmelzen läßt und man Nuancen und ein Hell-Dunkel von großer Zartheit erzeugen kann.

Im Lexikon „Kunst und Künstler" von Parramón Ediciones, Barcelona, findet sich die folgende Erklärung:

Pastellkreiden bestehen aus pulverisierten Farben, die normalerweise mit Gummiarabicum gebunden werden. Die Mischung wird in zylindrische Formen gepreßt, so daß man äußerst empfindliche Stäbe von etwa Fingerlänge erhält. Reiben diese Stäbe über ein geeignetes Papier, bleibt ein äußerst feines Pulver eng daran haften. Ferner gibt es weiche Pastellkreiden, die – großzügig aufgetragen – Farbschichten ähnlich den pastosen Bildern ergeben. Auch sind harte Pastellkreiden erhältlich (wie Kreide); mit ihnen gefertigte Werke sind Zeichnungen sehr ähnlich.

Die großen französischen Pastellmaler des Barock wie Quentin de La Tour oder Chardin beherrschten die weiche Pastelltechnik bis zum Äußersten und schufen Werke von großer bildhafter Qualität. Die harten Pastellkreiden eignen sich dagegen für Studien. Degas, einer der bedeutendsten Pastellmaler aller Zeiten, holte aus diesen harten Pastellkreiden alle Ausdrucksmöglichkeiten heraus, auch wenn man hinzufügen sollte, daß er diese Technik eher als Zeichnung denn als Malerei betrachtete.

Zum Malen im wahrsten Sinne des Wortes bieten sich die weichen Pastellkreiden wegen ihrer Geschmeidigkeit besser an, denn sie erleichtern die Verschmelzung der Farben unmittelbar auf dem Papier.

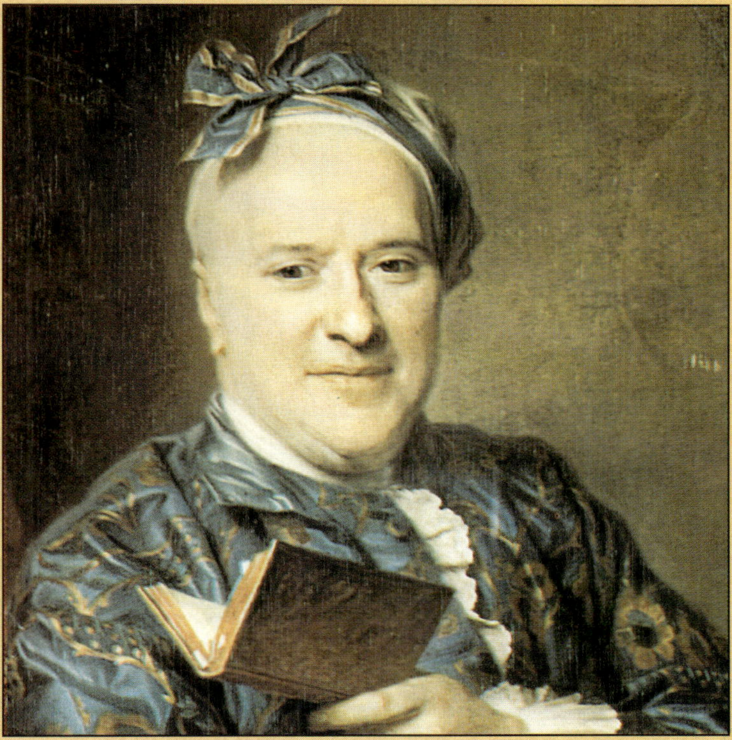

Das Pastell in der Geschichte der Malerei

Die Renaissance

Die Pastellmalerei, so wie wir sie heute verstehen – das heißt, als eine der zahlreichen Malverfahren zum künstlerischen Ausdruck durch Farbe – taucht in der Kunstgeschichte erst ziemlich spät auf. Das eigentliche Pastellbild ist rund 300 Jahre alt.
Die Pastellkreide wird in der Tat erst um das Jahr 1720 mehr oder weniger als ein Medium betrachtet, das alle Möglichkeiten der „großen Malerei" in sich vereint. Trotzdem ist das Auftauchen des Pastells in der Kunstgeschichte weder die Frucht eines Zufalls noch ein Geniestreich. Die Pastellkreiden, die in ihrer Natürlichkeit anderen Zeichenmitteln ähneln, machten ihren Weg, als die Künstler die Zeichnung und ihre Technik nicht mehr als ein Vorstadium für ein Gemälde betrachteten, sondern als eigenständige Ausdrucksmöglichkeit.
Diese Aufwertung der Zeichnung erfolgte während der Renaissance, als die Künstler des 15. Jahrhunderts die griechisch-römische Kultur mit ihrem humanistischen Gedankengut wiederentdeckten. Das führte zu einer neuen Betrachtungsweise der Natur und des Menschen. Man untersuchte die Anatomie des Menschen mit Hilfe von Studien, die der Unterstützung der graphischen Zeichnung bedurften. Auch die Loslösung von den kompositorischen Formen der Gotik, die die Suche nach neuen Lösungen und expressiven, dynamischen Möglichkeiten beinhaltete, erforderte die eigenständige Zeichnung.
Vom 16. Jahrhundert an verwandelte sich die Zeichnung zu einem „Lehrfach" für alle Künstler, die daraufhin die Möglichkeiten des bis dahin bekannten Materials bis zum äußersten ausschöpften (Tinte, Bleistift, Zeichenkohle, Rötel, Kreiden) und selbst zwei oder drei von diesen Malmitteln gemeinsam verwendeten. In den Zeichnungen von Leonardo da Vinci (hier besonders „Die Jungfrau mit dem Kind, hl. Anna und Johannes der Täufer), Andrea del Sarto, Raffael und Michelangelo etc., finden wir zum ersten Mal Qualitäten, die denen der Pastellkreiden nahekommen, wenn diese als Mittel zum Zeichnen verwendet werden. In dieser Beziehung ist Michelangelos Studie „Madonna mit dem Kind" aus dem Jahre 1512 ein gutes Beispiel.
Diese Art des Zeichnens setzte sich zum Barock fort, dessen Abgrenzung zur Renaissance ziemlich fließend ist. In Wirklichkeit stehen Raffael und Michelangelo, um nur die bekanntesten Meister zu nennen, und alle großen des letzten Viertels des 16. Jahrhunderts ästhetisch dem Barock schon ziemlich nahe. Daher ist es kein Zufall, daß die italienische Kunst des letzten Drittels des 16. Jahrhunderts eine Bewegung einleitete, die unter der Bezeichnung Manierismus bekannt wurde.

3

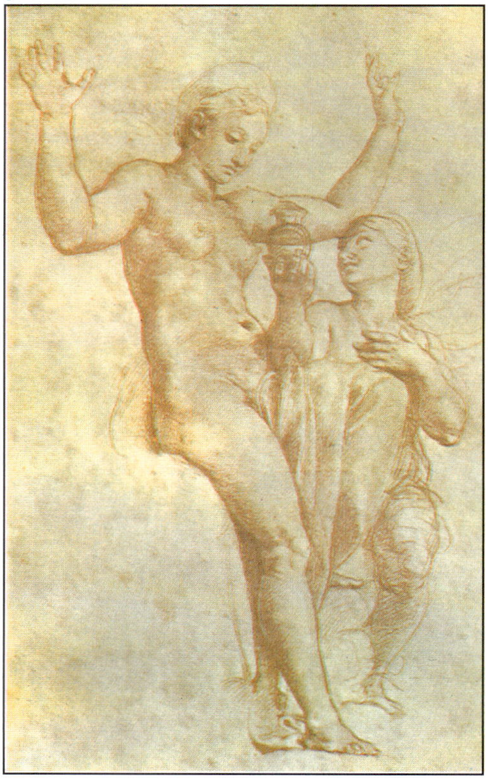

Abb. 3: *Studie für Venus und Psyche*, Rötelzeichnung, Raffaelschule, Louvre, Paris.

Abb. 4: Leonardo da Vinci: *Die Jungfrau mit dem Kind, hl. Anna und Johannes der Täufer*, National Gallery, London.

4

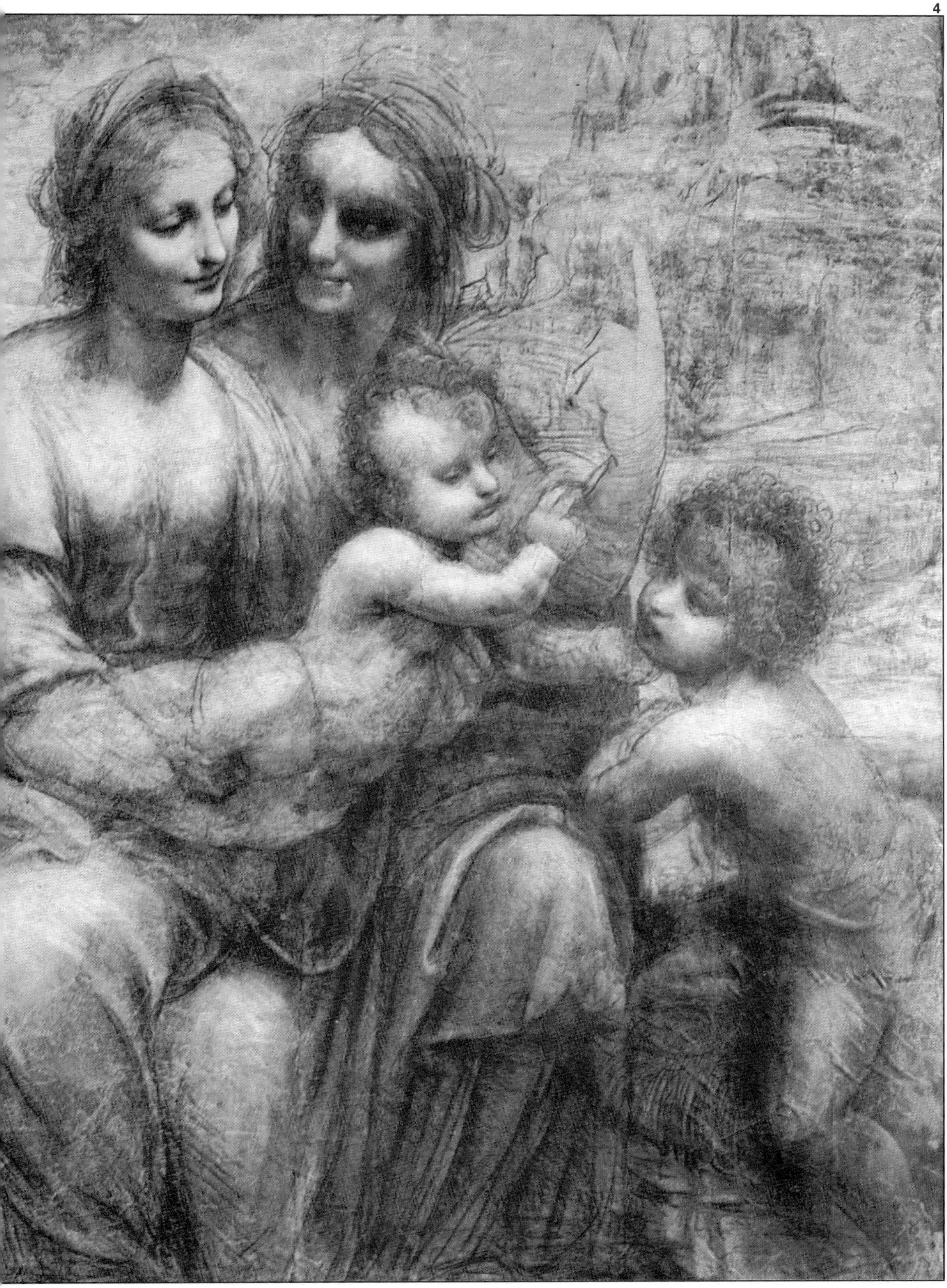

Der Barock

Der Manierismus stellt die Vorstufe zum Barock dar, der in der Kunstgeschichte die Zeit zwischen der Renaissance und dem Neoklassizismus umfaßt (etwa von 1600 bis 1750).
Der Barock ist durch eine wahre Apotheose der Phantasie gekennzeichnet, die von der Bewunderung der großen Maler des 16. Jahrhunderts und dem immer noch vorhandenen Interesse am Studium der klassischen Antike ausging. In diesem Sinne brach der Barock nicht mit der Renaissance, sondern entwickelte ihn zu einer dynamischeren, künstlerischen Auffassung weiter, in der für den Künstler jede Komposition möglich war; und der hielt sich mehr an die Spekulation als an das formale Gleichgewicht.
Der barocke Stil breitete sich über ganz Europa aus, und in den letzten Jahrzehnten dieser Periode (1720–1750) traten in Frankreich und den germanischen Ländern einige Besonderheiten auf, die man als den Stil des Rokoko bezeichnet.
In dieser Periode der dekorativen Begeisterung hält das Pastellbild seinen Einzug in die Kunstgeschichte. Er erfolgte durch die venezianische Malerin Rosalba Carriera.

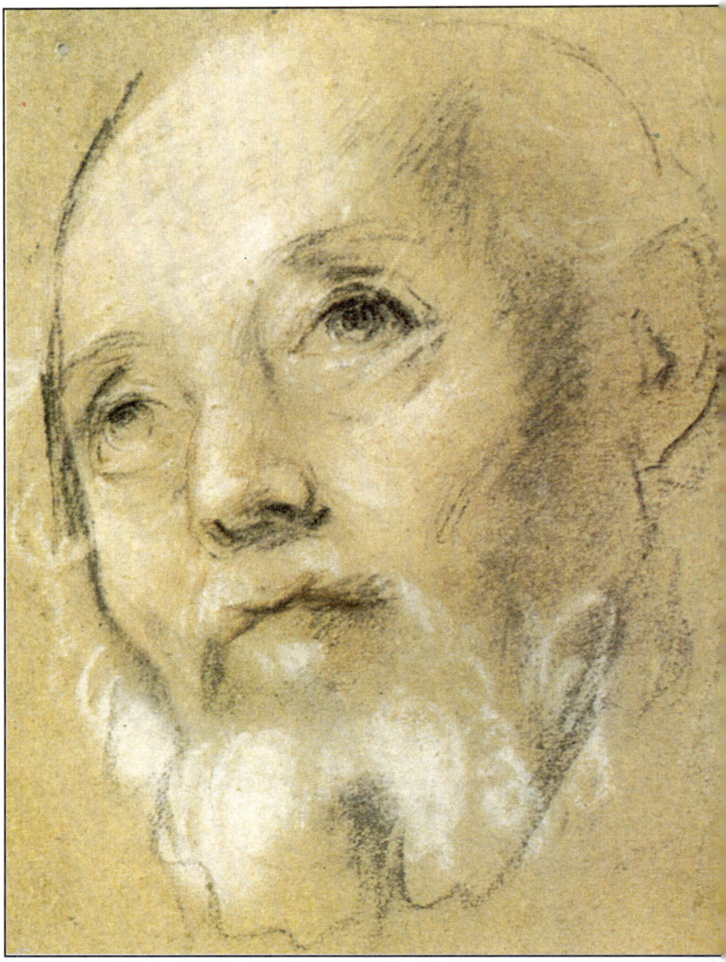

5

6

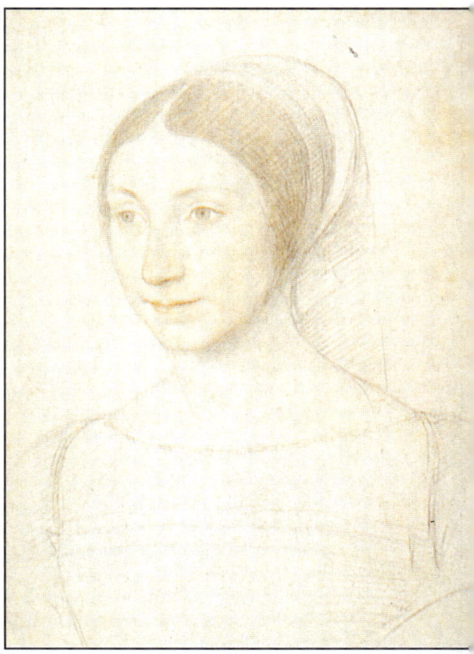

Abb. 5 bis 8: Frederico Barocci, *Studie des Kopfes eines alten Mannes*, Rötel mit weißer Kreide, Eremitage, Leningrad; unten: Agostino Carraci, *Liegender toter Mann*, Sammlung Janoz Scholz, New York; rechts: Jean Couet, *Porträt einer Unbekannten*, Zeichenkohle und Rötel, British Museum, London; gegenüber: Pietro Berrettini de Cortona, *Studie eines jungen Mädchens*, Albertina, Wien.

7

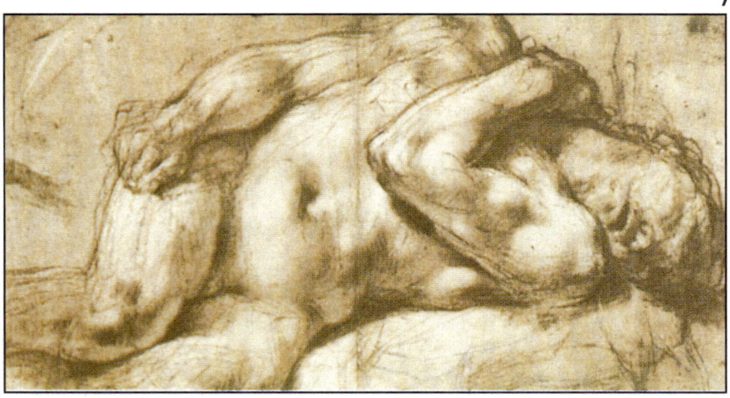

8

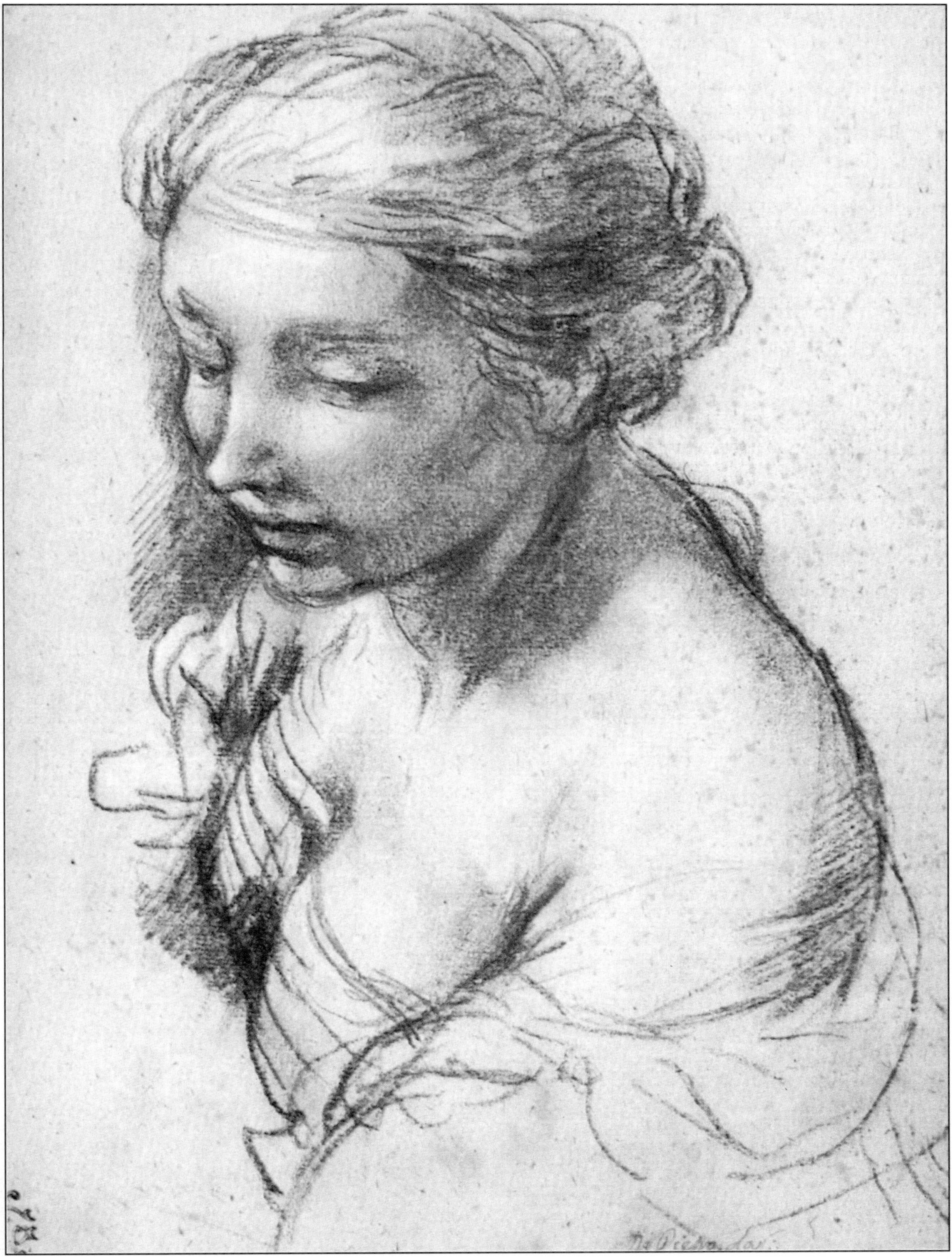

Rosalba Carriera (1674–1757) hatte während ihrer Arbeit in Frankreich unter der Regentschaft von Ludwig XV. großen Erfolg. In Dresden befinden sich rund 150 Pastellbilder von ihr.
Ein Zeitgenosse der Carriera war Quentin de La Tour (1704–1788). Er war der bekannteste Porträtmaler seiner Zeit, und es gelang ihm, die ganze Frivolität seiner Landsleute (mit ihren Rokoko- und Atlasseiden) wiederzugeben. Seine Porträts lächeln uns an, als wollten sie mit dem Betrachter Kontakt aufnehmen.
In Paris löste die Pastellmalerei ein wahres künstlerisches Fieber aus. Man nimmt an, daß die Pariser Pastellmaler bis 1780 über 2500 Bilder anfertigten. Die feinen Pastellkreiden paßten hervorragend zum französischen Temperament und zur „Porträtierung" der Merkmale einer Epoche, die sich in ihren herausragendsten Persönlichkeiten widerspiegelte.
Alles, was das Pastell ausdrückt, läßt sich in den Werken von Rosalba Carriera, Quentin de La Tour und seinem Zeitgenossen Perronneau untersuchen. Diese Meister zeigen uns, daß die Pastelltechnik alle Bedürfnisse eines guten Malers befriedigen kann.
In dieser Periode darf Jean-Antoine Watteau (1684–1721) nicht unerwähnt bleiben. Der große Bewunderer von Rubens war der Maler der „fêtes galantes". Sein umfangreiches Werk und insbesondere seine überraschend „modernen" Rötelzeichnungen beweisen seine Gabe, die Vergänglichkeit der Lebensfreuden darzustellen. Zeitgenossen von Watteau waren Boucher und Fragonard. Sie alle haben eine große Anzahl ausgezeichneter Werke hinterlassen, Zeugnisse einer Zeit, in der Luxus und Schmuck große Bedeutung besaßen.
Wir haben schon darauf hingewiesen, daß Quentin de La Tour der berühmteste französische Pastellmaler des 18. Jahrhunderts war.
Quentin de La Tour wurde in St. Quentin geboren und kam als Kind nach Paris. Nach einigen Reisen nach London und anderen Städten ließ er sich in Paris nieder und blieb dort 60 Jahre (1724–1784). Quentin entdeckte schon bald die von Rosalba Carriera 1719/20 eingeführten Pastellbilder und spezialisierte sich auf das Verfahren der Pastellmalerei. Seine Porträts sind durch eine extreme Anmut gekennzeichnet, die manchmal an das Vulgäre grenzt. In höherem Alter interessierte er sich lebhaft für die Politik und zog sich nach St. Quentin zurück, wo sich heute die bedeutendste Sammlung seiner Werke befindet.

9

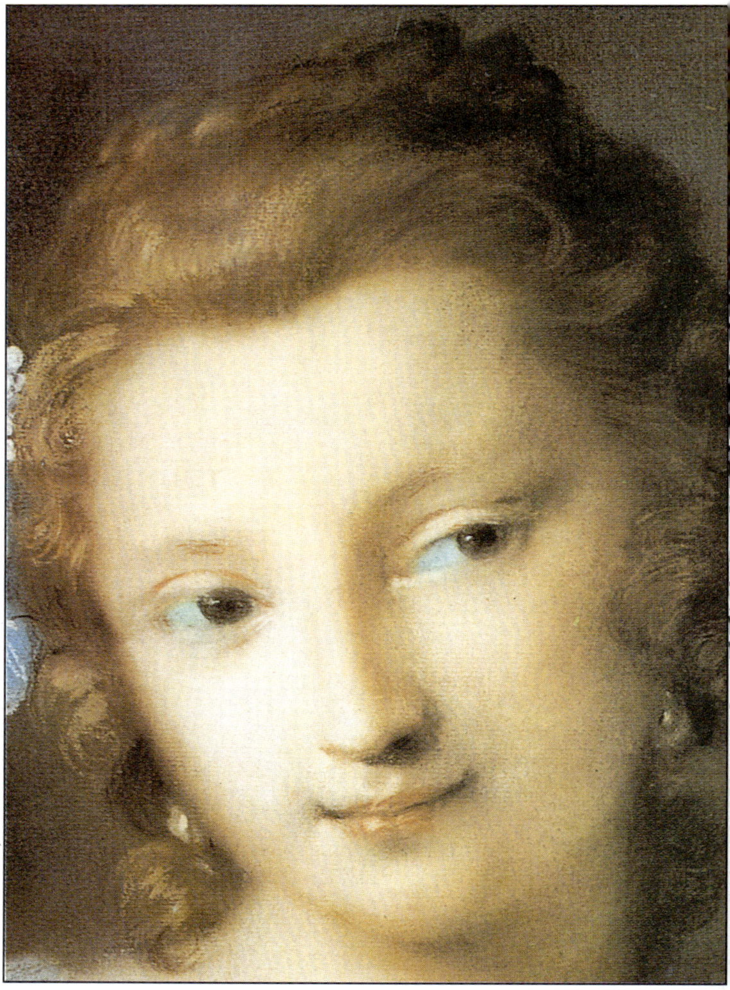

Abb. 9 und 10 (oben) Rosalba Carriera, *Allegorie der Malerei* (Ausschnitt). Gegenüber: Rosalba Carriera, *Jüngling aus dem Hause Le blond*, Pastell auf Papier.

10

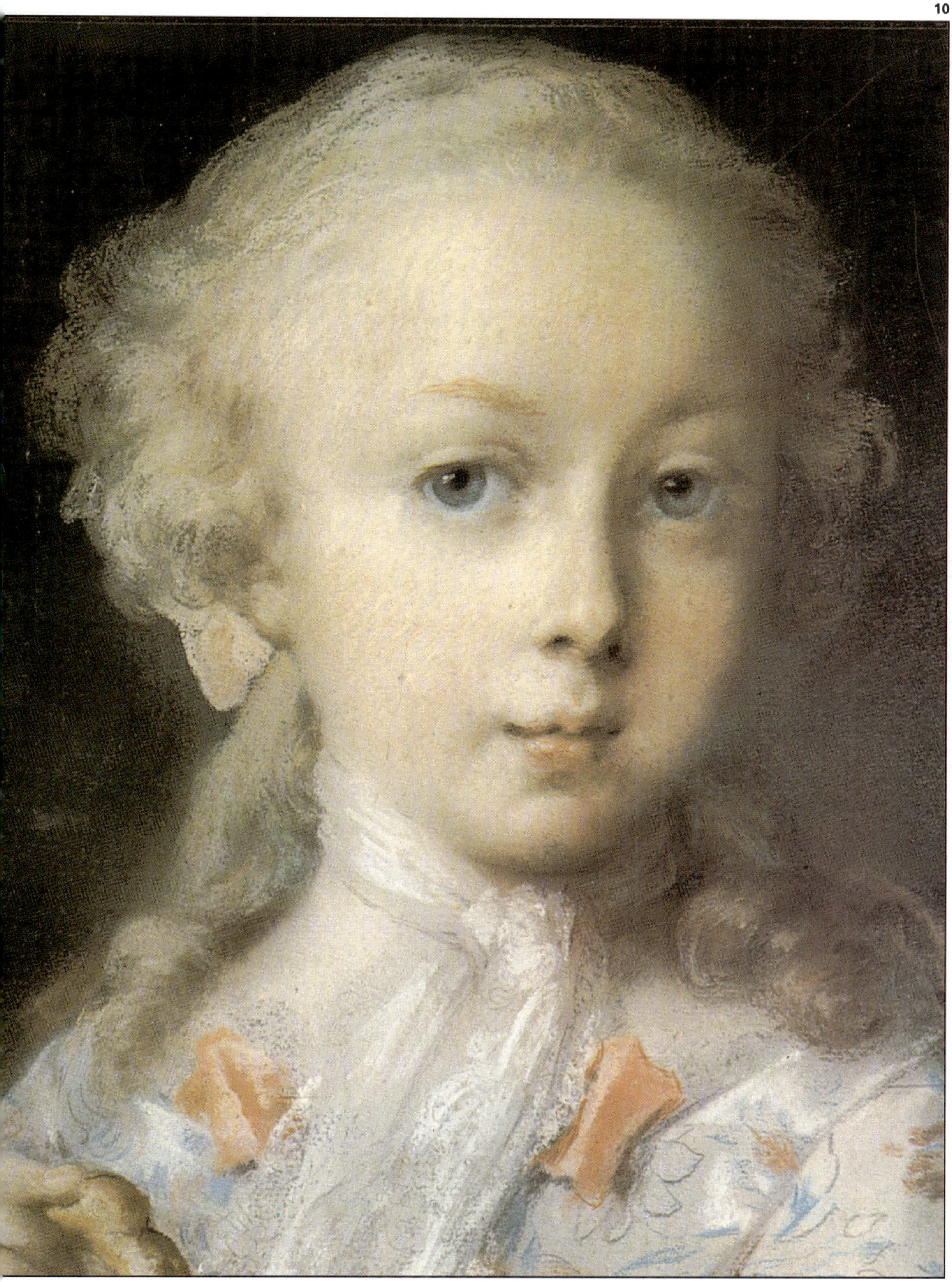

Quentin de La Tour überragte alle Porträtmaler seiner Zeit, und das nicht nur wegen seines verblüffenden Könnens und seiner Perfektion, sondern auch wegen seiner Absicht, die psychologischen Merkmale des Jahrhunderts durch die verschiedensten Persönlichkeiten zu erfassen: unter anderem D'Alembert, Rousseau, Moritz von Sachsen und Madame Pompadour.
Mitte des 18. Jahrhunderts gab es zahlreiche ausgezeichnete Porträtmaler. In Spanien war Vicente López y Portaña ein bekannter Pastell- und Porträtmaler, der von Ferdinand VII. (1815) für seine Verdienste zum ersten Hofmaler ernannt wurde.

Neben Künstlern wie Quentin de La Tour, Perronneau und Portaña gelangten auch Jacques André Aved (1702–1766), ein intimer Freund von Jean-Baptiste Siméon Chardin und François Hubert Drovais (1727–1775), zu Ruhm. Drovais malte in einem etwas süßlichen Stil, war Schüler von François Boucher und spezialisierte sich auf Kinderporträts.
Perronneau war der einzige Rivale de La Tours. Er bereiste ganz Europa und starb in Amsterdam. Ein Beispiel für den Zauber seines Werkes ist das berühmte Bild „Mädchen mit Katze“.

11

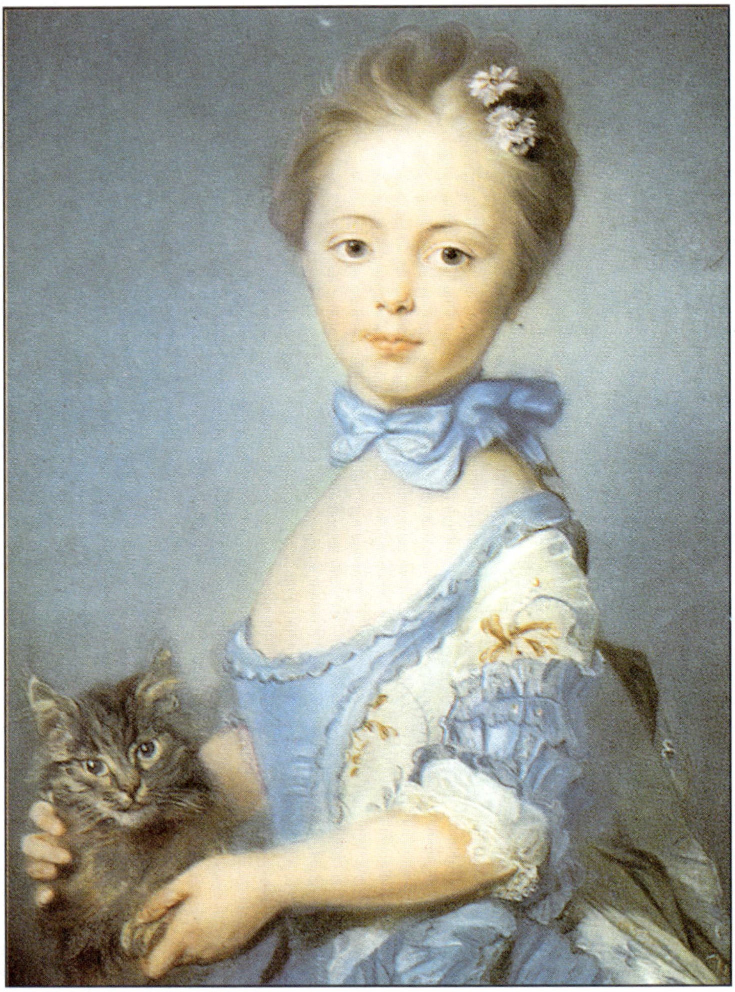

Abb. 11: Jean-Baptiste Perronneau, *Mädchen mit Katze*, National Gallery, London.

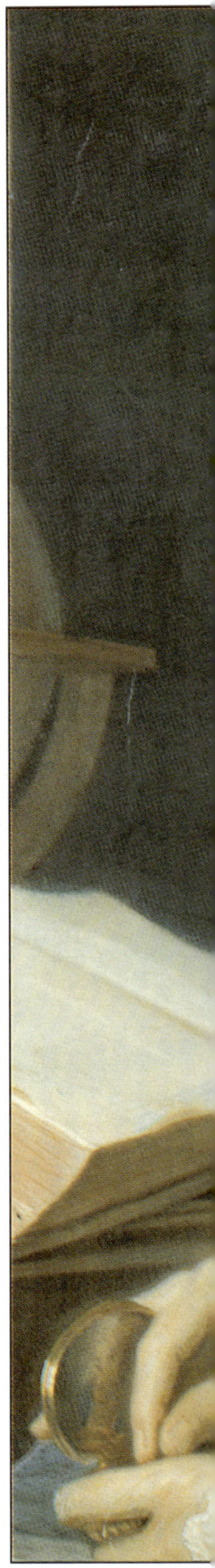

Abb. 12: Quentin de La Tour, *Monsieur Duval aus l'Epinoy*, Museo Calouste Gulbekian, Lissabon.

12

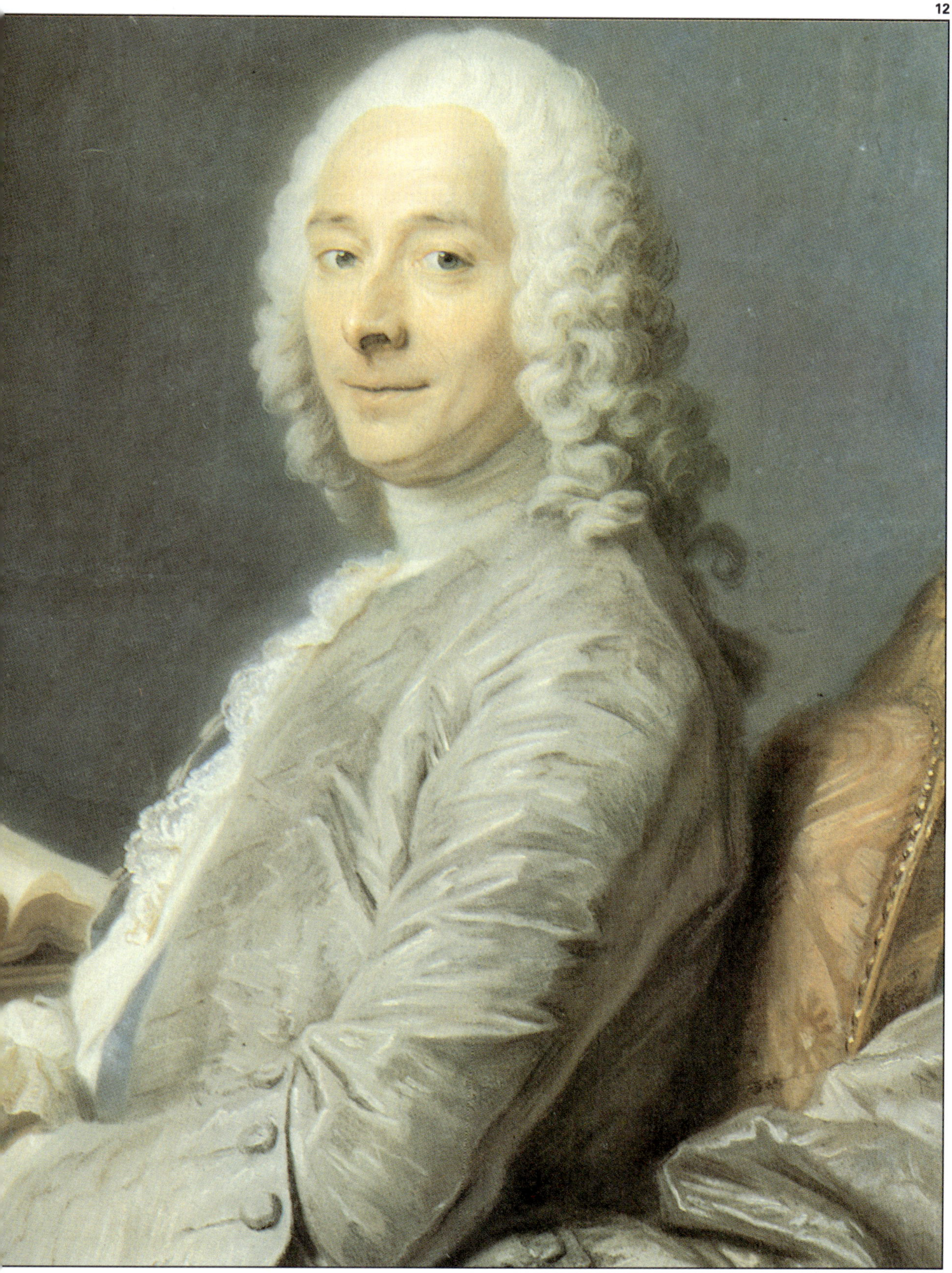

Der Impressionismus

Der Begriff Impressionismus wird zum erstenmal 1874 in Zusammenhang mit einem Bild von Claude Monet mit dem Titel „Impression, soleil levant" erwähnt. Er war als abwertender Ausdruck eines Kunstkritikers für alle Werke einer Ausstellung gedacht, die von der Gesellschaft der Maler, Bildhauer und Graphiker veranstaltet wurde und an der Pissarro, Monet, Degas, Renoir, Sisley, Guillaumin und Berthe Morisot teilnahmen.

Die Auffassung, die diese Künstler vereinte, bedeutete den Bruch mit der offiziellen akademischen Malerei ihrer Zeit.

Diese Maler wurden auch als Freiluftmaler bezeichnet. Doch der Impressionismus stellte nicht nur wegen dieser neuen Malweise einen Bruch mit der Tradition dar, sondern auch wegen der Einführung von Themen, die von der akademischen Malerei als „wenig künstlerisch" betrachtet wurden. Das Leben auf den Boulevards, das farbenprächtige Treiben an den Festtagen in den Gärten und Parks, die sehr populären Stadtszenen: das alles wurde mit einer neuen Empfindsamkeit, mit einer neuen Farbauffassung dargestellt, die die akademische Tradition zutiefst schockieren mußte. Die Nebeneinanderstellung von Farben verwischte die Begrenzung von Vorder- und Hintergrund sowie zwischen den Elementen und ihren eigenen Schatten, so daß die Zeichnung im Sinne einer Abgrenzung der Formen aus den Bildern der Impressionisten verschwand. Es handelte sich in der Tat um eine neue Auffassung der Malerei. Allgemein gesprochen könnte man sagen, daß die Impressionisten die Elemente mit Hilfe von „Farbeindrücken" darstellten – eine Vorstellung, die in der Pastellkreide ein geeignetes Mittel fand.

Zahlreiche Maler jener Epoche benutzten Pastellkreiden, um damit Skizzen anzufertigen, die sie später als Vorlage für Ölgemälde verwendeten. Andere, wie Degas, fanden in den Pastellkreiden das für sie geeignetste Ausdrucksmittel und stellten die herrlichsten Werke damit her.

13

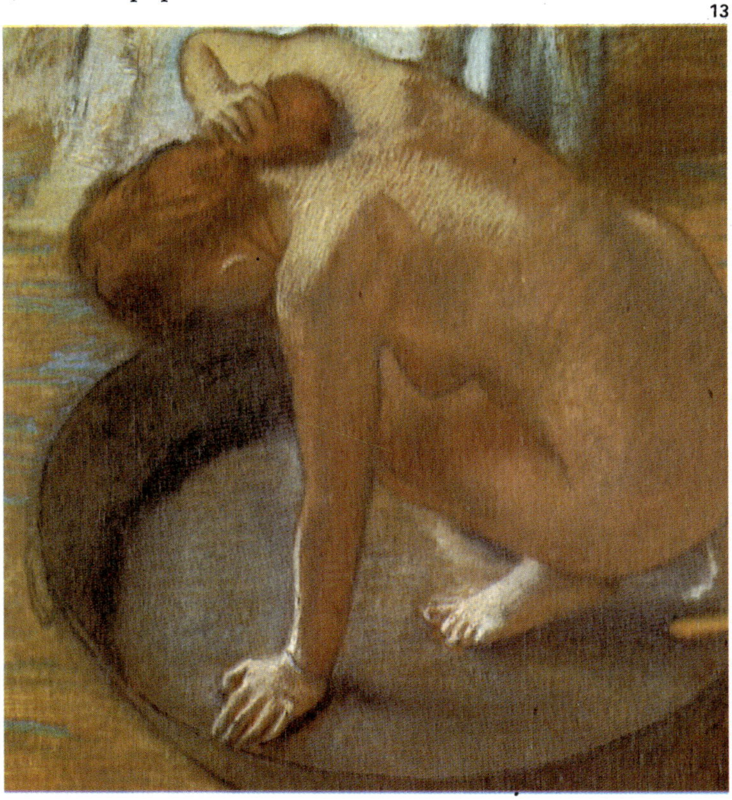

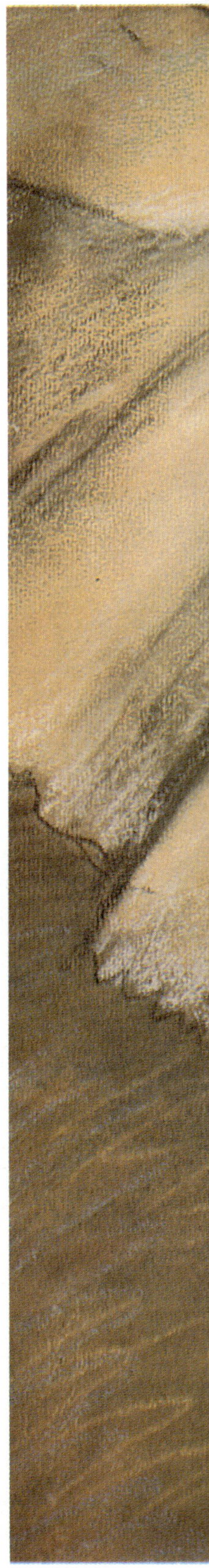

Abb. 13: Edgar Degas, *Die Badefrau* (Ausschnitt).

Abb. 14 (gegenüber): Edgar Degas, *Sitzende Tänzerin, die Ballettschuhe zuschnürend*, Louvre, Paris.

14

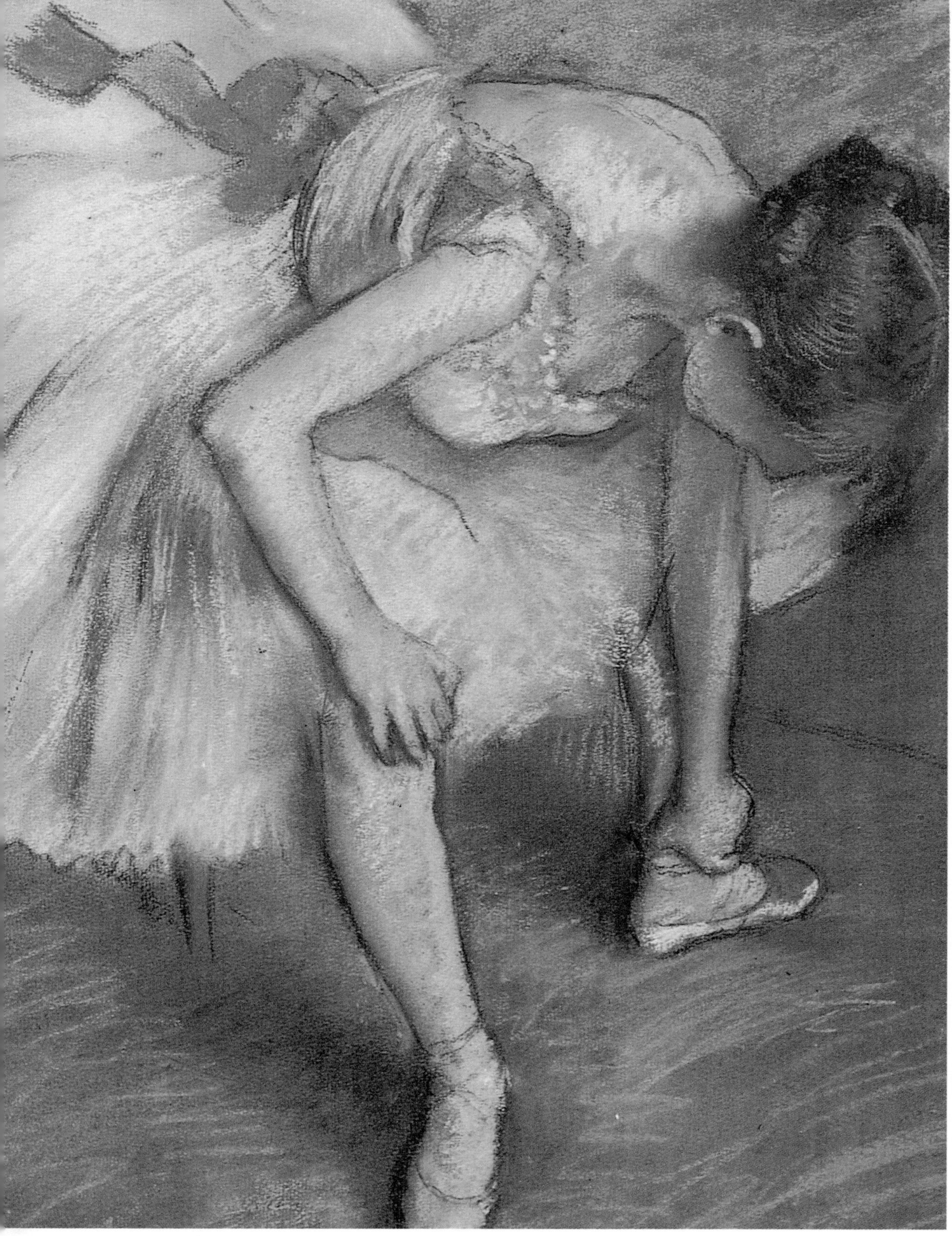

In den Pastellbildern der Impressionisten läßt sich die Farbe vom Licht leiten und hat die Aufgabe, als chromatische Beschwörung einer Wirklichkeit aufzutreten, deren Darstellung sich aufgrund ihrer Leuchtkraft und Lebendigkeit rechtfertigte. Mit dem Impressionismus verschwand eine ganze künstlerische Welt, es wurde die moderne Malerei geboren. Und wie so häufig, stieß das Neue zunächst auf absolutes Unverständnis. Anhänger der impressionistischen Malweise waren Marie Cassatt, Boudin, Berthe Morisot, Toulouse-Lautrec und Bazille, um nur die wichtigsten zu nennen. Von diesen Künstlern ist besonders Marie Cassatt hervorzuheben, die 1844 in Pittsburgh geboren wurde. Als Schülerin von Degas führte sie die Pasteltechnik weiter und bewies ihre außerordentliche Meisterschaft und Sensibilität vor allem in ihren schönen, zärtlichen Motiven von Müttern mit Kindern. Mit den Pastellbildern Marie Cassatts und Rosalba Carrieras bekam die Kunstgeschichte einen Anstrich von Weiblichkeit und Zärtlichkeit.
Die Malweise der Pastellkünstler des Impressionismus ist durch ein ziemlich vages, quasi reduziertes Werk gekennzeichnet, das sich aufgrund seiner Leuchtkraft und farblichen Vielfalt rechtfertigt. Um begreiflich zu machen, was die Malerei für die Künstler jeder Epoche bedeutete, sei an Corots Worte erinnert: „Die künstlerische Schönheit besteht im ersten Eindruck, den man angesichts der Natur empfängt."

15

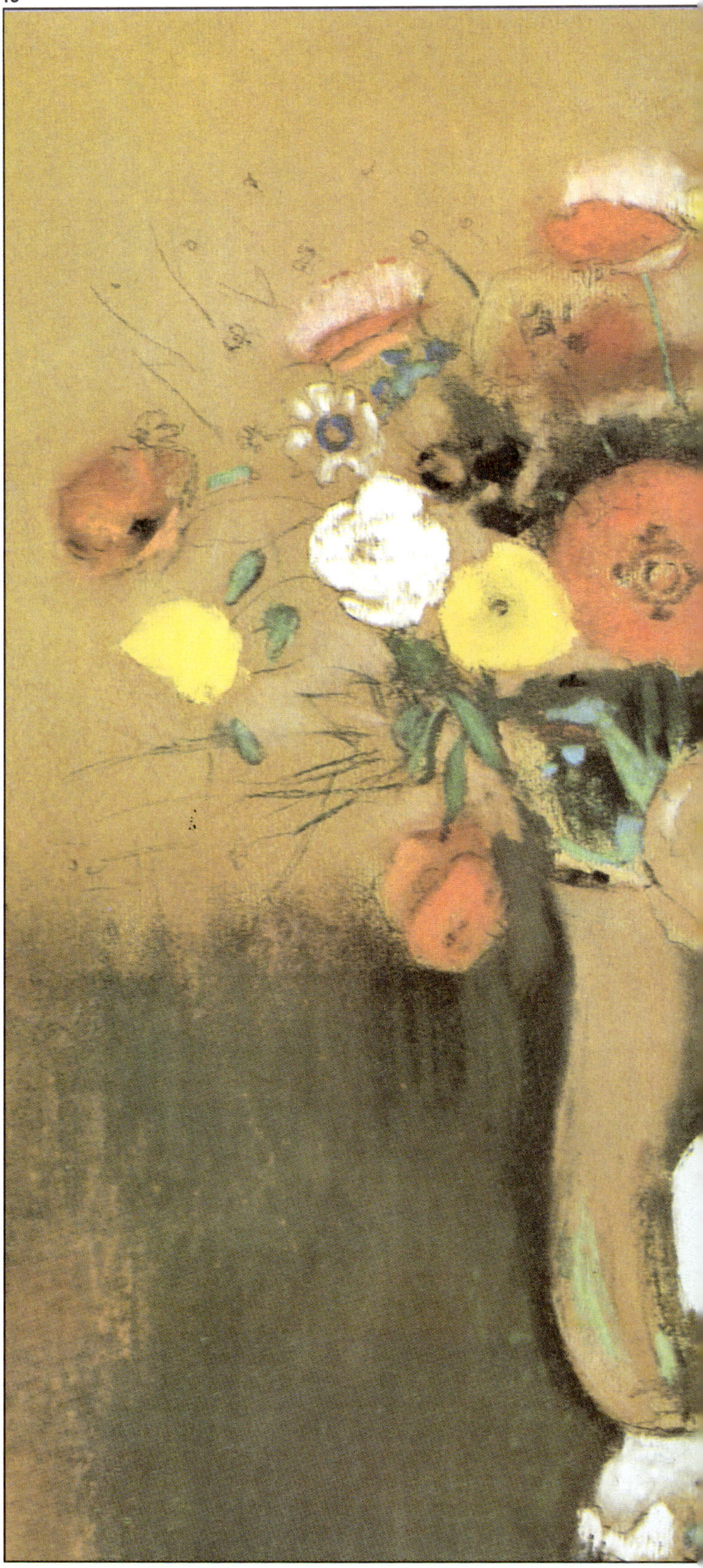

Abb. 15: Odile Redon, *Feldblumen in einer hohen Vase*, Musée de Jeu de Paume, Louvre, Paris.

Abb. 16: Henri de Toulouse-Lautrec, *Porträt von Vincent van Gogh*, Stadelijk-Museum, Amsterdam.

Abb. 17: Die hervorragende Malerin Marie Cassatt gibt uns eine Probe ihres Könnens mit Pastellkreiden.

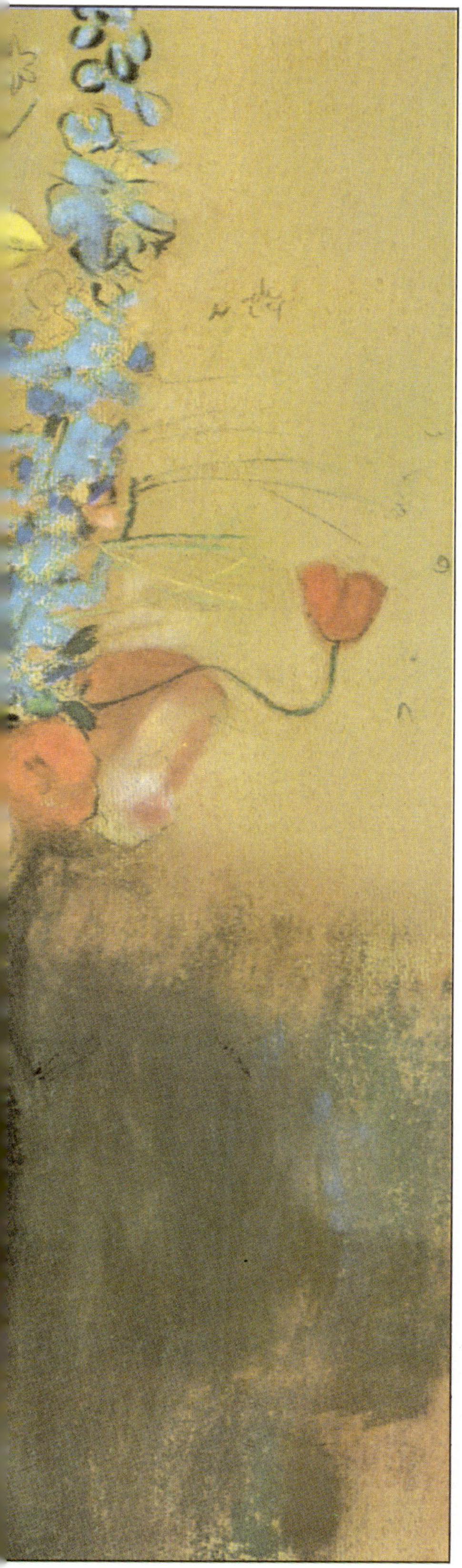

16

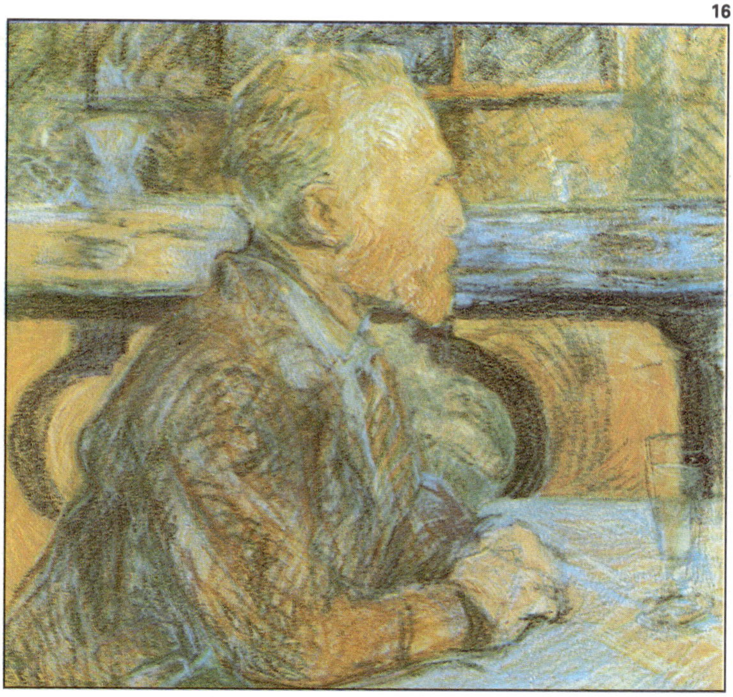

17

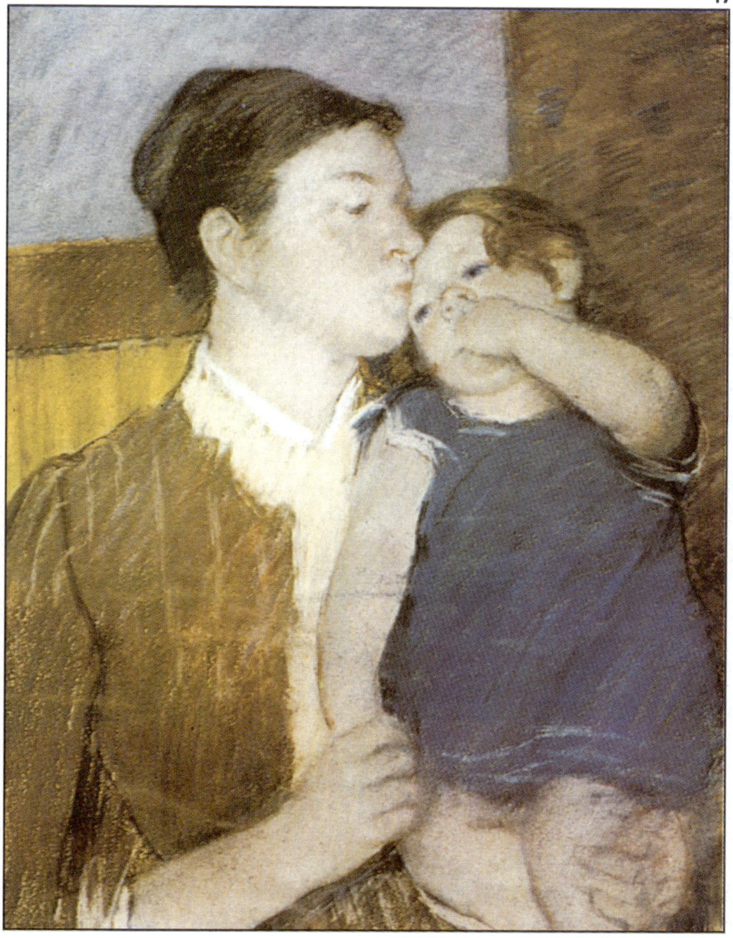

Das 20. Jahrhundert

Das 20. Jahrhundert hat der Welt zahlreiche wirklich gute Pastellmaler beschert. Und da es ausgesprochen schwierig ist, eine weltweite Auswahl zu treffen, habe ich beschlossen, diese Seite Spanien zu widmen. Sie soll eine bescheidene Ehrung für all jene sein, deren Arbeit das Erscheinen dieses Buches rechtfertigte.

Im Mai 1984 bildeten sich vor dem Eingang zum Palacio de la Virreina rießige Schlangen. Dort fand eine Ausstellung zu Ehren des großen Malers und unübertroffenen Zeichners Ramón Casas y Carbo (1866–1932) statt. Die umfangreiche Ausstellung seiner Rötel- und Kohlezeichnungen war für viele Betrachter eine wirkliche Entdekkung. Das träfe gewiß auch für die Pastellbilder unserer bedeutenden Landschaftsmaler Joaquín Mir (1873–1940) und Joaquín Sorollá (1832–1924) zu, die wie keine anderen das Geheimnis des südlichen Lichtes entdeckten und in ihren Pastellbildern auszudrücken verstanden.

18

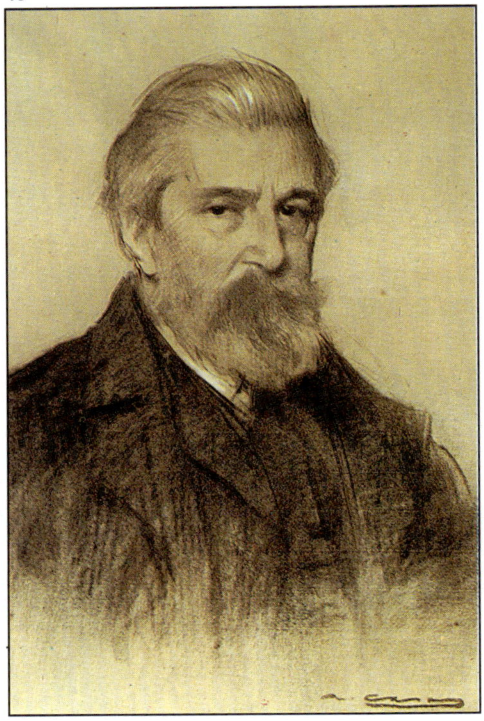

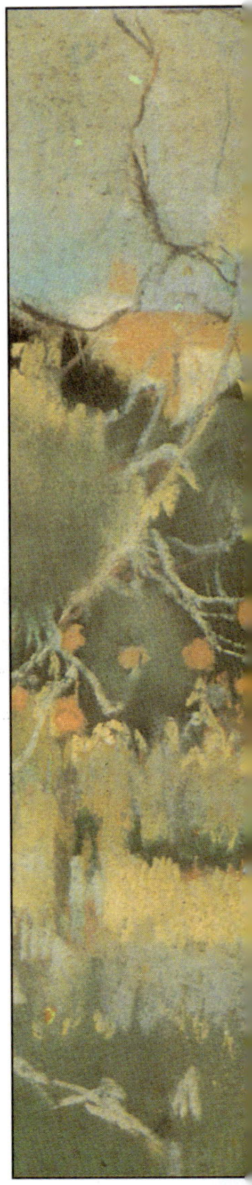

Abb.18: Ramón Casas, *Porträt von Santiago Rusiñol,* Museo Can Ferrat, Sitges.

Abb. 19: Joaquin Mir, *Landschaft mit Pastell,* Sammlung M. Lerín, Barcelona.

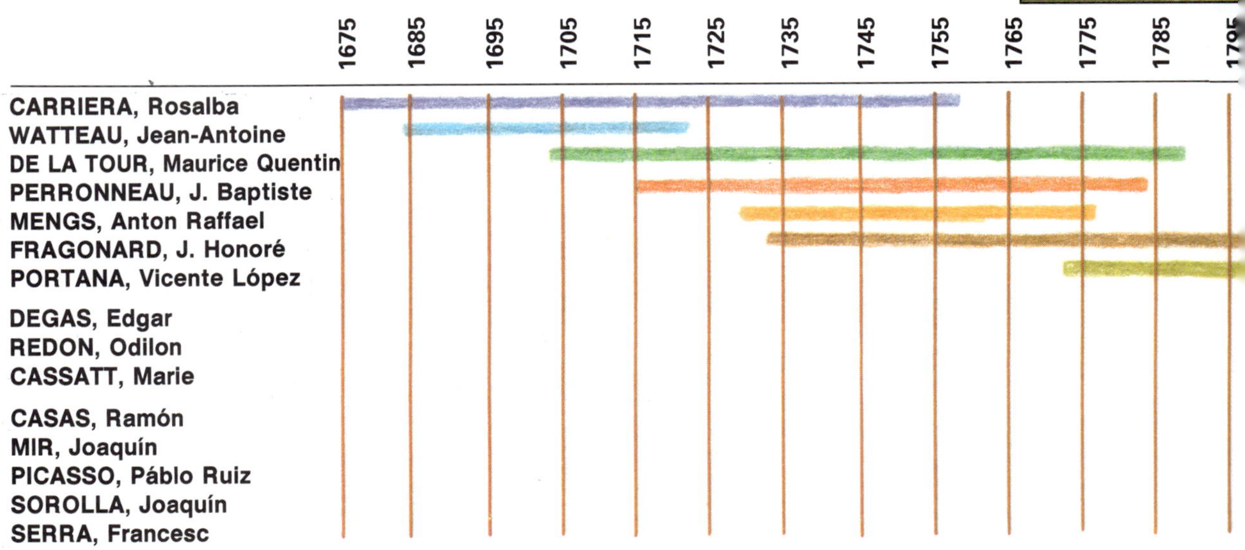

19

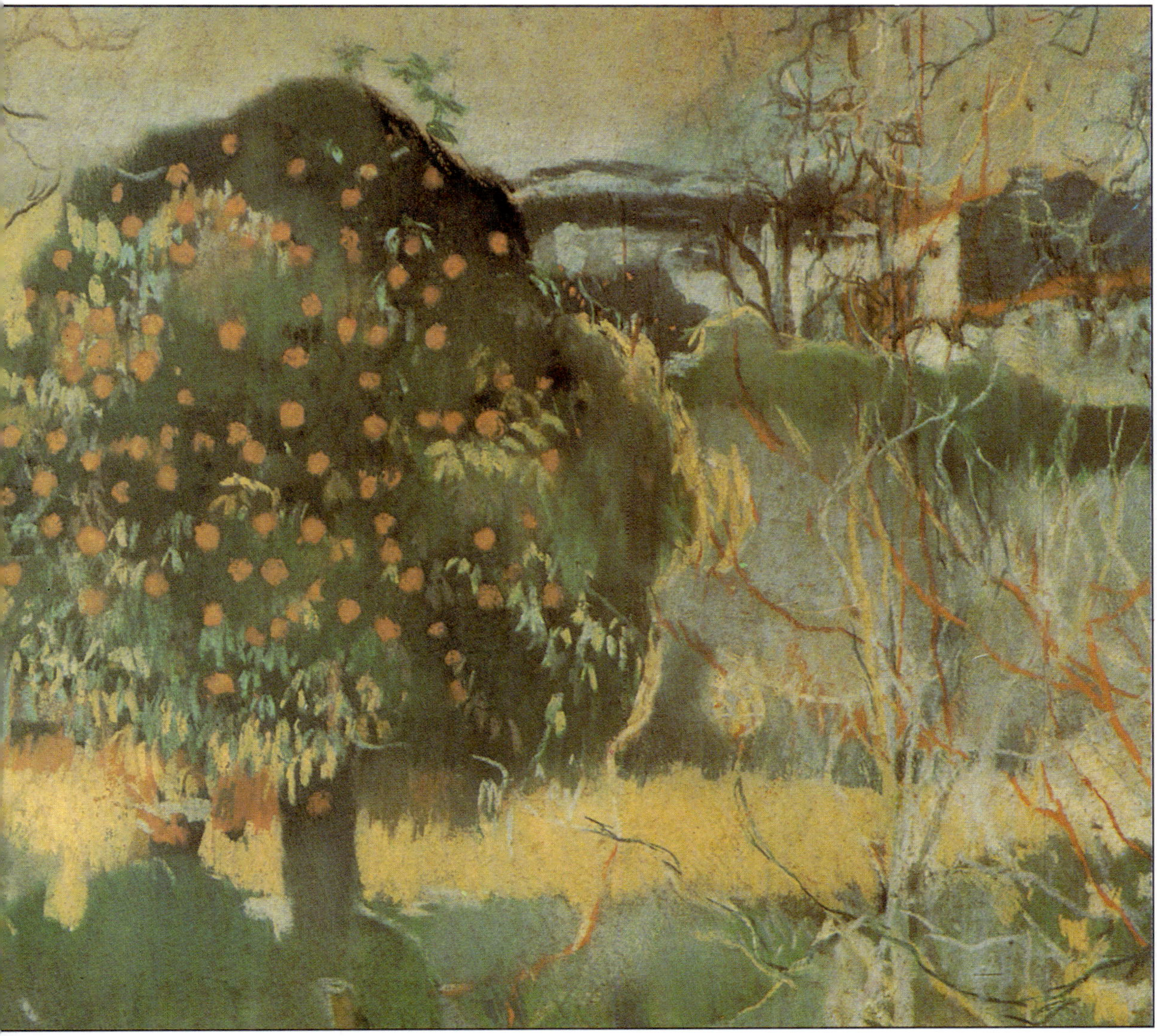

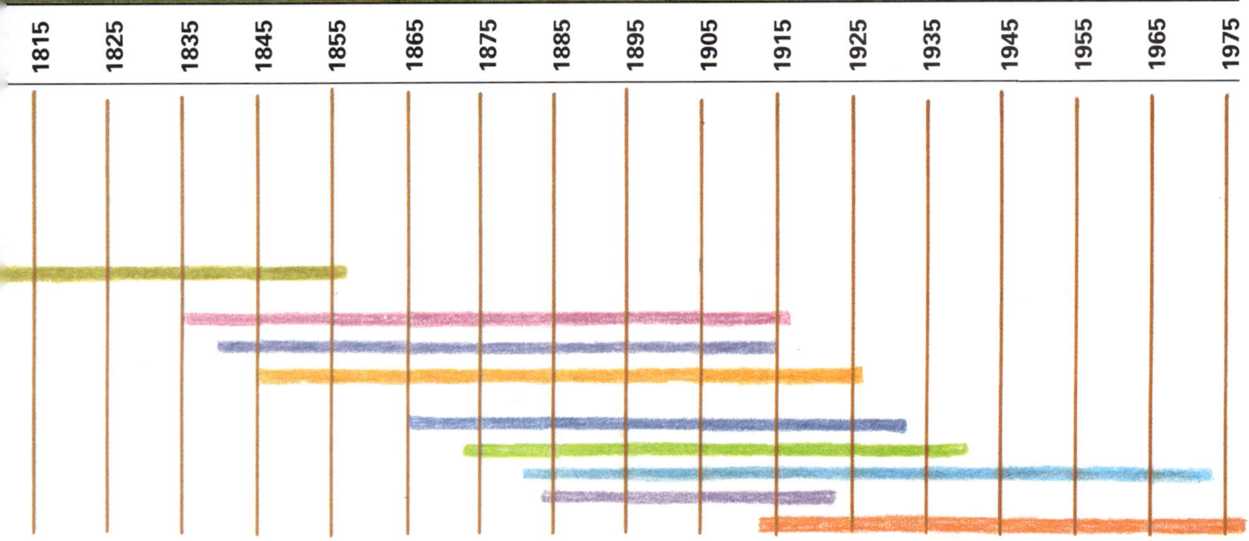

1815
1825
1835
1845
1855
1865
1875
1885
1895
1905
1915
1925
1935
1945
1955
1965
1975

Das 20. Jahrhundert

Manche Themen und Modelle verlangen vom Maler die Fähigkeit, ihren Bildern etwas Zartes zu verleihen: die Duftigkeiten der delikaten, leichten Farben. So verstand es auch Francesc Serra (1912–1986), und so manifestiert es sich in seinen Pastellbildern. Serra ist als Maler und Zeichner mit den großen Meistern vergleichbar, die ihn beeinflußt haben: Ingres, Corot, Degas . . . Seine ausgezeichnete Beherrschung der weiblichen Gestalt, die er mit verwegenen perspektivischen Verkürzungen des gesamten Körpers darstellt, sowie seine ausdrucksvollen Porträts sind eine technische Lektion und die Manifestation seiner großen Liebe zum erwählten Handwerk.

Der bekannteste Künstler unseres Jahrhunderts ist vielleicht Pablo Picasso (1881–1973), der als Sohn eines bescheidenen Kunstprofessors in Malaga geboren wurde. Seine künstlerische Ausbildung erfolgte zunächst in Barcelona und wurde später in Paris vervollständigt, jener Stadt, von der aus er die Welt eroberte.

Picassos Pastellbilder wurden zum erstenmal in größerer Anzahl im Jahre 1901 im Salon Parés in Barcelona ausgestellt. Sie erregten eine gewaltige Aufmerksamkeit und die Kritik des großen Utrillo. Picasso verwendete die Pastellfarben in diesen Werken energisch und entschlossen: rote, gelbe, grüne, blaue und violette Farbflecken ohne Zwischentöne mit den besonderen Merkmalen des modernistischen Künstlerzirkels von Barcelona, der unter dem Namen „Els Quatre gats" (die vier Katzen) in die Kunstgeschichte eingegangen ist. Er benutzte ferner begeistert ein intensives Blau, das allgemein unter der Bezeichnung Küchenblau bekannt geworden ist.

In den weiblichen Gestalten Picassos mischt sich Eleganz mit Vulgarität, was zweifellos dem Einfluß eines gewissen Pariser Milieus zuzuschreiben ist. Niemand hat wie Picasso derart radikal seine malerische Auffassung gewechselt. Wie Giotto, Michelangelo und Bernini stand er am Anfang einer neuen Epoche der Malerei.

20

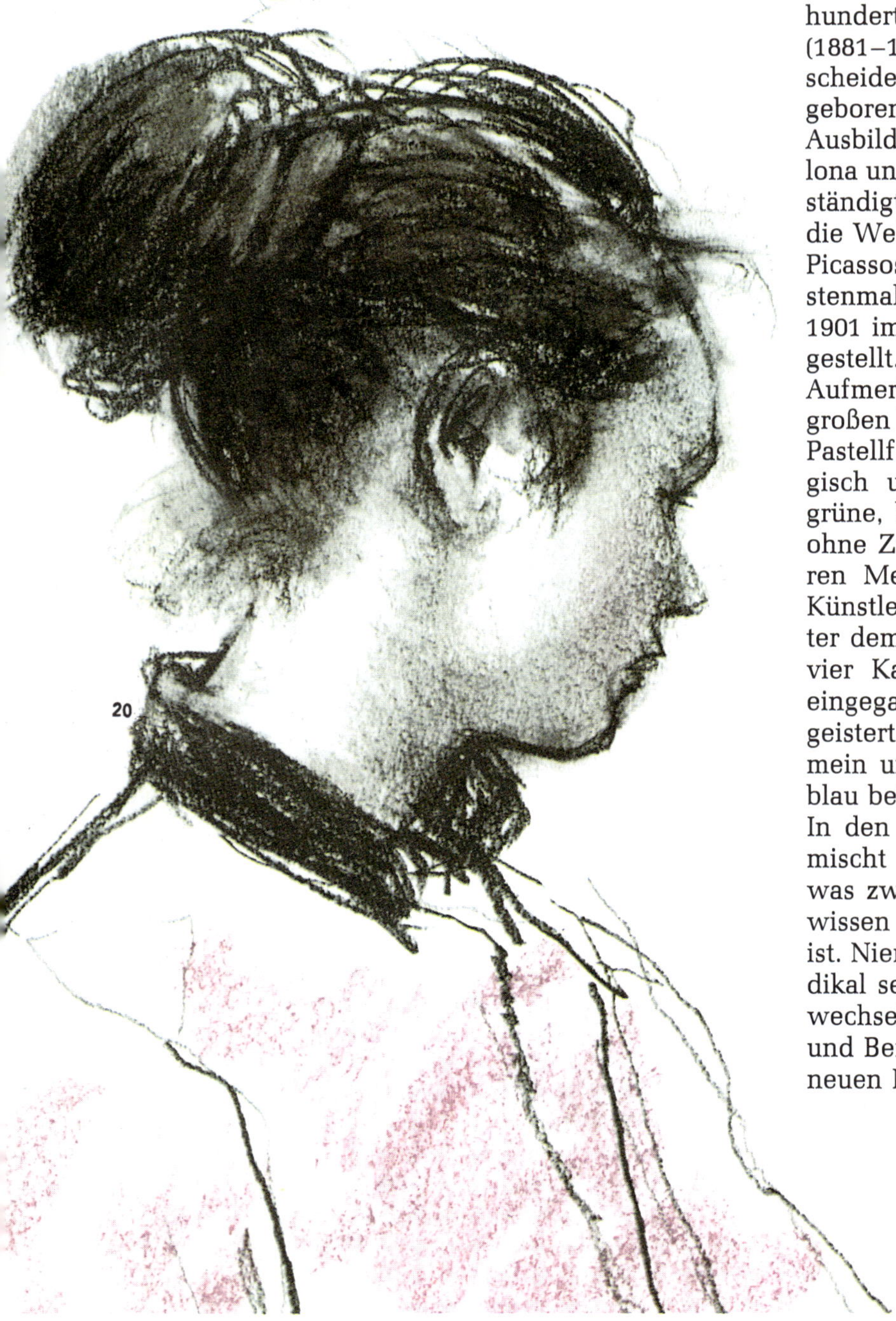

Abb. 20: Francesc Serra, Zeichnung mit Kohlestift und Pastellkreide.

Abb. 21: Pablo Picasso, *Selbstporträt*.

21

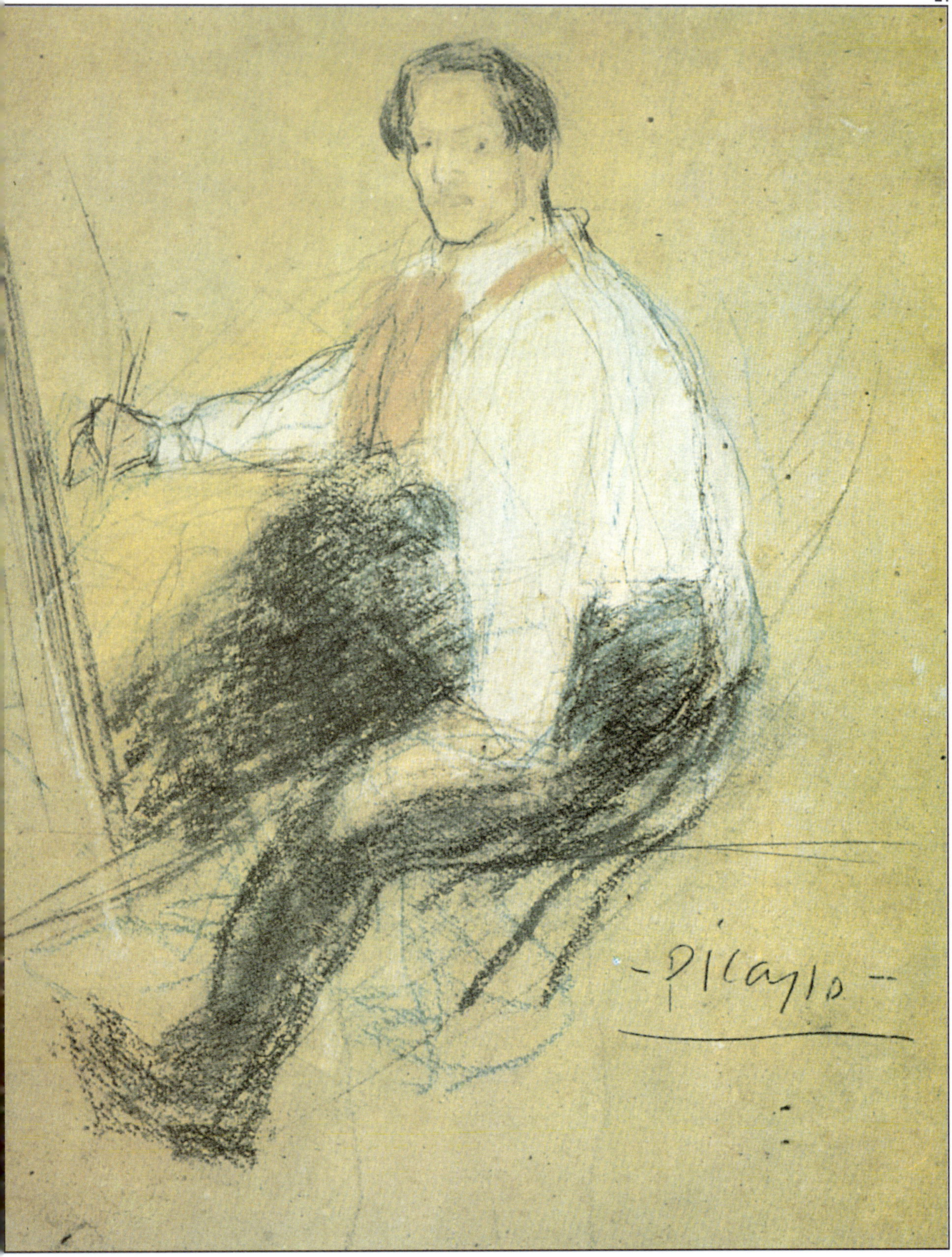

Die Zeitgenossen

Auf dieser Doppelseite sehen Sie eine kleine Auswahl von Werken ausgezeichneter, sehr unterschiedlicher Pastellmaler, die die Fähigkeit der Pastellkreiden demonstriert, sich allen Stilen anzupassen, von der duftigsten Andeutung einer quasi unscharfen und nur angedeuteten Vision des Lebens – Themen voller Sinnlichkeit und Gefühlsbetonung in einer naturgetreuen Welt von Emilia Castañeda – bis zum Hyperrealismus des kraftvollen, beinahe fotografischen Fuentetaja, der ebenso herausfordernd wie weich arbeitet. Wir werfen ferner einen Blick auf das Werk von Juan Martí, den ausgezeichneten, mutigen Pastellmaler der energischen Striche, die große Klasse und Professionalität beweisen.
Angesichts so vieler Künstler weiß man häufig nicht, wie es weitergehen soll; und am Scheideweg sollten wir daran denken, daß es viele Wege zum Ziel gibt. Wichtig ist, daß man sich aufmacht und jeden Tag ein wenig von den alten Meistern und auch von den Zeitgenossen lernt. Die Farben sind vorhanden. Wir müssen uns nur von ihnen verführen lassen. Und arbeiten.
Zahlreiche Künstler haben dank der Pastellkreiden ein sehr direktes Ausdrucksmittel gefunden. Andere benutzen außerdem Öl- oder Acrylfarben. Interessant ist jedoch, die Möglichkeiten kennen- und beherrschen zu lernen, und am Anfang könnten die Darstellung eines weiblichen Rückens, die Falten eines zerknüllten Bettuches im Dämmerlicht oder auch eine Blüte stehen.
Die Betrachtung figurativer Werke wie auf dieser Seite regt uns dazu an, mit der klassischen oder akademischen Malweise zu beginnen. So erhalten wir eine Ausbildung, die uns beim Zeichnen hilft und dazu beiträgt, zu uns selbst zu finden.

22

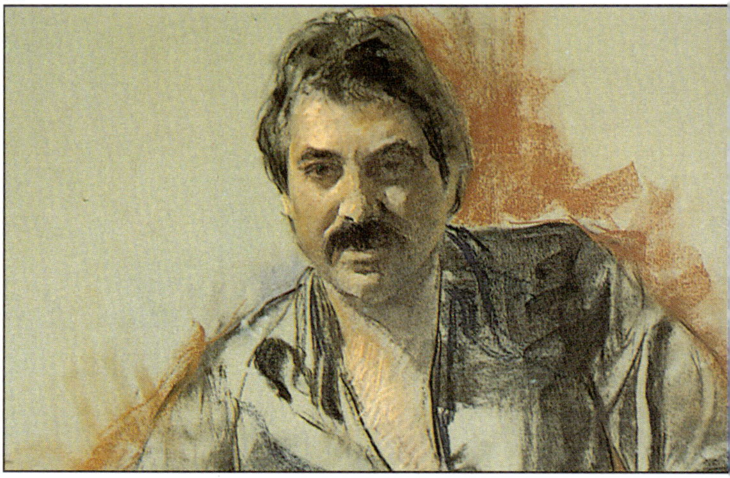

23

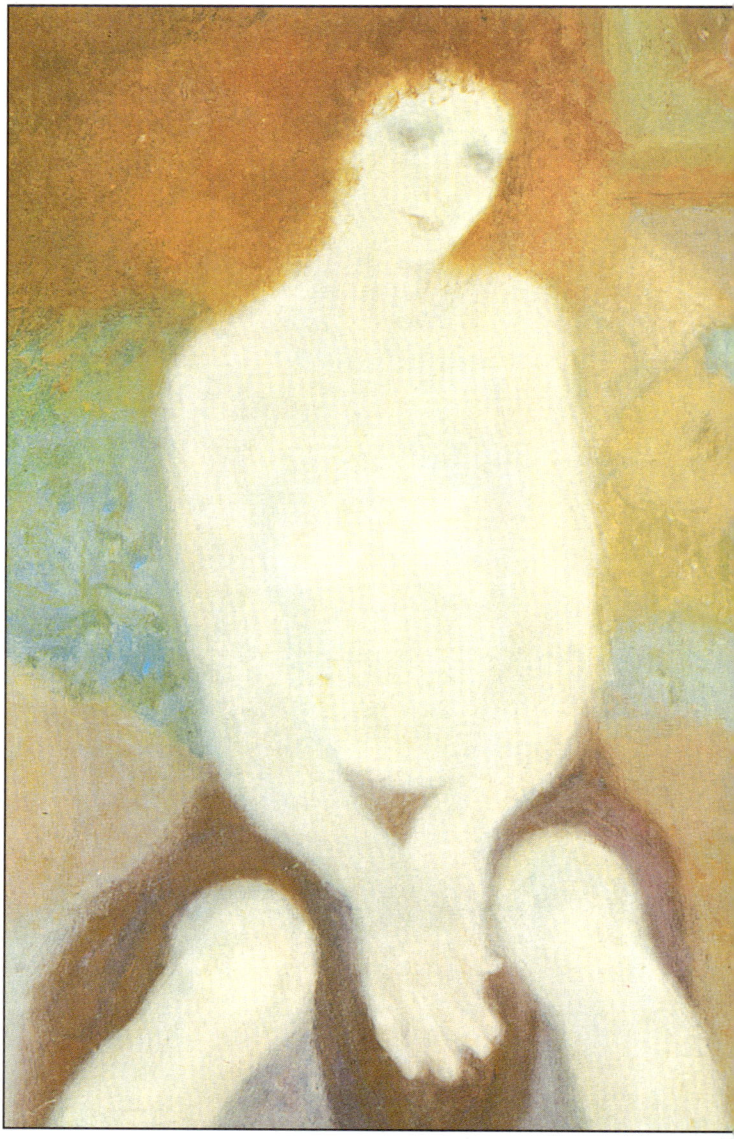

Abb. 22 bis 24: Diese drei Werke zeigen die unerschöpflichen Möglichkeiten, mit denen sich der Künstler bei der Arbeit mit Pastellkreiden ausdrücken kann. Links ein kraftvolles Pastellporträt von Joan Martí; unten: lyrische Darstellung von Emilia Castañeda; rechts beinahe fotografischer Hyperrealismus von Fuentetaja.

24

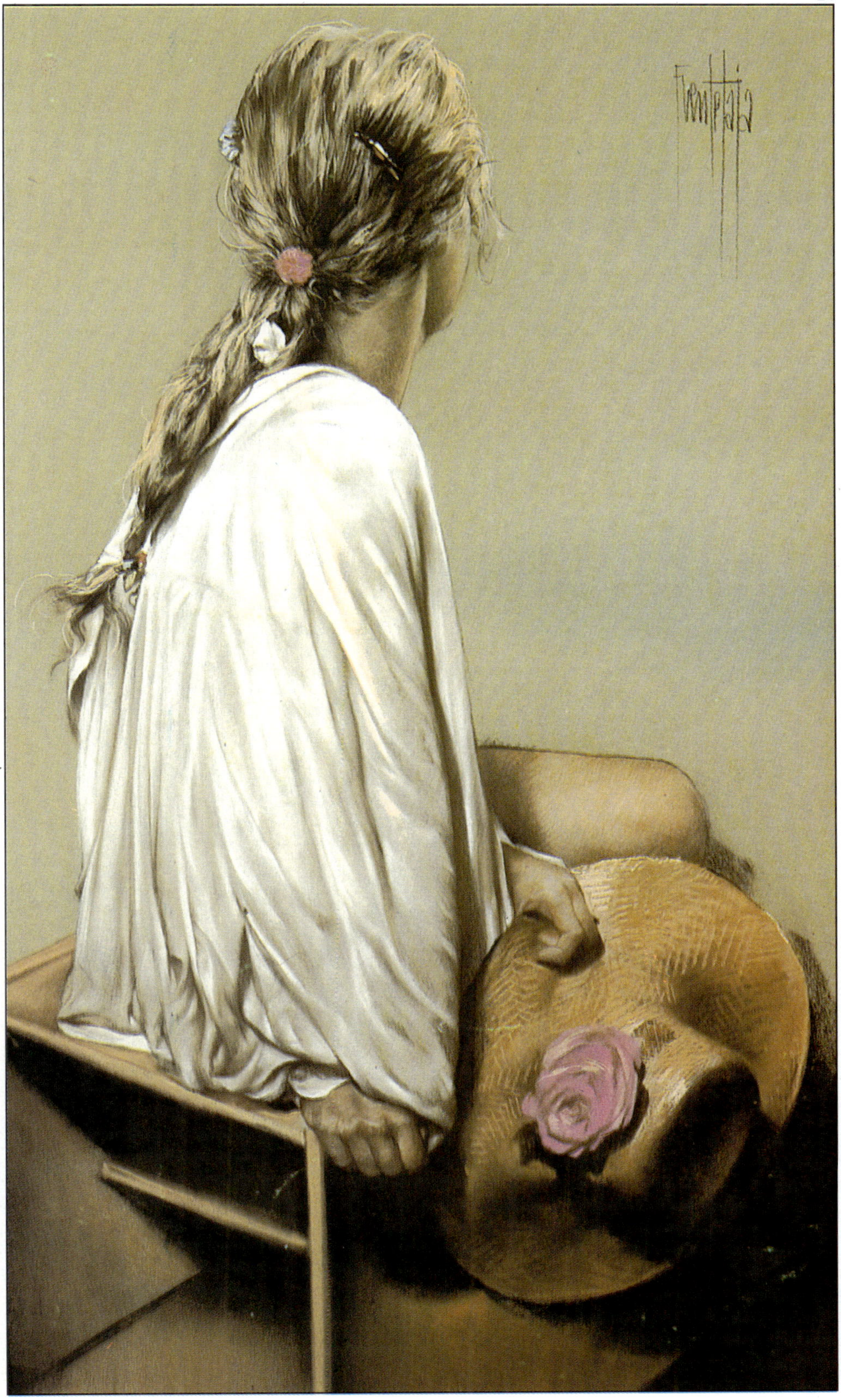

Die Zeitgenossen

Die Pastellmalerei kann auch ein sehr malerisches Verfahren für die Gebrauchsgraphik sein, insbesondere für die Werbung und die Illustration. Neben stark ausgefeilten Illustrationen mit der Spritzpistole oder hypermodernen Techniken sind Pastellkreiden ein neuer Aspekt, mit dem sich die künstlerische Vorstellungswelt entfalten kann. Die hier abgebildeten Werke gehören zur Kategorie der großen Malerei, und sie überraschen durch ihre mutige Ausführung und Originalität.

25

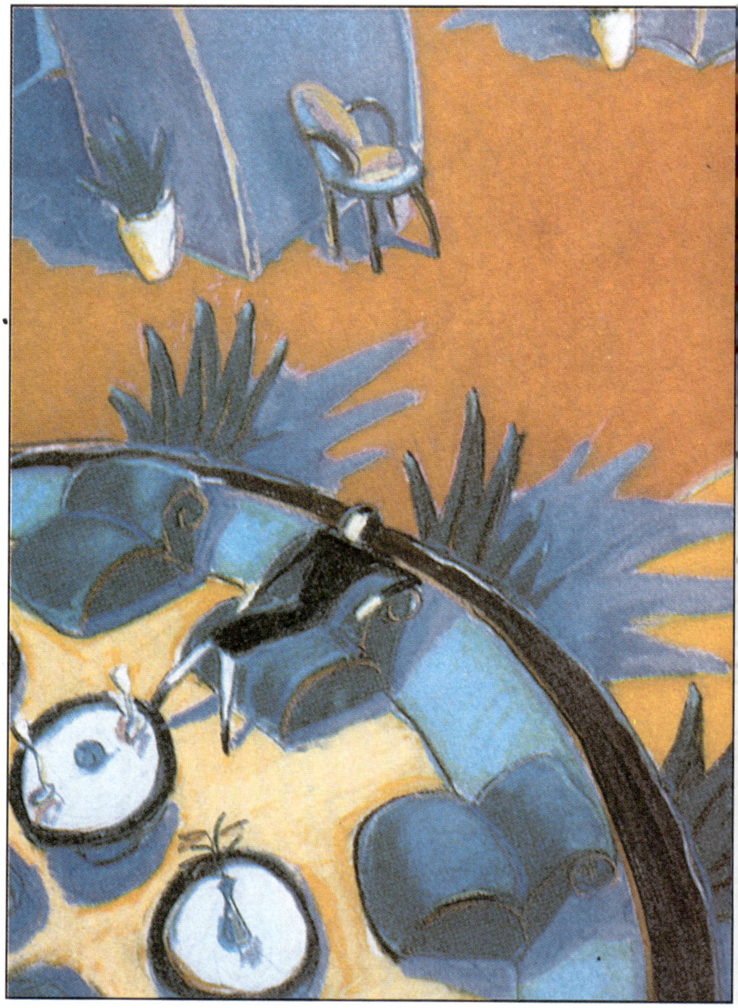

Abb. 25 bis 28 (unten): Illustration von Bob Graham aus „Portrait Comissionad", 1982. Oben rechts: Illustration von Karen M. Mc. Donald für TWA, veröffentlicht im „Ambassador Magazine", 1983; unten rechts: Illustration von Bill Evans, veröffentlicht in „Record Album", 1983; gegenüber: Die typischen Verschmelzungen der Pastellkreiden, die zu einem duftigen, ausdrucksvollen Erscheinungsbild führen, treten besonders bei diesem Werk zutage.

26

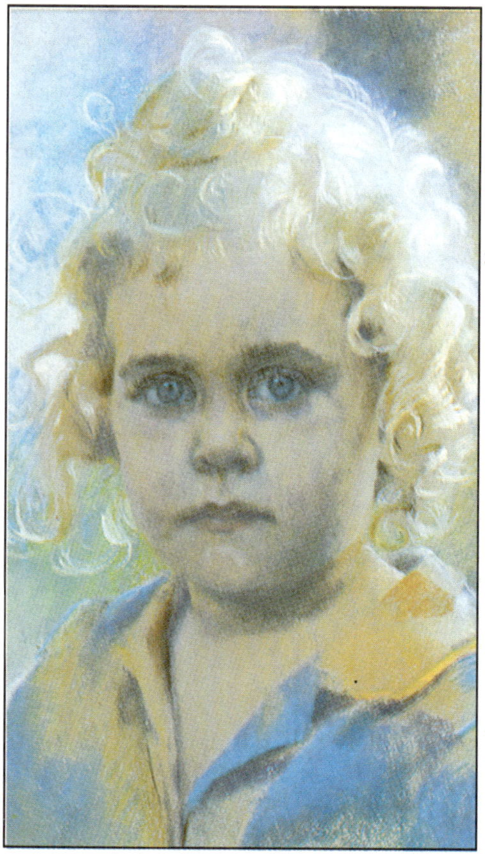

27

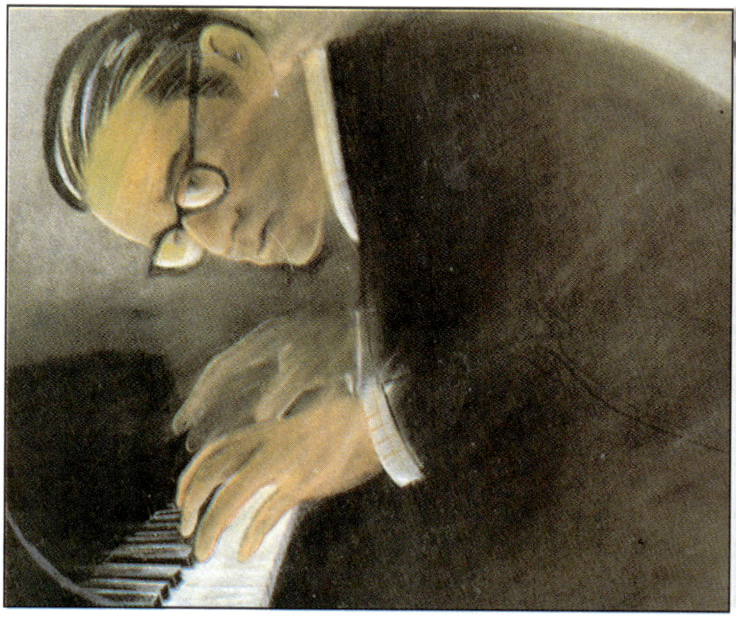

28

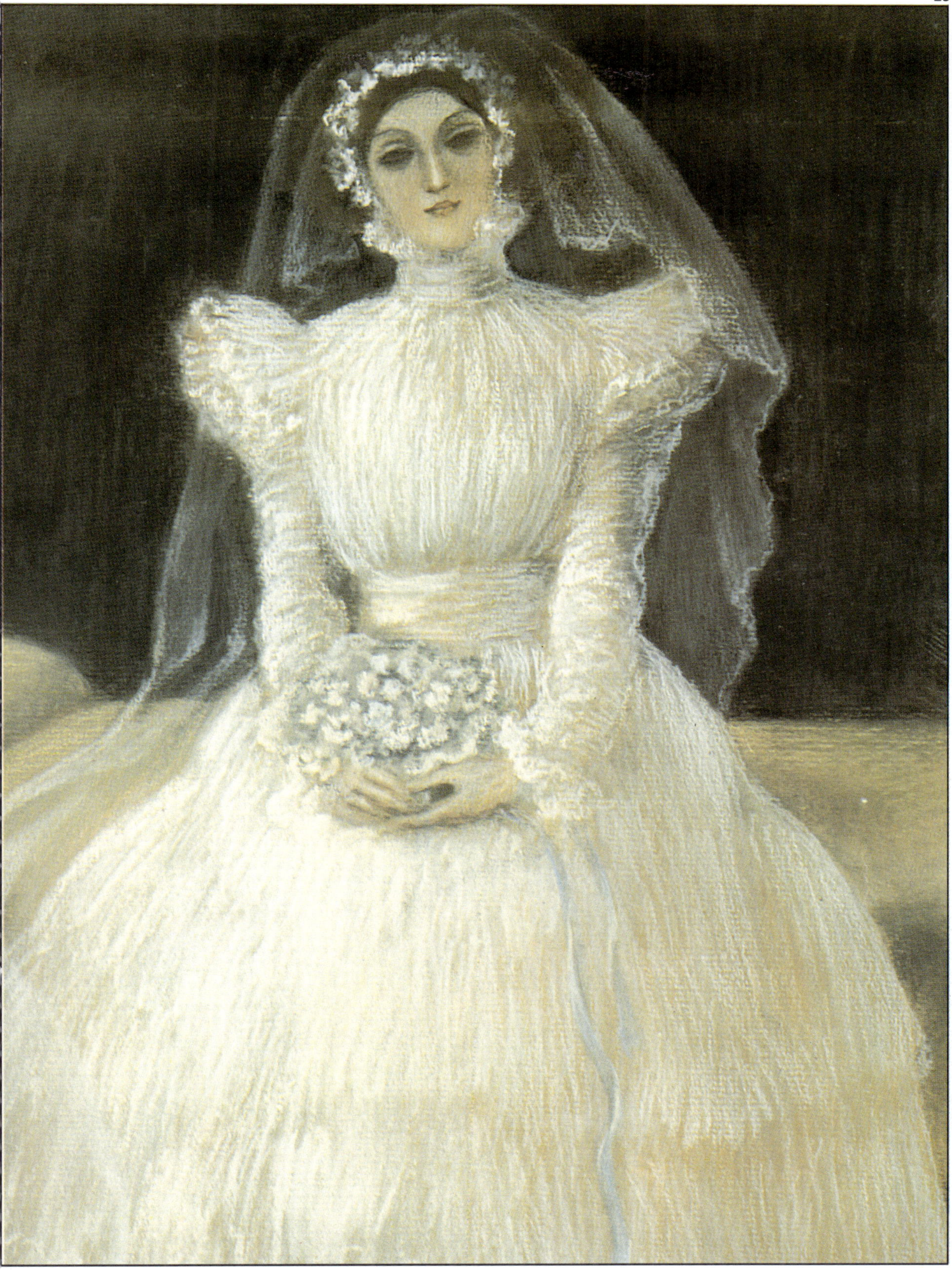

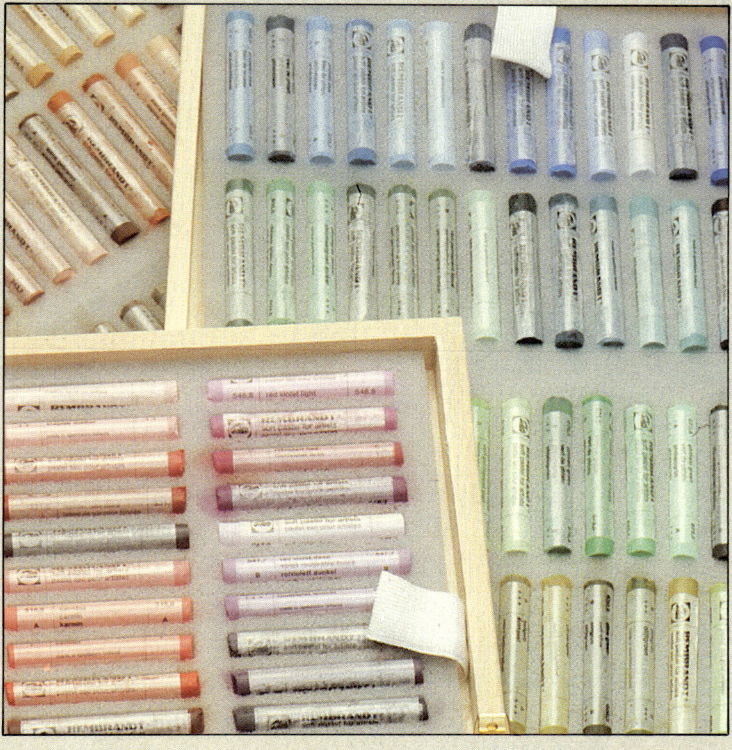

Das Material

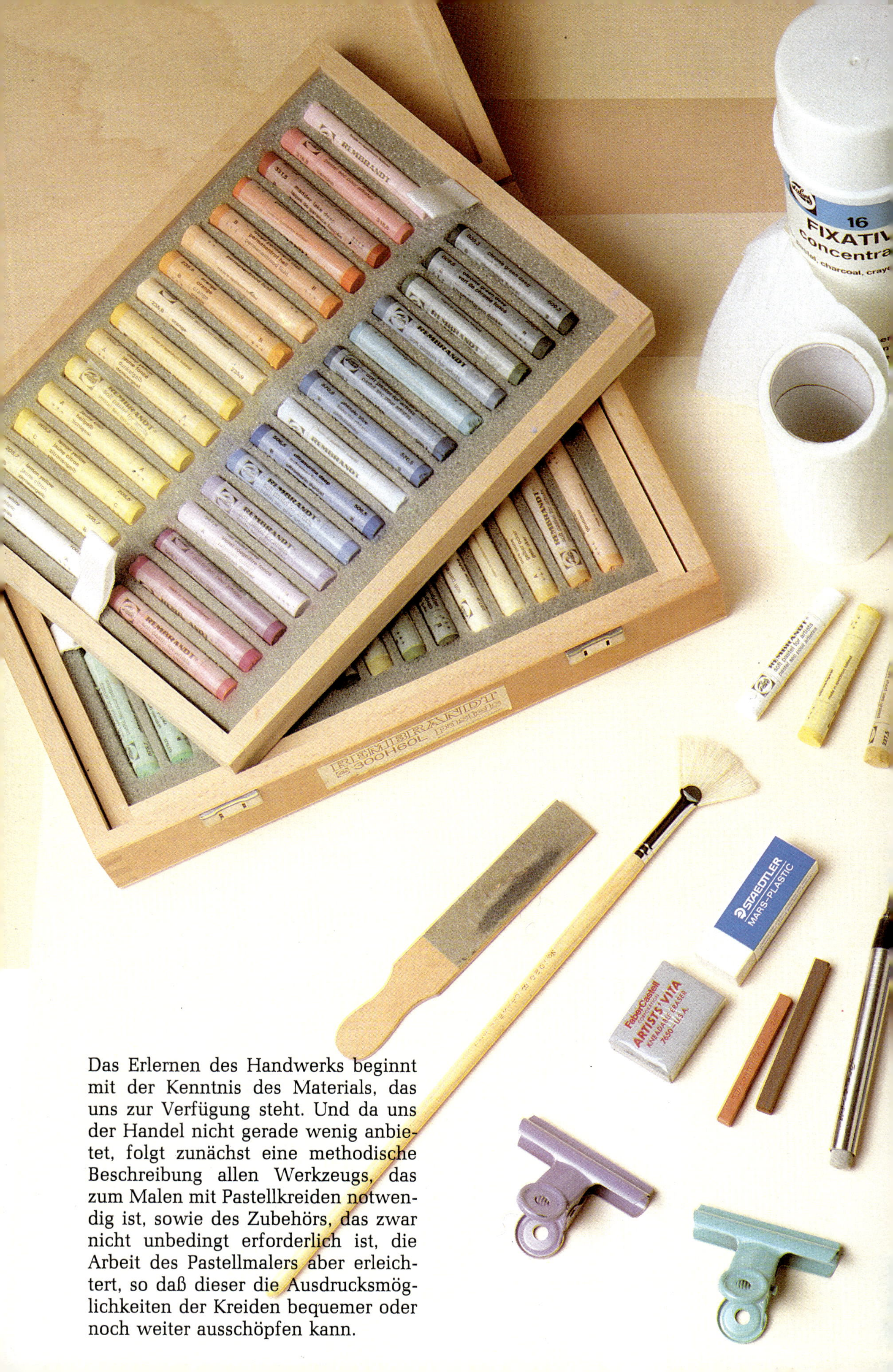

Das Erlernen des Handwerks beginnt mit der Kenntnis des Materials, das uns zur Verfügung steht. Und da uns der Handel nicht gerade wenig anbietet, folgt zunächst eine methodische Beschreibung allen Werkzeugs, das zum Malen mit Pastellkreiden notwendig ist, sowie des Zubehörs, das zwar nicht unbedingt erforderlich ist, die Arbeit des Pastellmalers aber erleichtert, so daß dieser die Ausdrucksmöglichkeiten der Kreiden bequemer oder noch weiter ausschöpfen kann.

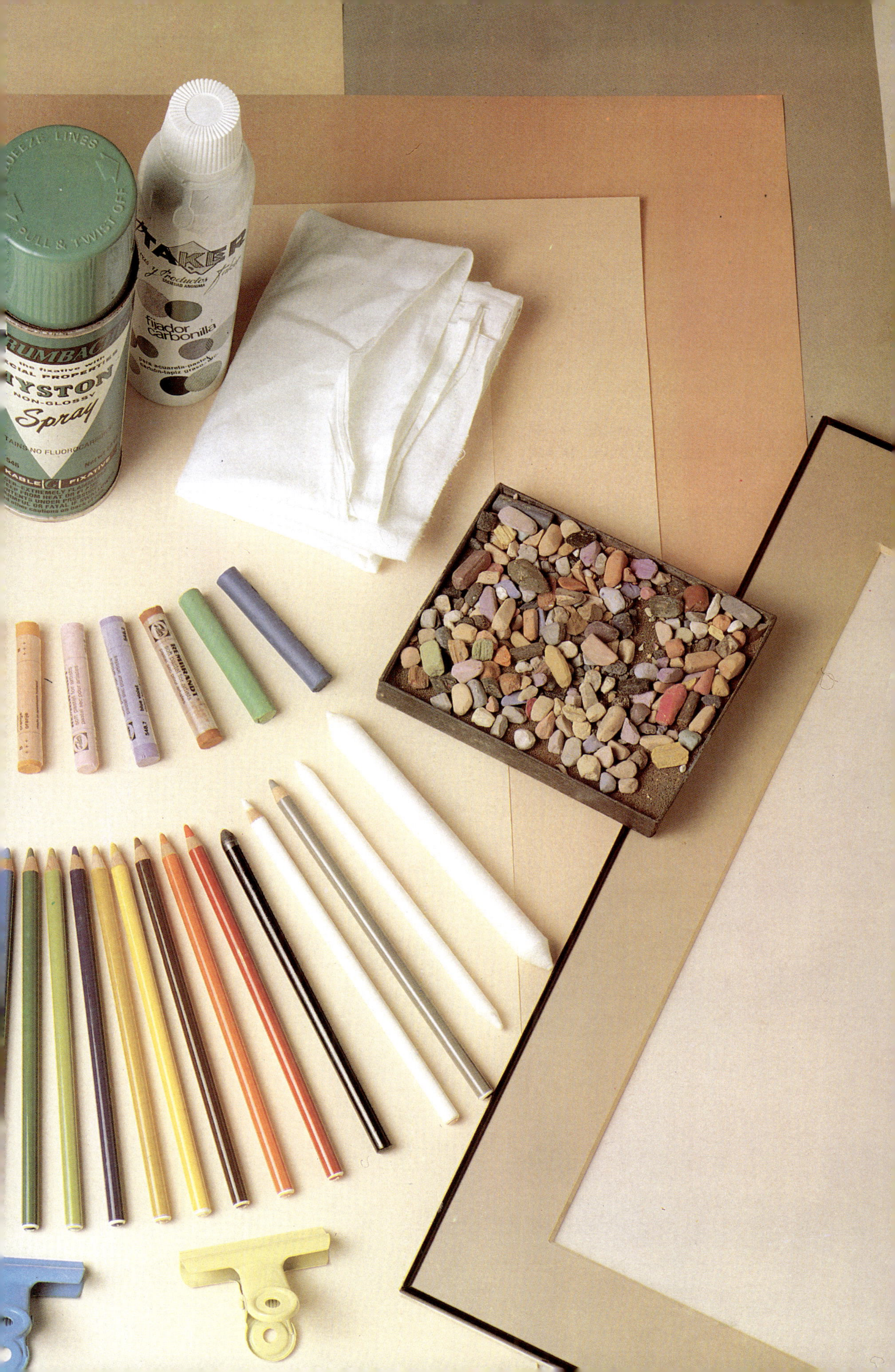
PULL & TWIST OFF
NON-GLOSSY
Spray
fijador carbonilla
REMBRANDT

Das Atelier

Bevor wir mit der Beschreibung des eigentlichen Materials beginnen, lassen Sie uns kurz von dem Ort sprechen, wo wir unsere künstlerische Kreativität ausleben wollen. Die Rede ist von dem Atelier.

Mir scheint, das Atelier eines Künstlers muß ein Sanctum sanctorum sein, ein Ort, an dem er mit seiner Kunst und seinen Illusionen allein sein kann.

Das Atelier sollte sogar selbst eine der Illusionen des Künstlers darstellen: Es ist der Ort, an dem er sich auf seine Arbeit einstellt, und dieser gehört ebenfalls zu seinem „Material".

Das Atelier ist etwas so Persönliches, daß seine Beschreibung immer unvollständig ausfallen muß. Trotzdem enthält es einiges Werkzeug und Arbeitsbedingungen allgemeiner Art, wenn auch jeder den Raum seinem Geschmack und seinen Möglichkeiten anpassen muß.

Vor allem sei darauf hingewiesen, daß ein Atelier weder Luxus noch überflüssige Zusatzgeräte benötigt. Es muß

Abb. 29: Die Musik trägt erheblich zur Heiterkeit des Geistes bei.

29

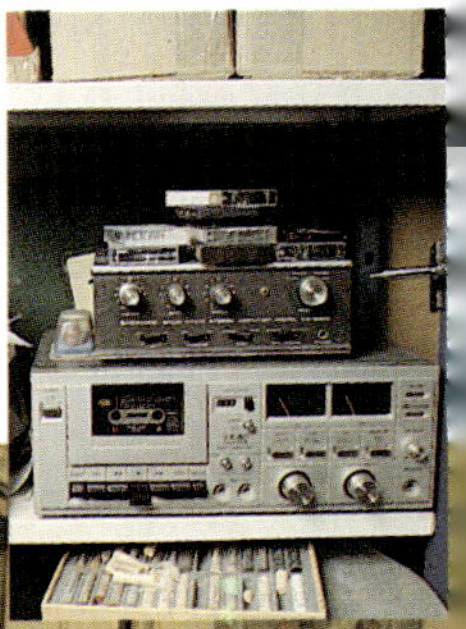

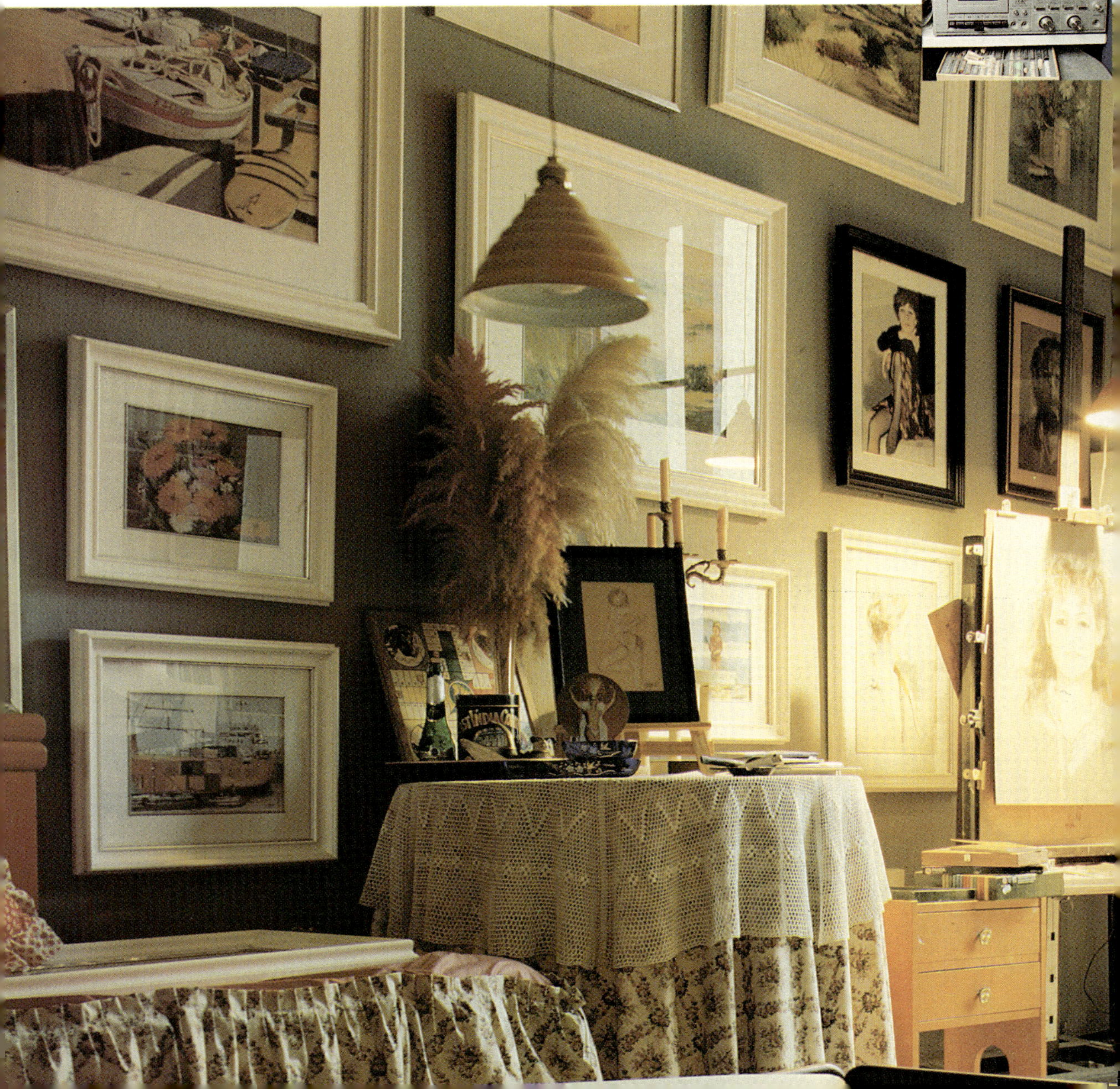

Abb. 30: Damit aus einem Atelier ein angenehmer Arbeitsplatz wird, benötigt man gutes Licht und viel Raum. Wichtig ist, daß es eine gute Atmosphäre ausstrahlt und die Persönlichkeit des Künstlers, der darin tätig ist, widerspiegelt. Ein Atelier erhält mit der Zeit einen „Charakter", denn es sammelt sich allerlei darin an.

vielmehr eine angenehme Stimmung verbreiten, denn im Atelier lebt man im weitesten Sinn des Wortes. Die Inspiration (ich selbst bevorzuge den Ausdruck „Arbeitslust") kommt wesentlich regelmäßiger, wenn wir uns absolut zu Hause fühlen. Selbstverständlich ist die gute Beleuchtung eine Grundbedingung. In erster Linie muß es sich um Tageslicht handeln, das bei einem Rechtshänder von links fällt. Außerdem benötigt man Kunstlicht, um ebenfalls bei Dunkelheit arbeiten zu können. Gutes Raumlicht muß ebenso vorhanden sein wie ausgerichtetes Licht mit einer 100-Watt-Birne, die unsere Malfläche direkt beleuchtet.

Welches Mobiliar sich in einem Atelier befindet, hängt im wesentlichen von der zur Verfügung stehenden Fläche ab. Vom absolut Notwendigen (Tisch, Beistelltisch, Regale, einige Stühle und ein Ständer für große Zeichenmappen mit den Originalen und dem Papier) bis zu bequemen Sesseln und Sofas sind unzählige Lösungen möglich.

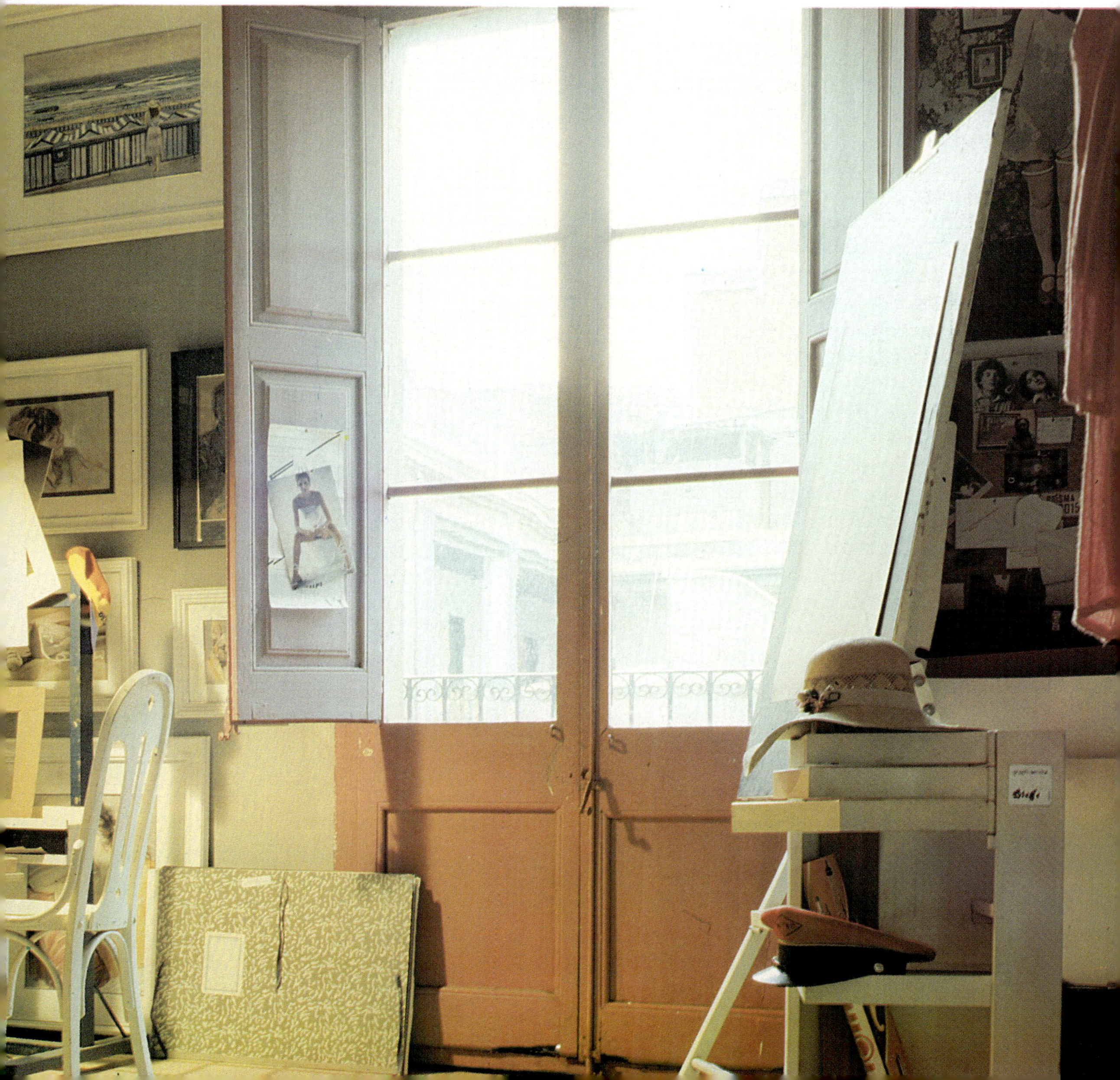

Die Staffelei

Kleinformatige Werke lassen sich auf den Knien oder dem Arbeitstisch malen. Übersteigt das Format des Werkes jedoch DIN A3, benötigt man unbedingt eine *zuverlässige* Staffelei. Wenn wir das Wort zuverlässig betonen, so um darauf hinzuweisen, daß eine schwächliche Staffelei, die beim geringsten Stoß auf das Zeichenbrett zu schwanken beginnt, zu einer wahren Qual werden kann (und die Pastellkreide muß mit einer gewissen Kraft aufgetragen werden). Es lohnt sich wirklich, sowohl im Atelier als auch im Freien mit Qualitätsstaffeleien zu arbeiten.

Es gibt eine große Anzahl von Modellen und Qualitäten, von den einfachsten bis zu den ausgetüftelsten. Die auf dieser Doppelseite abgebildeten Modelle gehören dem mittleren Bereich an, der mehr als ausreicht. Aber welche Staffelei Sie auch wählen, sehr bequem ist die Hinzufügung eines Bretts, auf dem man den Kasten mit den Pastellkreiden und das notwendige Material ablegen kann. Mit ein wenig Geschicklichkeit ist es nicht schwierig, ein solches Brett selbst herzustellen. Die großen Atelierstaffeleien sind mit Rollen ausgestattet, damit sie sich leicht umstellen lassen; andere besitzen ein eingebautes Beleuchtungssystem. Für kleine Ateliers sind dreibeinige Staffeleien (Akademiestaffeleien) sehr praktisch, bei denen man die Neigung verstellen kann.

Als Feldstaffelei kann ich die Pallettstaffelei empfehlen, ein geniales, zusammenlegbares Gerät, das die eigentliche Staffelei und den Malkasten, in dem sich alles notwendige Material unterbringen läßt, miteinander verbinden. Pallettstaffeleien sind ursprünglich für die Ölmalerei gedacht, können jedoch leicht den Bedürfnissen des Pastellmalers angepaßt werden: man muß nur dafür sorgen, daß alles gut an seinem Platz bleibt.

Abb. 31: Schublade einer Feldstaffelei mit integriertem Malkasten.

Abb. 32: Klassische dreibeinige, zusammenlegbare Feldstaffelei, der eine Einrichtung zur sicheren Befestigung des Zeichenbretts eingearbeitet wurde.

Abb. 33: Klassische Feldstaffelei mit integriertem Malkasten, aufgestellt und zusammengeklappt. Hinzukommen sollte ein Campinghokker (Abb. 34).

31

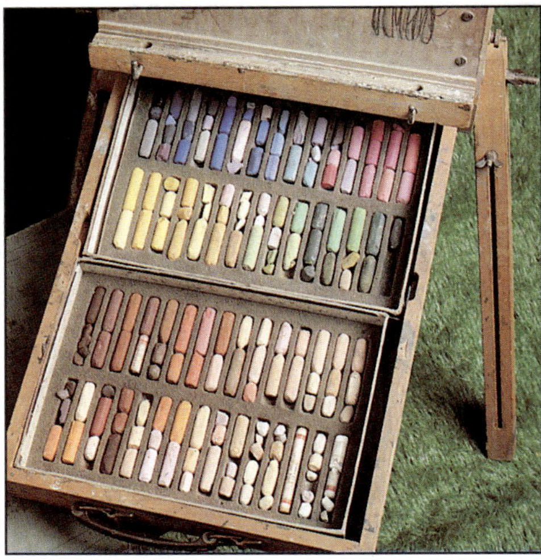

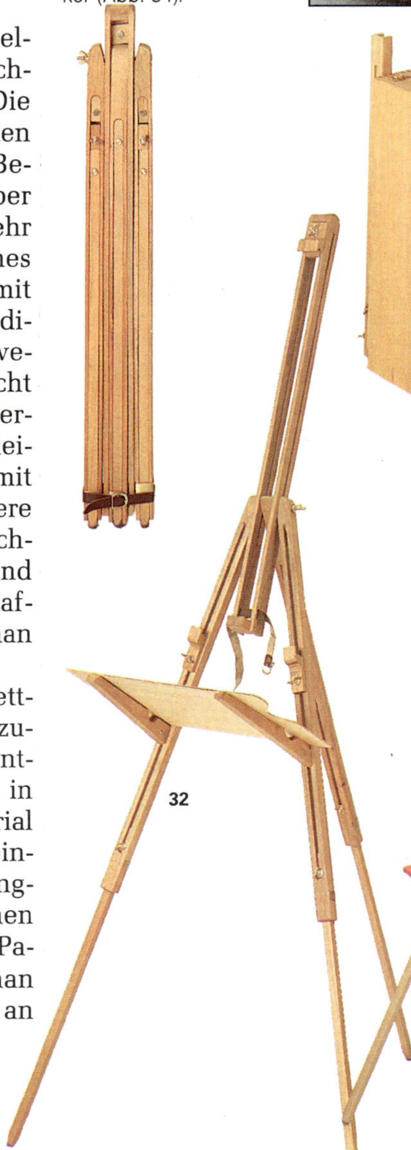

32

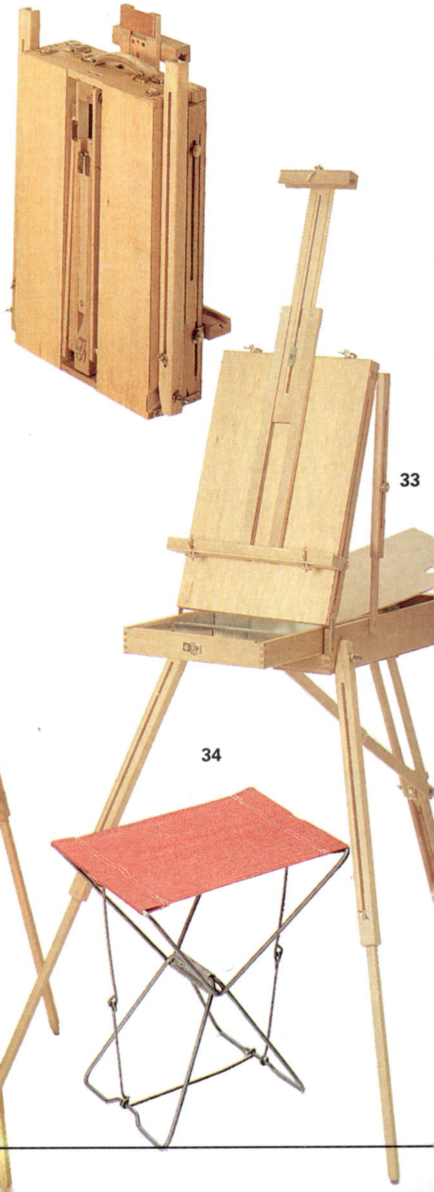

33

34

Abb 35: Hier eine einfache, aber praktische Atelierstaffelei.

Abb. 36: Typischer Malerhocker mit verstellbarer Sitzhöhe.

Abb. 37: Klassische Atelierstaffelei, umgearbeitet für die Malerei mit Pastellfarben.

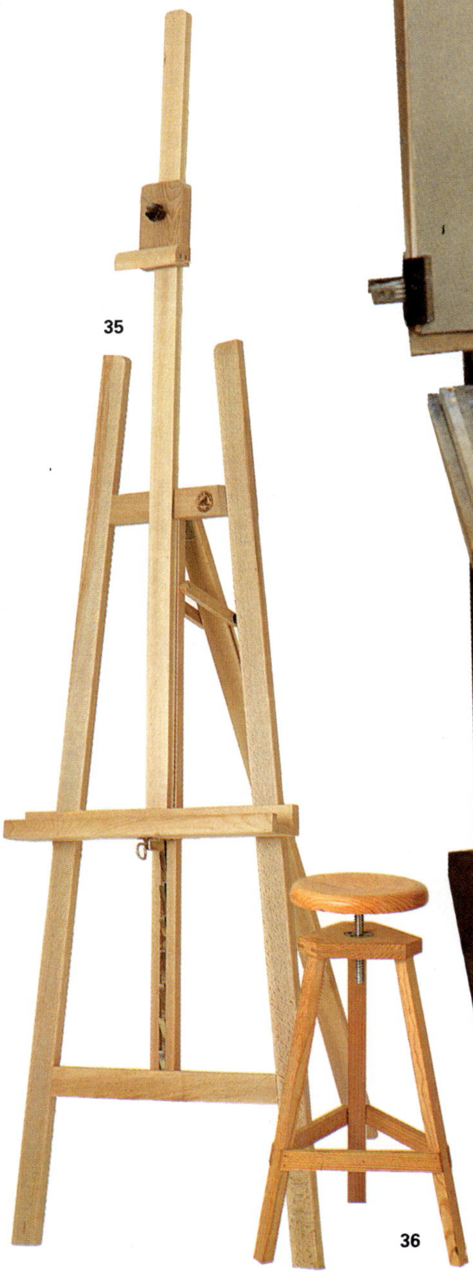

35

36

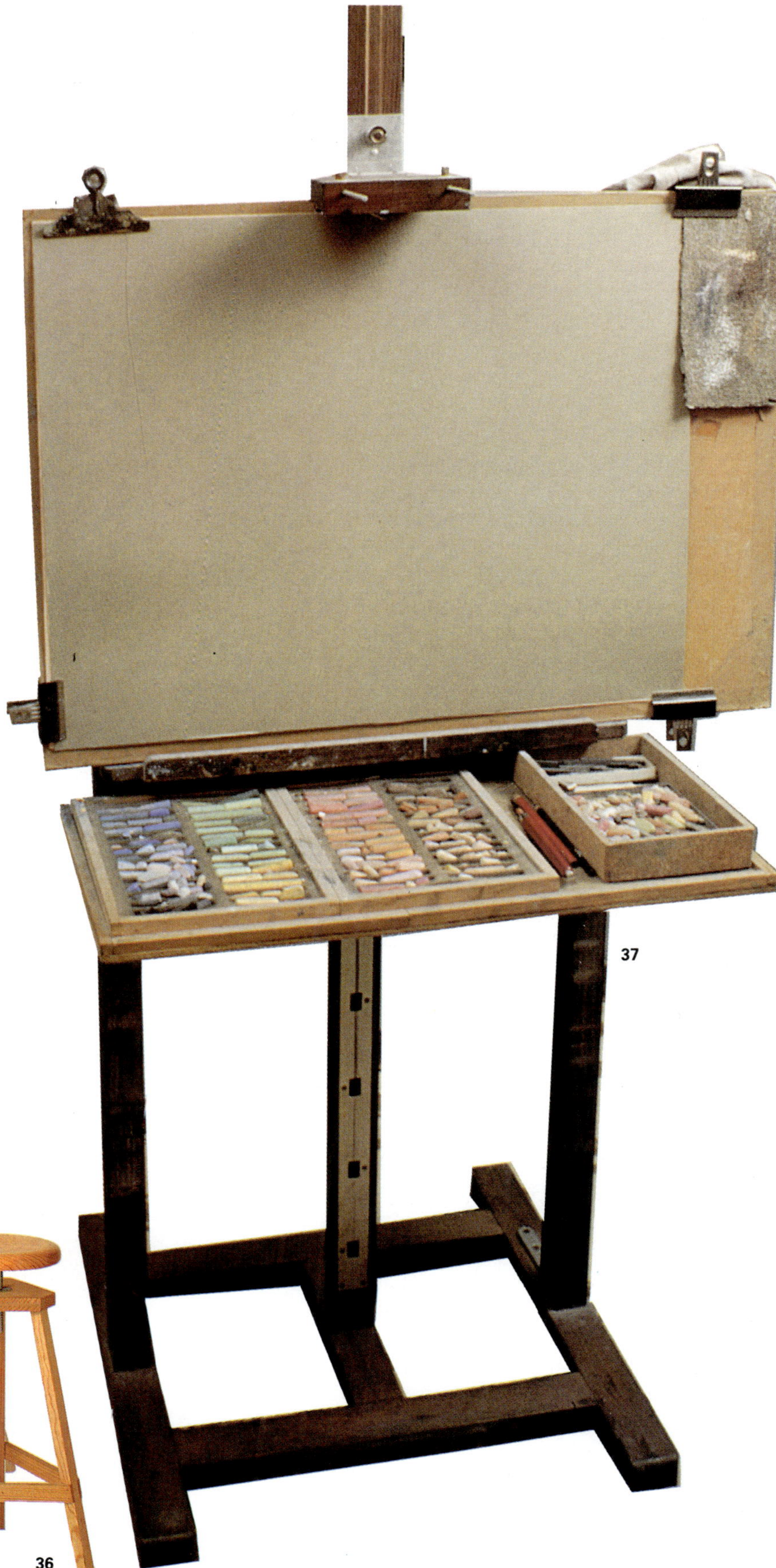

37

Der Malgrund

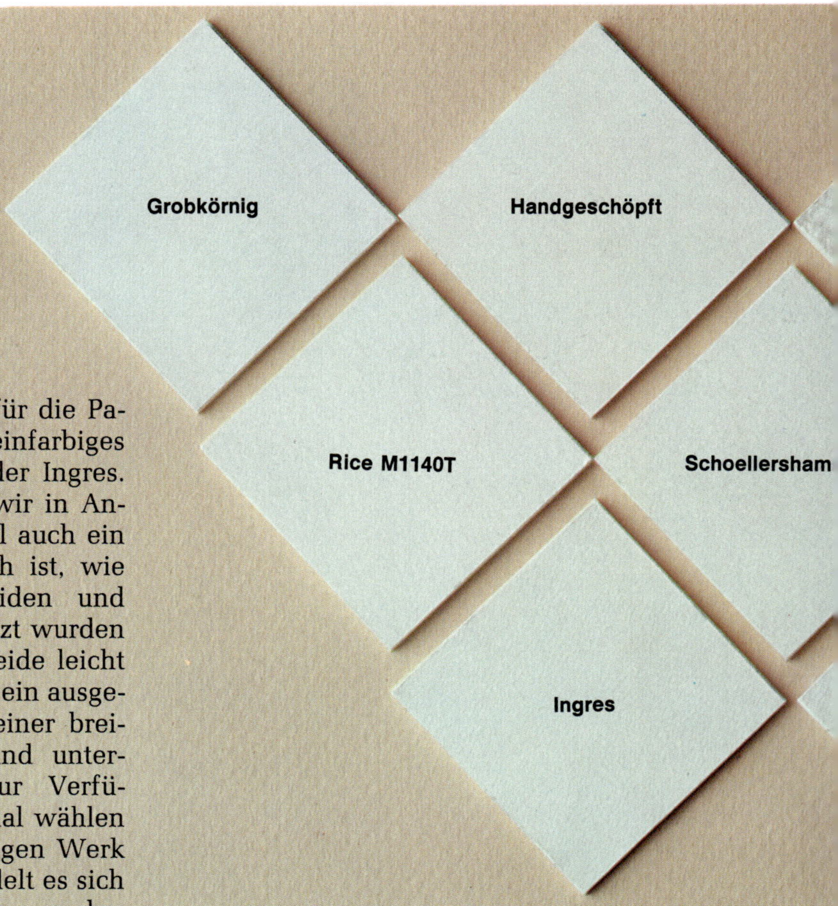

Der „normale“ Untergrund für die Pastellmalerei ist ein gutes einfarbiges Papier vom Typ Canson oder Ingres. Das Wort „normal“ haben wir in Anführungsstriche gesetzt, weil auch ein anderer Untergrund möglich ist, wie zum Beispiel gewisse Seiden und Samtstoffe, die früher benutzt wurden und an denen die Pastellkreide leicht haftet. Heutzutage steht uns ein ausgezeichnetes Farbpapier mit einer breiten Skala von Nuancen und unterschiedlichen Strukturen zur Verfügung, so daß wir das Material wählen können, das unserem künftigen Werk am meisten entspricht. Handelt es sich um ein Seestück, benutzt man am besten ein Papier mit einem kalten Ton: Ein blaustichiges Grau wäre möglich. Ist das Thema ein Porträt, empfiehlt sich die Wahl eines warmen Papiers aus der Skala der Sienatöne oder der Erdfarben.

Abb. 38: Qualitätspapier trägt das Markenzeichen des Herstellers. In unserem Beispiel erfolgt die Kennzeichnung durch Reliefdruck.

39

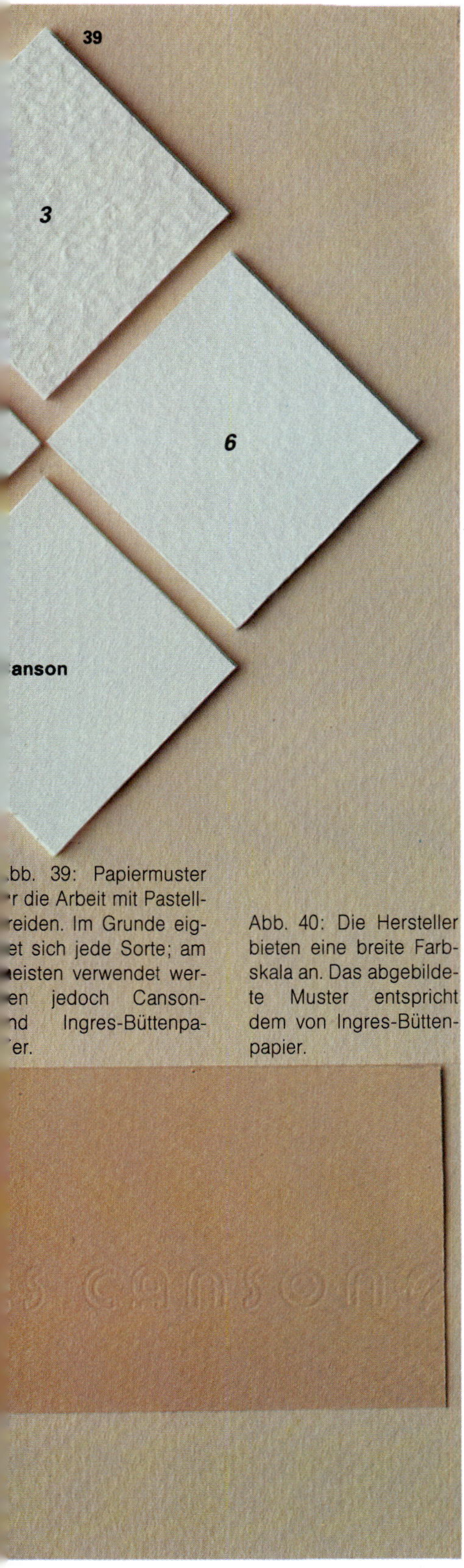

.bb. 39: Papiermuster
r die Arbeit mit Pastell-
reiden. Im Grunde eig-
et sich jede Sorte; am
eisten verwendet wer-
en jedoch Canson-
nd Ingres-Büttenpa-
er.

40

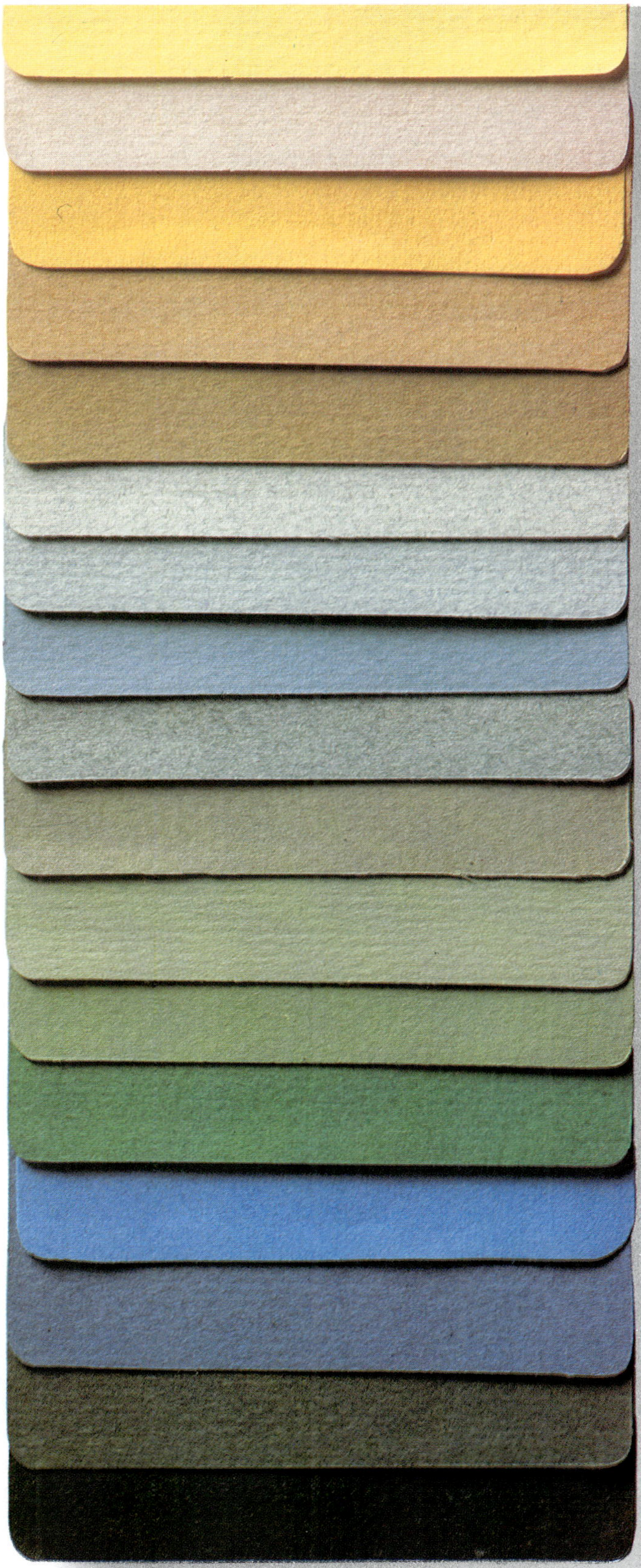

Abb. 40: Die Hersteller bieten eine breite Farbskala an. Das abgebildete Muster entspricht dem von Ingres-Büttenpapier.

Die Pastellkreiden

Der Augenblick ist gekommen, die eigentlichen „Helden“ dieses Buches kennenzulernen: die Pastellkreiden. Dabei handelt es sich um ein festes Material, das etwas weicher ist als die Kreide. Es ist in zylindrischer Form von etwa 1 cm Durchmesser und circa 9 cm Länge im Handel. Reibt man mit diesen Stäbchen über das Papier, setzt sich das Pulver ab und dringt in die Struktur ein.
Pastellkreiden sind deckend (das heißt, nicht transparent), und sie lassen sich auf dem Papier mischen und überlagern. Man kann damit hell auf dunkel malen (ein Verfahren, das häufig angewandt wird). Und auch dunkel auf hell. Die bekannteste malerische Eigenschaft der Pastellkreiden ist jedoch die große Leichtigkeit, mit der sie sich verwischen lassen (vorzugsweise mit den Fingern), um ein Hell-Dunkel von großer Qualität zu erhalten.
Wie werden Pastellkreiden angeboten? Die bekanntesten Hersteller bieten sie in unterschiedlichen Mengen und Formen an, die allen Bedürfnissen und – das sei ebenfalls erwähnt – allen finanziellen Möglichkeiten gerecht werden. Der Pastellmaler hat die Wahl von Kästen mit 15 Grundfarben bis zu luxuriösen Malkästen mit 180 Farben und findet in jedem Fall das für ihn geeignete Sortiment. Erhältlich sind Kästen mit 15, 30, 45, 60 und 90 Farben, die normalerweise für die Bedürfnisse des Künstlers ausreichen. Außerdem hat man stets die Möglichkeit, seine Farbskala mit Hilfe einzelner hinzugekaufter Kreiden zu vervollständigen, zu verwandeln oder auszuweiten.
Von Bedeutung ist, daß Kästen mittlerer Größe mit 15 Farben in drei unterschiedlichen Farbskalen erhältlich sind: „Porträt“, „Mehrzweck“ und „Landschaft“.

41

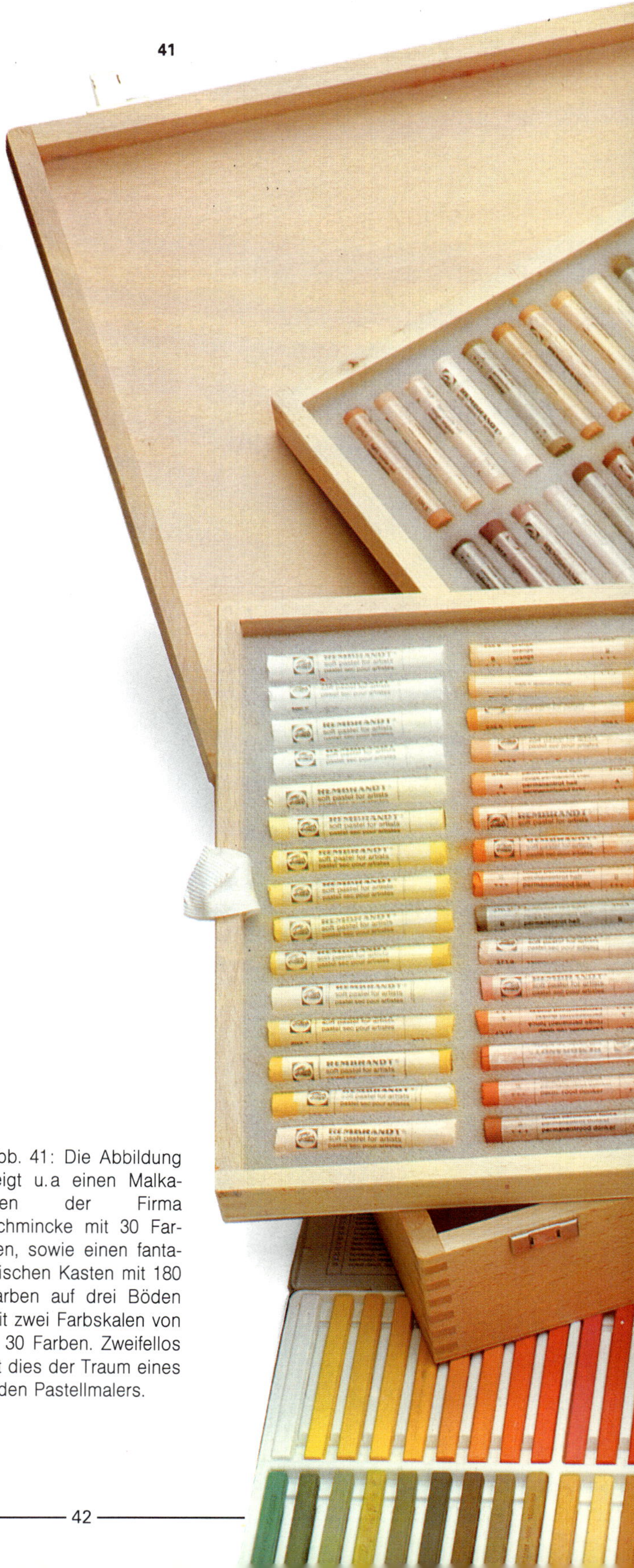

Abb. 41: Die Abbildung zeigt u.a einen Malkasten der Firma Schmincke mit 30 Farben, sowie einen fantastischen Kasten mit 180 Farben auf drei Böden mit zwei Farbskalen von je 30 Farben. Zweifellos ist dies der Traum eines jeden Pastellmalers.

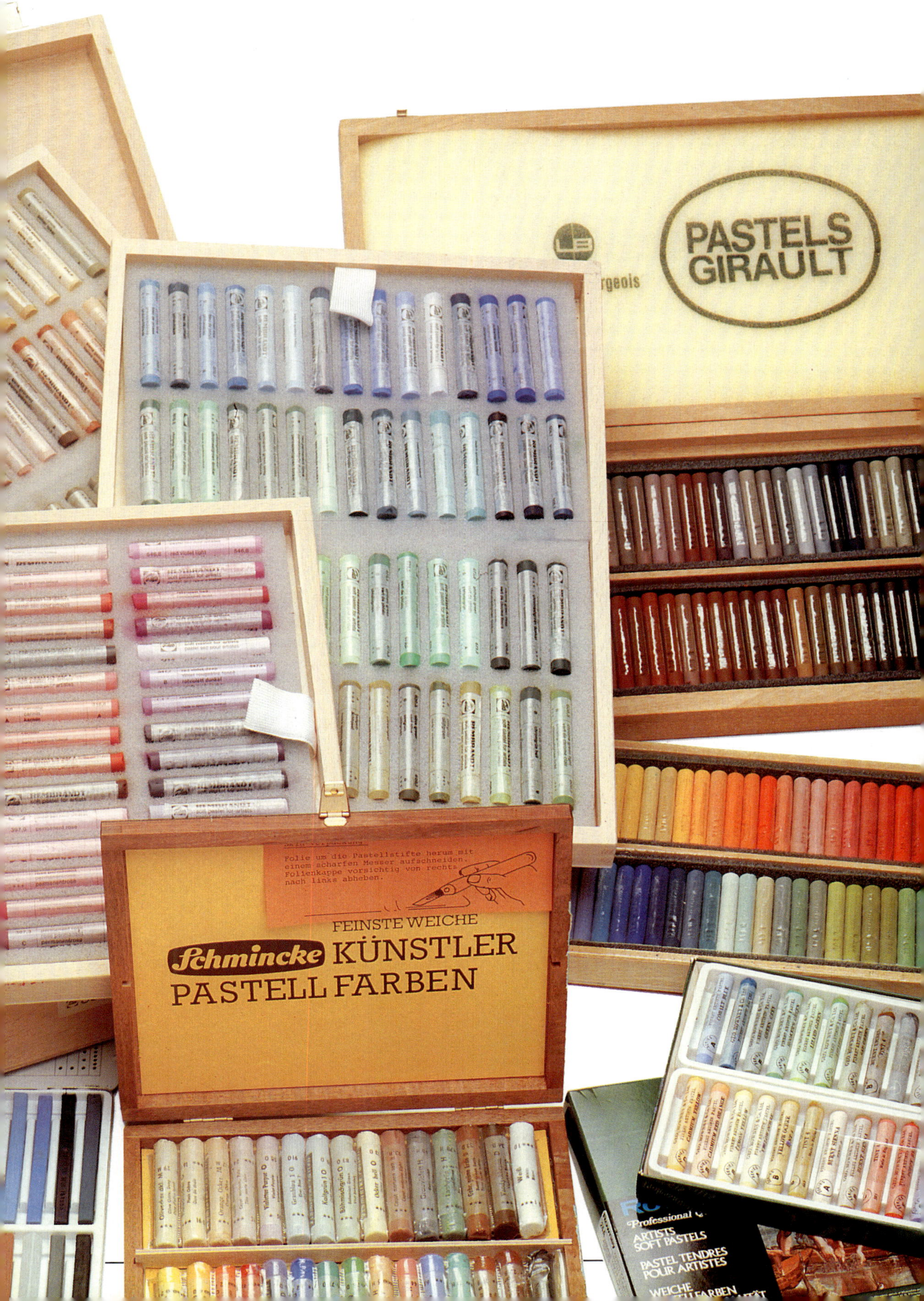
PASTELS GIRAULT
Folie um die Pastellstifte herum mit einem scharfen Messer aufschneiden. Folienkappe vorsichtig von rechts nach links abheben.
FEINSTE WEICHE
Schmincke KÜNSTLER PASTELL FARBEN
ARTISTS SOFT PASTELS
PASTEL TENDRES POUR ARTISTES

Die Pastellkreiden

Es gibt sehr gute Pastellkreiden, mit denen sich hervorragende Ergebnisse erzielen lassen. Trotzdem entscheidet sich jeder Künstler gewohnheitsmäßig für eine bestimmte Marke. Die Skalen der großen Hersteller sind derart umfangreich, daß derjenige, der sich einmal in das Abenteuer gestürzt hat, eine von ihnen wirklich kennen und beurteilen zu können, sich nur schwer dazu bewegen lassen wird, plötzlich mit einer anderen zu experimentieren. Außerdem sind bestimmte Marken in einem Land bekannter als in anderen, was nicht unbedingt eine Garantie für bessere Qualität bedeutet.
Der Vorteil, sich an eine bestimmte Marke zu gewöhnen, besteht darin, daß man die meisten Farben wirklich kennenlernt, und das ist wichtig, um die Skalen zu vervollständigen, Farben zu ersetzen und vor allem eine bestimmte eigene Palette mit einer je nach dem Thema warmen oder kalten Dominante zusammenzustellen, die unser ganz persönliches Siegel trägt. Auch Sie werden sich nach aller Erfahrung in bestimmte Farben verlieben und sich eine Skala dafür zu eigen machen. Sie werden Ihre eigene Palette zusammenstellen und sie nur in Sonderfällen mit neuen Farben erweitern. Und jedesmal, wenn Sie sie benutzen, werden Sie einen jener Momente erleben, in denen wir glauben, etwas Bedeutendes geleistet zu haben.
Es ist nicht ungewöhnlich, daß manche Farben außerordentlich lange reichen. Karmin, Gelb oder Violett benötigt man zum Beispiel nur in Sonderfällen. Dagegen verbrauchen sich unter anderem die Erdfarben, die Grüntöne, Blau und Ocker mit einer verblüffenden Schnelligkeit, so daß man sie einzeln nachkaufen muß, um die Skala immer komplett zu halten. Weiß benötigt man, wie bei der Ölmalerei ebenfalls sehr viel. Der Kunstmaler besitzt normalerweise mehrere Farbkästen: einen umfangreichen für die Arbeit im Atelier, einen weiteren für die Freiluftmalerei und vielleicht noch einen kleinen für seine Maltasche.

42

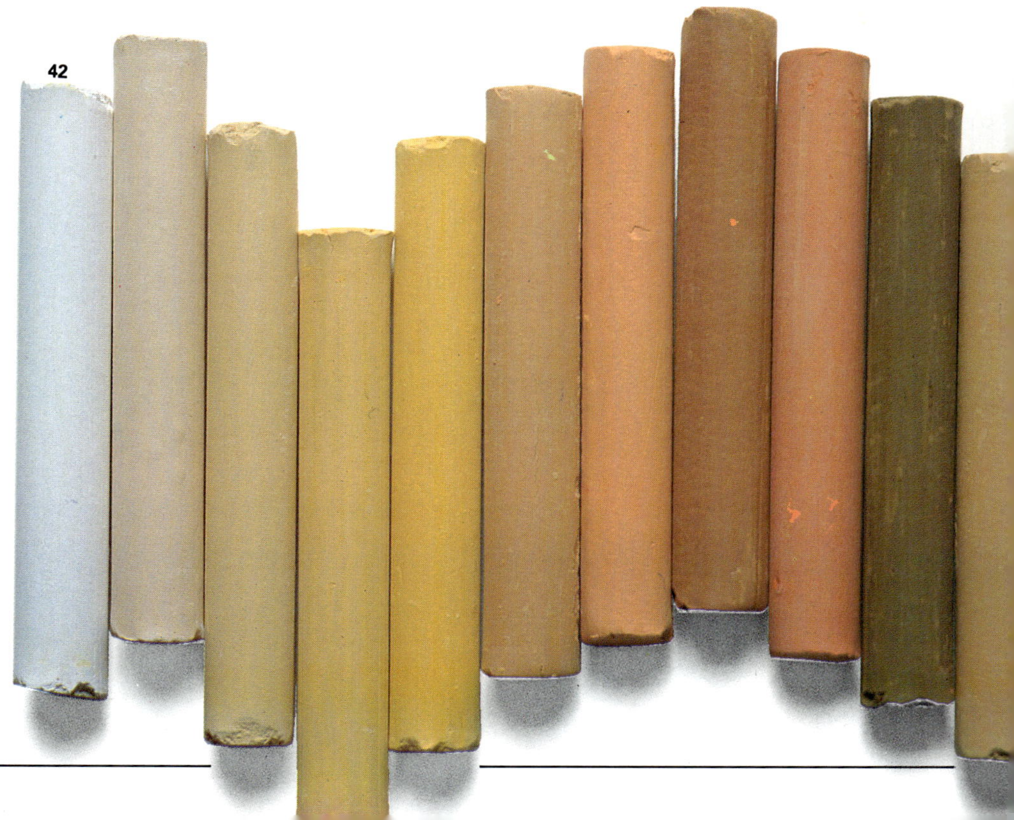

Abb. 42: Weiche Pastell-Stifte von Schmincke aus mittelfein geriebenen Künstler-Pigmenten mit einem Minimum an Bindemitteln. Hier eine warme Farbskala.

Abb. 43/44: Kästen von Schmincke mit 15 bzw. 30 feinsten weichen Künstler-Pastellfarben.

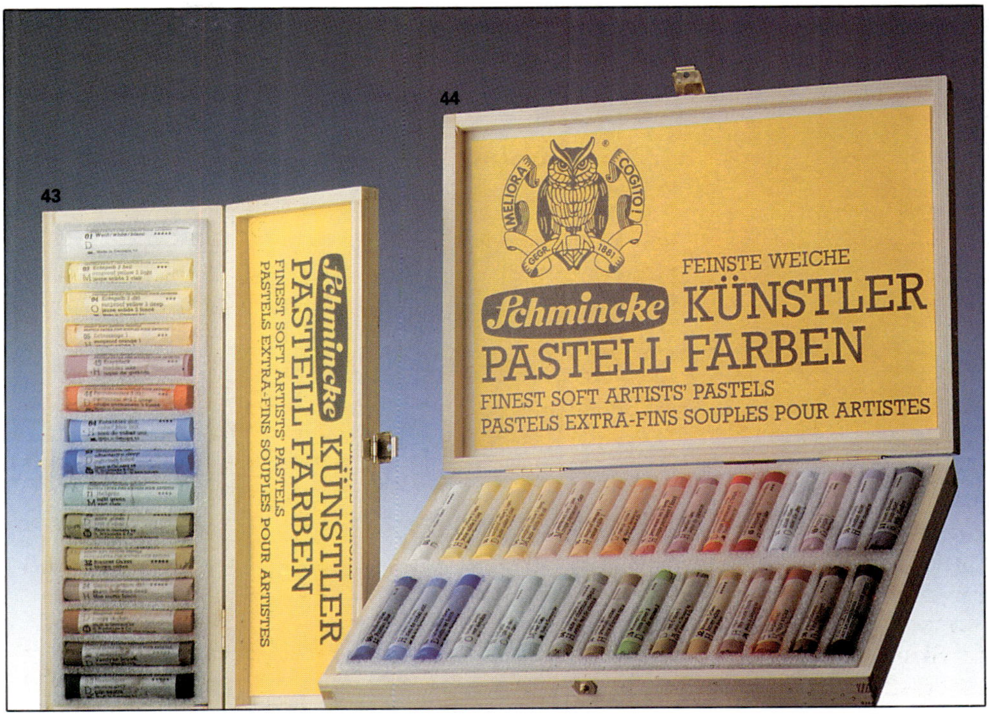

45

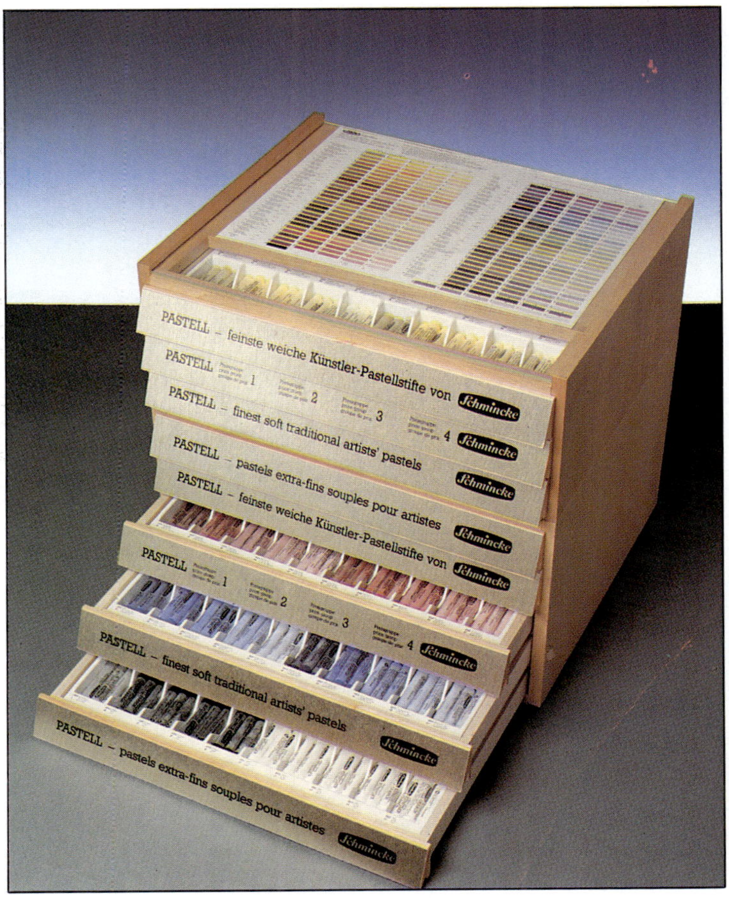

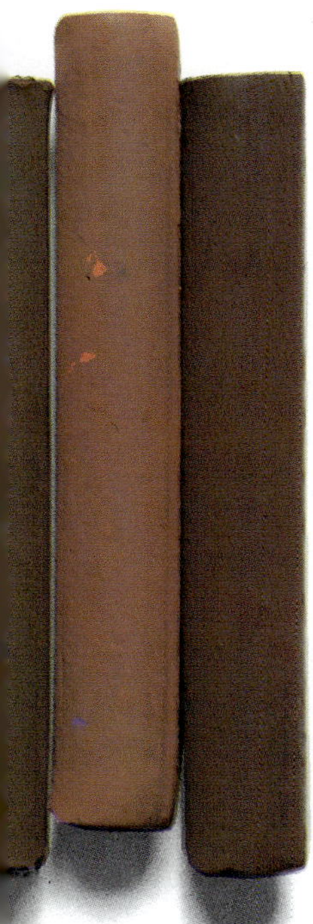

Abb. 45: Aufstellcontainer mit Schubladen für alle Farben der Firma Schmincke. Sie sehen selbst, man findet praktisch jeden gewünschten Ton.

Die Farbskala

Schmincke PASTELL

Feinste weiche Künstler-Pastell-Farben, Sorte 17

MADE IN GERMANY

Zeichenerklärung:
- ★★★★★ höchste Lichtechtheit
- ★★★★ sehr gute Lichtechtheit
- ★★★ gute Lichtechtheit
- ★★ befriedigende Lichtechtheit
- ★ ausreichende Lichtechtheit

+ Schwarz ← Vollton → + Weiß

B ← D ⇒ H ⇒ M ⇒ O

Nr.	Farbe	Pigment	Lichtechtheit
002	Echtgelb 1 zitron	permanenter Azofarbstoff	★★★
003	Echtgelb 2 hell	permanenter Azofarbstoff	★★★
004	Echtgelb 3 dunkel	permanenter Azofarbstoff	★★★
005	Echtorange 1	permanenter Azofarbstoff	★★★
013	Ocker hell	Eisenoxid	★★★★★
014	Goldocker	Eisenoxid	★★★★★
016	Fleischocker	Eisenoxid	★★★★★
017	Orange Ocker	Eisenoxid	★★★★★
018	Gebrannte Siena	Eisenoxid	★★★★★
019	Gebr. lichter Ocker	Eisenoxid	★★★★★
021	Terra Pozzuoli	Eisenoxid	★★★★★
022	Englischrot	Eisenoxid	★★★★★
023	Caput mortuum hell	Eisenoxid	★★★★★
024	Caput mortuum dunkel	Eisenoxid	★★★★★
028	Olivocker hell	Eisenoxid, Chromoxid	★★★★★
029	Olivocker dunkel	Eisenoxid, Chromoxid	★★★★★
030	Umbra grün	Eisenoxid	★★★★★
032	Brauner Ocker	Eisenoxid	★★★★★
033	Gebr. grüne Erde	Eisenoxid	★★★★★
035	Gebrannte Umbra	Eisenoxid	★★★★★
036	Vandyckbraun	Eisenoxid	★★★★★
037	Sepiabraun	Eisenoxid	★★★★★
042	Permanentrot 1 hell	permanenter Azofarbstoff	★★★
044	Permanentrot 3 dunkel	permanenter Azofarbstoff	★★★
045	Krapplack	permanenter Azofarbstoff	★★★
046	Karminrot	permanenter Azofarbstoff	★★★
047	Krapprosa	permanenter Azofarbstoff	★★★
099	Schwarz	Ruß	★★★★★
001	Weiß	Titandioxid	★★★★★

+ Schwarz ← Vollton → + Weiß

B ← D → H → M → O

Nr.	Farbton	Pigment	
049	Purpur 1	Ultramarin u. perm. Azofarbstoff	★★★
050	Purpur 2	Ultramarin u. perm. Azofarbstoff	★★★
056	Violett rötlich	Ultramarin	★★★★★
057	Violett bläulich	Ultramarin	★★★★★
059	Violett tief	Ultramarin u. perm. Azofarbstoff	★★★
062	Ultramarin hell	Ultramarin	★★★★★
063	Ultramarin dunkel	Ultramarin	★★★★★
064	Kobaltblau imitiert	Phthalocyaninblau	★★★★
065	Blau grünlich	Phthalocyaninpigmente	★★★★
066	Preußischblau	Eisencyaninblau u. Ultramarin	★★★
068	Grün bläulich	Chromoxidhydrat u. Ultramarin	★★★★★
071	Hellgrün	Phthalocyaningrün u. perm. Azofarbstoff	★★★★
072	Laubgrün 1	perm. Azofarbstoff u. Phthalocyaningrün	★★★★
073	Laubgrün 2	Chromoxidpigmente u. Nickeltitangelb	★★★★★
075	Moosgrün 1	Chromoxidpigmente u. Nickeltitangelb	★★★★★
076	Moosgrün 2	Chromoxidhydrat u. perm. Azofarbstoff	★★★
077	Maigrün	Chromoxidhydrat u. perm. Azofarbstoff	★★★
080	Kaltgrün 1	Chromoxid und Ultramarin	★★★★★
082	Veronesergrün	Chromoxid und Ultramarin	★★★★★
083	Böhmischgrün	Chromoxid und Eisenoxid	★★★★★
084	Chromoxidgrün stumpf	Chromoxid	★★★★★
085	Olivengrün 1	Chromoxid und Eisenoxid	★★★★★
086	Olivengrün 2	Chromoxid und Nickeltitangelb	★★★★★
090	Grauviolett	Titandioxid, Eisenoxid u. Ultramarin	★★★★★
091	Graublau 1	Titandioxid, Eisenoxid u. Ultramarin	★★★★★
093	Grau grünlich 1	Titandioxid, Eisenoxid u. Ultramarin	★★★★★
094	Grau grünlich 2	Titandioxid, Eisenoxid u. Chromoxid	★★★★★
098	Neutralgrau	Eisenoxid und Titandioxid	★★★★★

D E F G H

J K L M N O

Das Zubehör

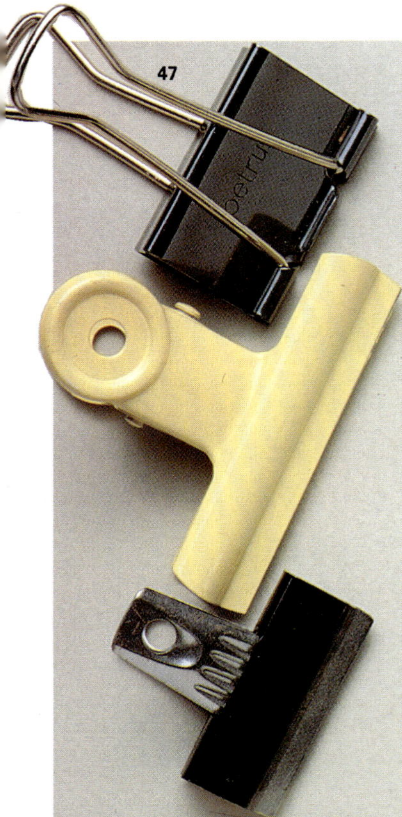

Bei allen Malverfahren benötigt man gewisses Zubehör, das fast ebenso unverzichtbar ist wie die eigentlichen Farben. Zum Beispiel:

Klemmen: zu empfehlen sind zwei oder drei Sätze unterschiedlicher Größe zum Befestigen des Papiers.

Farbkreiden: in Weiß, Rötel und Umbra gebrannt zur Anlage der ersten Skizzen und zum Einrahmen.

Kreidestifte derselben Farbe: die wir für feinere und präzisere Striche benötigen, vor allem bei Gestalten.

Papierwischer: Mehrere Stärken, um bestimmte Zonen eines Bildes zu verwischen oder auszulöschen, wenn sich die Finger als zu breit erweisen.

Pastellstifte: Dabei handelt es sich um Holzstifte, deren Minen aus demselben Material wie die Pastellkreiden bestehen. Sie sind allerdings härter und eignen sich deshalb vor allem zum Anlegen von Einzelheiten.

Radiergummi: Sie müssen von guter Qualität sein, wenn das Papier nicht verschmutzt oder seine Oberfläche nicht zerstört werden soll. Mit dem Plastikgummi können wir die Ränder des Bildes reinigen und die Begrenzungen konkretisieren. Mit einem anderen entfernt man die Grundfarbe mit breiten Strichen, die sich jeweils der Notwendigkeit anpassen lassen.

Fächerpinsel (aus Schweinsborsten) zur Entfernung mancher Zonen, die einer gründlichen Retusche bedürfen und für manche Tricks.

Zu dieser Aufstellung kommen noch eine erhebliche Anzahl von Lappen und Zellstoffpapier.

47

Abb. 47: Drei Modelle von Klemmen zum Befestigen des Papiers auf dem Zeichenbrett.

48

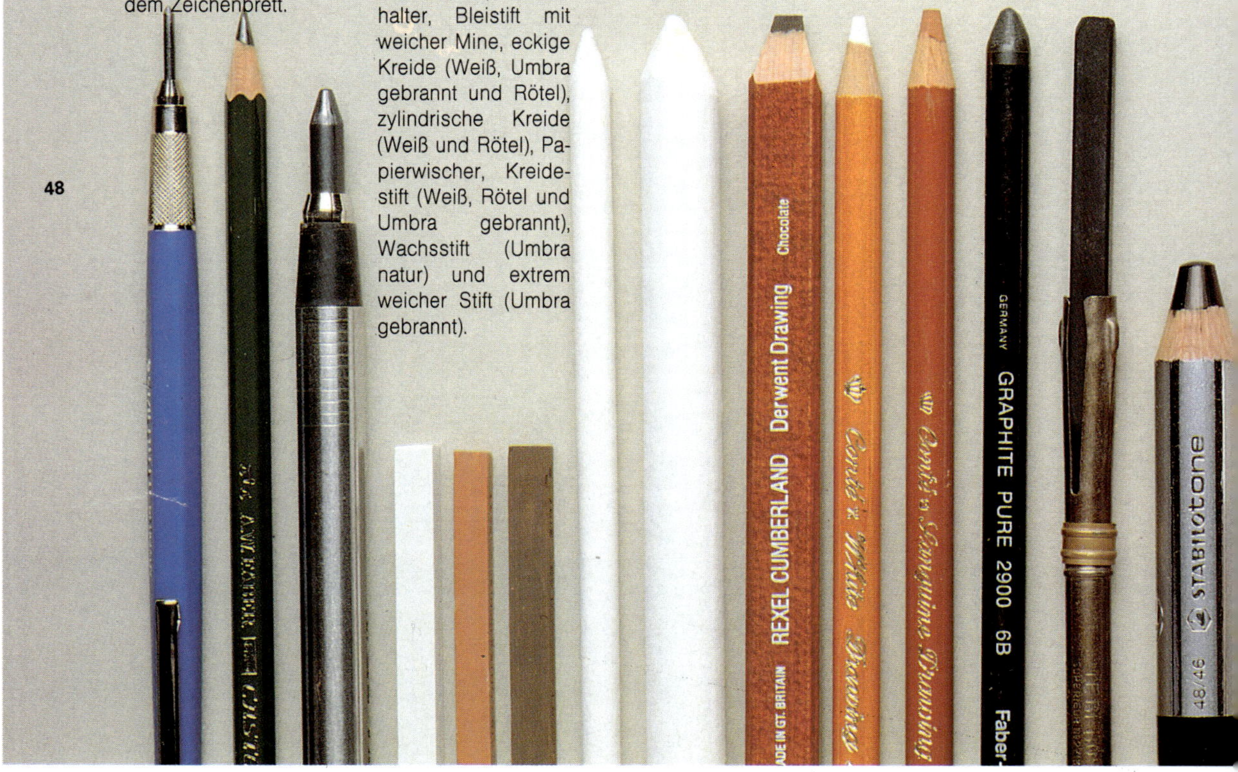

Abb. 48 (von links nach rechts): Minenhalter, Bleistift mit weicher Mine, eckige Kreide (Weiß, Umbra gebrannt und Rötel), zylindrische Kreide (Weiß und Rötel), Papierwischer, Kreidestift (Weiß, Rötel und Umbra gebrannt), Wachsstift (Umbra natur) und extrem weicher Stift (Umbra gebrannt).

Abb. 49: Hier die nächsten „Verwandten“ der Pastellkreiden: ein Kasten mit Ölpastellkreiden und einer mit Wachsmalkreiden. In den beiden Flaschen befindet sich ein Verdünner, wie man ihn auch bei der Ölmalerei benötigt (Balsamterpentin und gereinigtes Leinöl). Damit lassen sich die Farben lösen und mit dem Pinsel auftragen.

Abb. 50: Weicher Radiergummi (mit knetbarer Masse) und Plastikradierer. Beide sind für die Arbeit mit Pastellkreiden unerläßlich.

Abb. 51: Sortiment Pastellstifte. Eine Spezialauswahl für Maler von Porträts und Gestalten.

Abb. 52: Fächerpinsel aus Schweinsborsten zum teilweisen Entfernen von Farbe an kleineren Stellen, die der Retusche bedürfen.

Abb. 53: Rolle Saugpapier zum teilweisen Entfernen der Farbe, Reinigen der Pastellkreiden und Anlegen von Verschmelzungen.

49

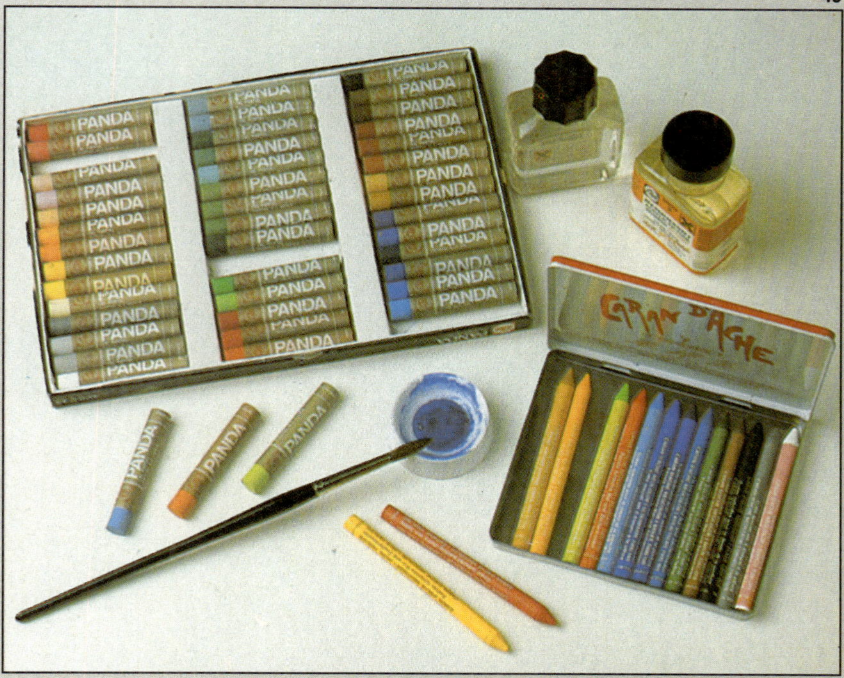

50

52

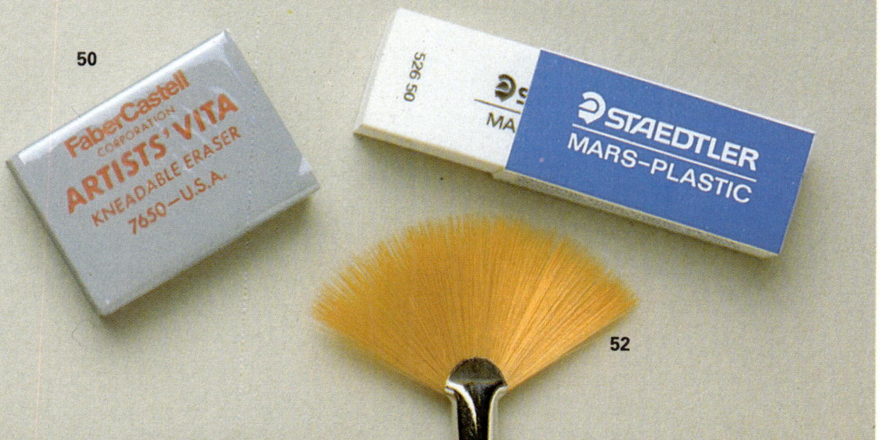

51

53

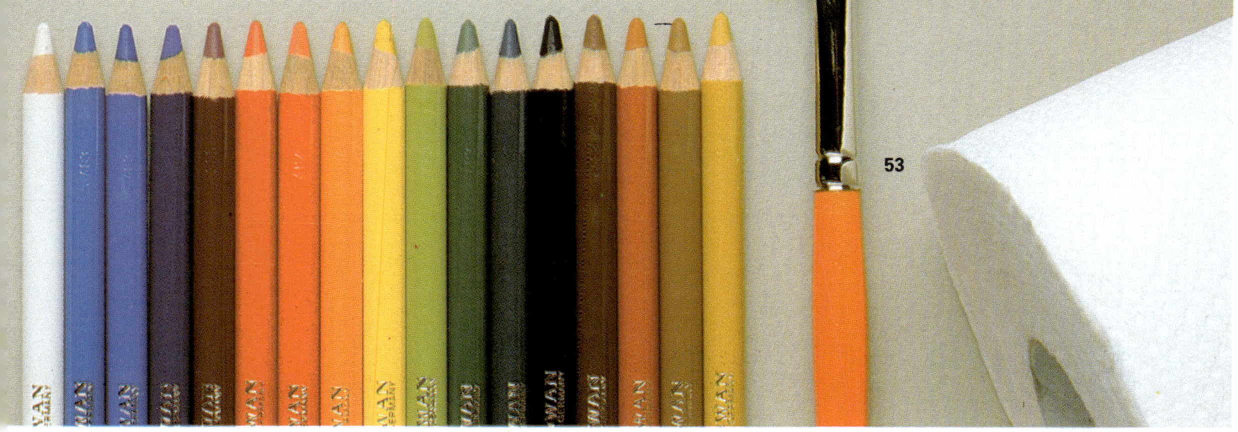

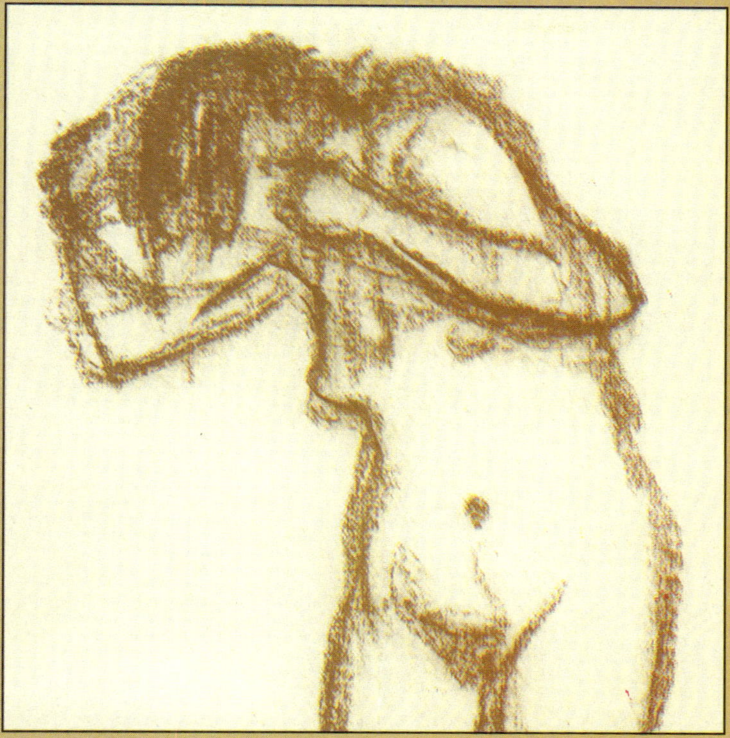

Theorie und Praxis

Grundlage jedes bildhaften Werkes ist die Zeichnung. Trotzdem ist es schwierig zu erklären, was eine Zeichnung ist. Definieren wir die Zeichnung als lineare, mit einem Helldunkel versehene zweidimensionale Darstellung eines beobachteten Augenblicks; dies bedeutet, daß sie die Kunst der Wiedergabe bereits existierender Dinge ist. Sicher ist jedoch, daß ein Kunstwerk fast immer die bewußte Veränderung der Wirklichkeit bedeutet. Mehr noch: eine Zeichnung kann die zweidimensionale Synthese irrealer Formen darstellen, also von Objekten, die nur in der Phantasie des Künstlers bestehen. Eine Zeichnung kann schließlich eine Idee mit Hilfe abstrakter Symbole darstellen. Trotzdem können wir uns vom Standpunkt des Handwerks an die akademische Erklärung halten:
Zeichnen bedeutet, eine beobachtete Wirklichkeit mit Hilfe von Strichen und Helldunkel auf einer zweidimensionalen Fläche darzustellen.
Entsprechend der akademischen Tradition ist die künstlerische Zeichnung das Ergebnis eines schrittweisen Verfahrens: Einrahmung, Skizzierung, Ausarbeitung und Tonwertbestimmung. Zu Beginn ist jede Zeichnung ein Kraftakt, zumal die Synthese daraus besteht, alle Körper auf ihre geometrischen Grundformen zu reduzieren, die aus einem zweidimensionalen Viereck, Kreis, Dreieck etc., oder dem dreidimensionalen Würfel, Zylinder, Kegel oder der Pyramide bestehen. Von der Einrahmung einer Zeichnung spricht man, wenn man die verschiedenen Körper des Modells in „Kästen" eingeschlossen hat, die uns die Grundstruktur sowie die proportionellen Maße der Elemente zueinander aufzeigen. Aufgrund dieser Einrahmung und innerhalb deren Begrenzungen skizzieren wir anschließend die wirklichen Formen des Themas und arbeiten sie aus, bis sich die linearen Begrenzungen jedes Volumens deutlich abzeichnen.

54

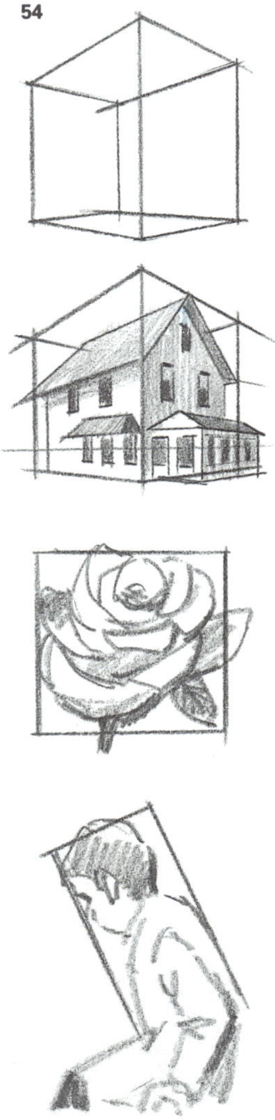

55

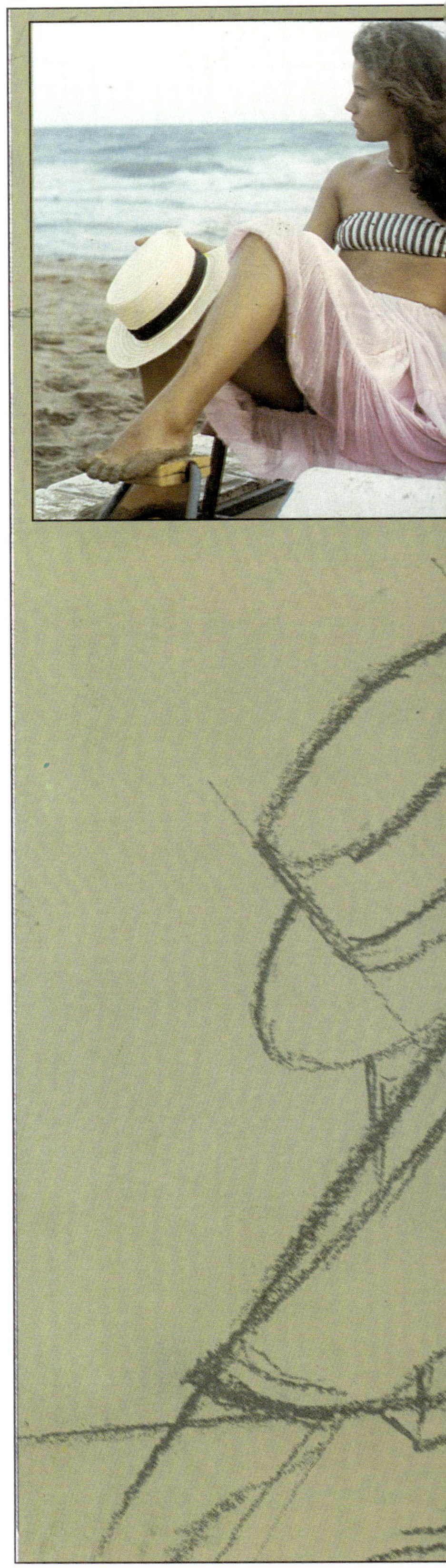

Abb. 54: Einrahmen heißt, eine Form in einen geometrischen Kasten zu schließen.

Abb. 55: Zum Einrahmen benötigt man einen sicheren Blick, um die wichtigsten Punkte des Modells und die linearen Beziehungen untereinander zu erkennen. In der Figur des Beispiels liegen der linke Fuß, das Knie und der Kopf auf einer geneigten Linie. Deren Ende und die linke Hand bilden ein Dreieck, das uns den allgemeinen Rahmen liefert.

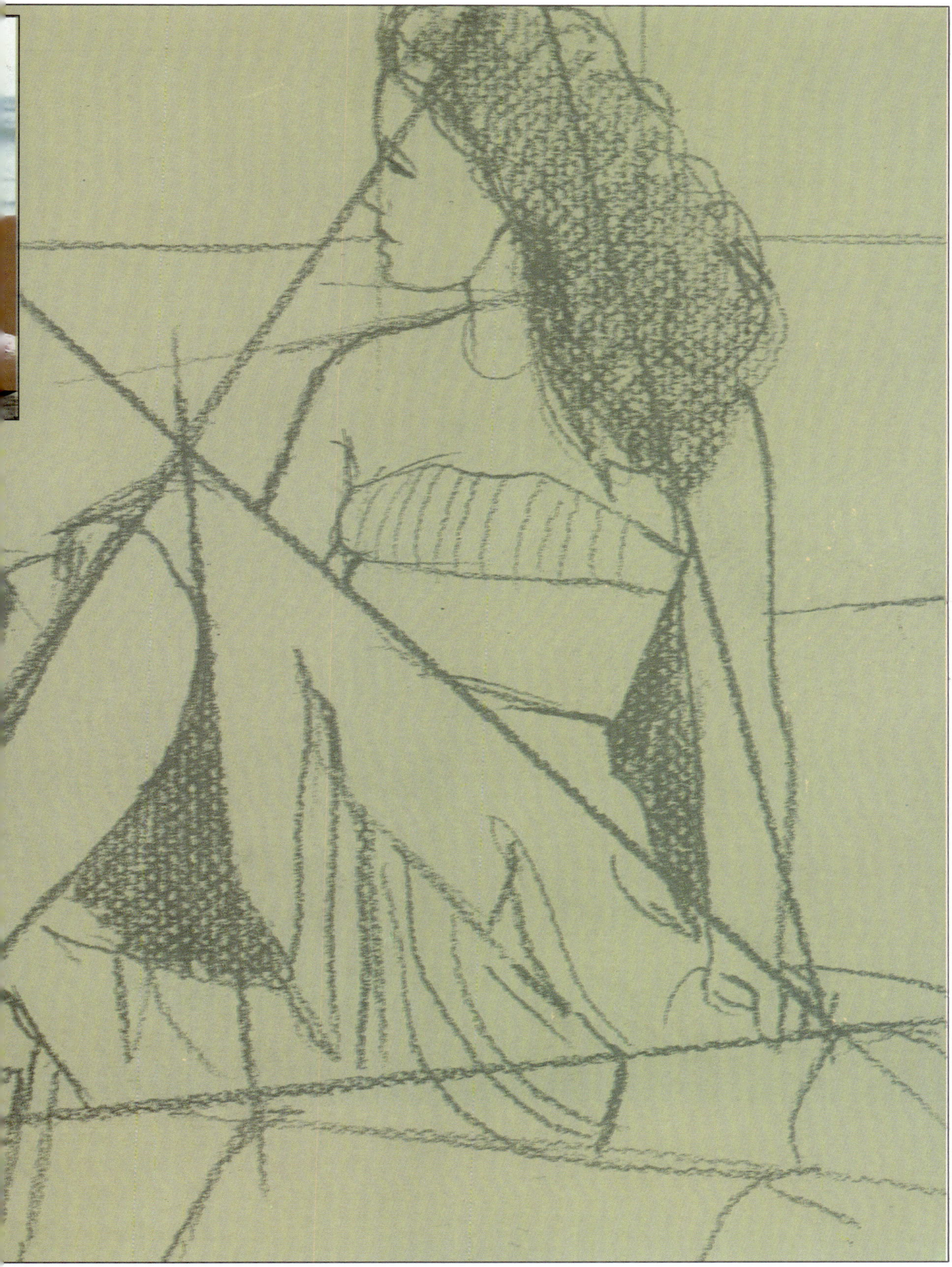

Die Skizze

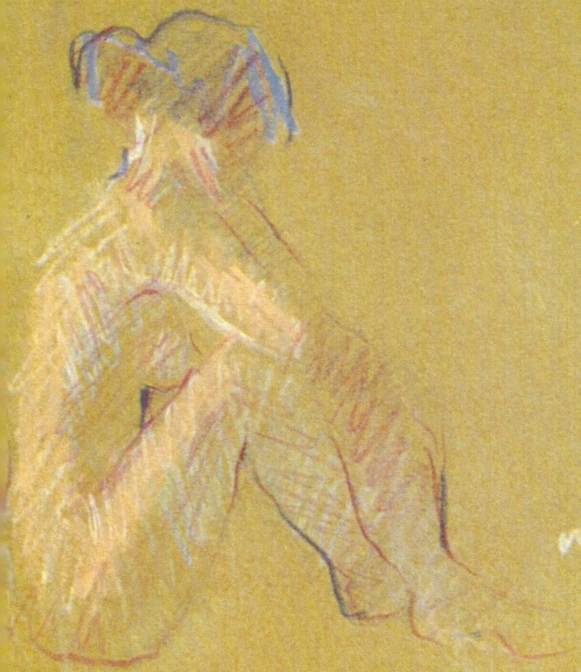

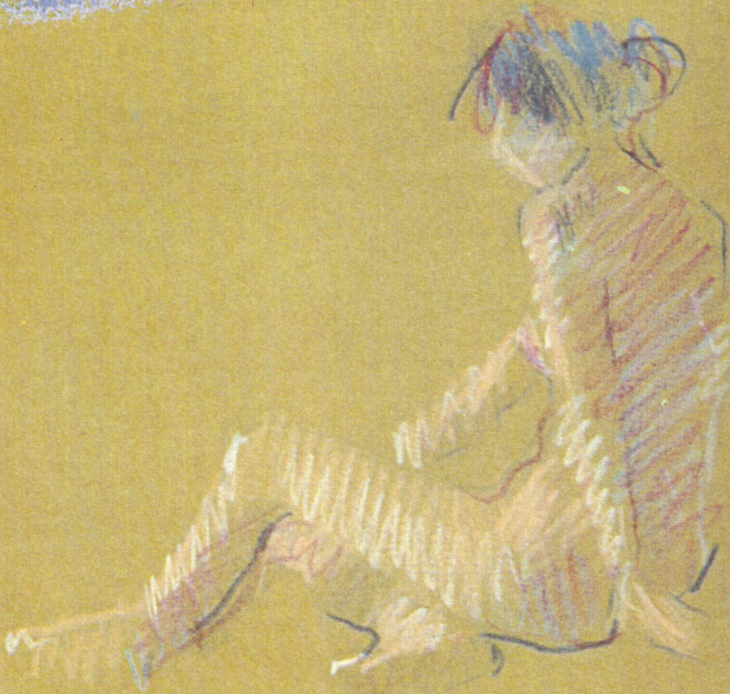

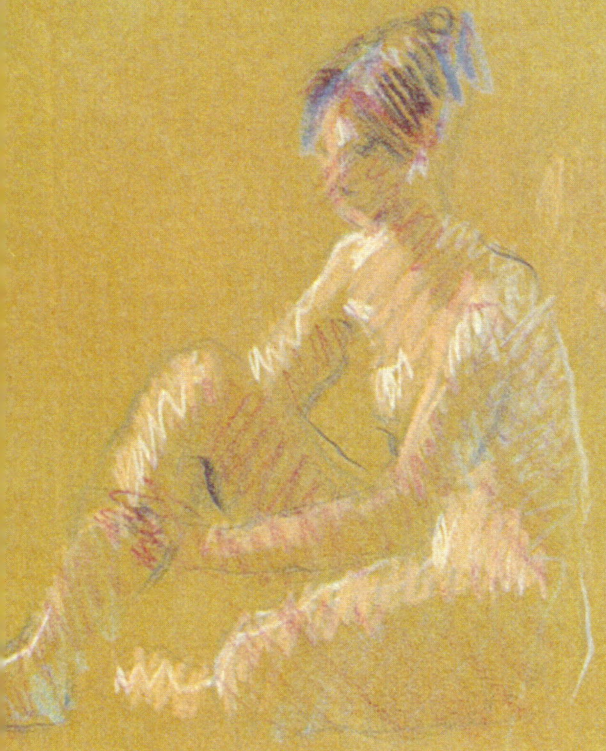

Die rasche Skizze ist das hervorragendste mentale Training, das ein Künstler absolvieren kann. Nutzen Sie jeden Augenblick zum Skizzieren. Führen Sie ständig einen Zeichenblock und einen Bleistift mit sich. Obwohl der ideale Ort zum Üben von Skizzen eine Zeichenklasse mit einem professionellen Modell ist, kann auch ein Freund oder eine Freundin Modell stehen. Es genügt ein wenig guter Wille. Auch auf der Straße, am Strand und an tausend anderen Orten finden wir interessante Motive, die sich in einer Skizze festhalten lassen. Üben Sie unablässig.

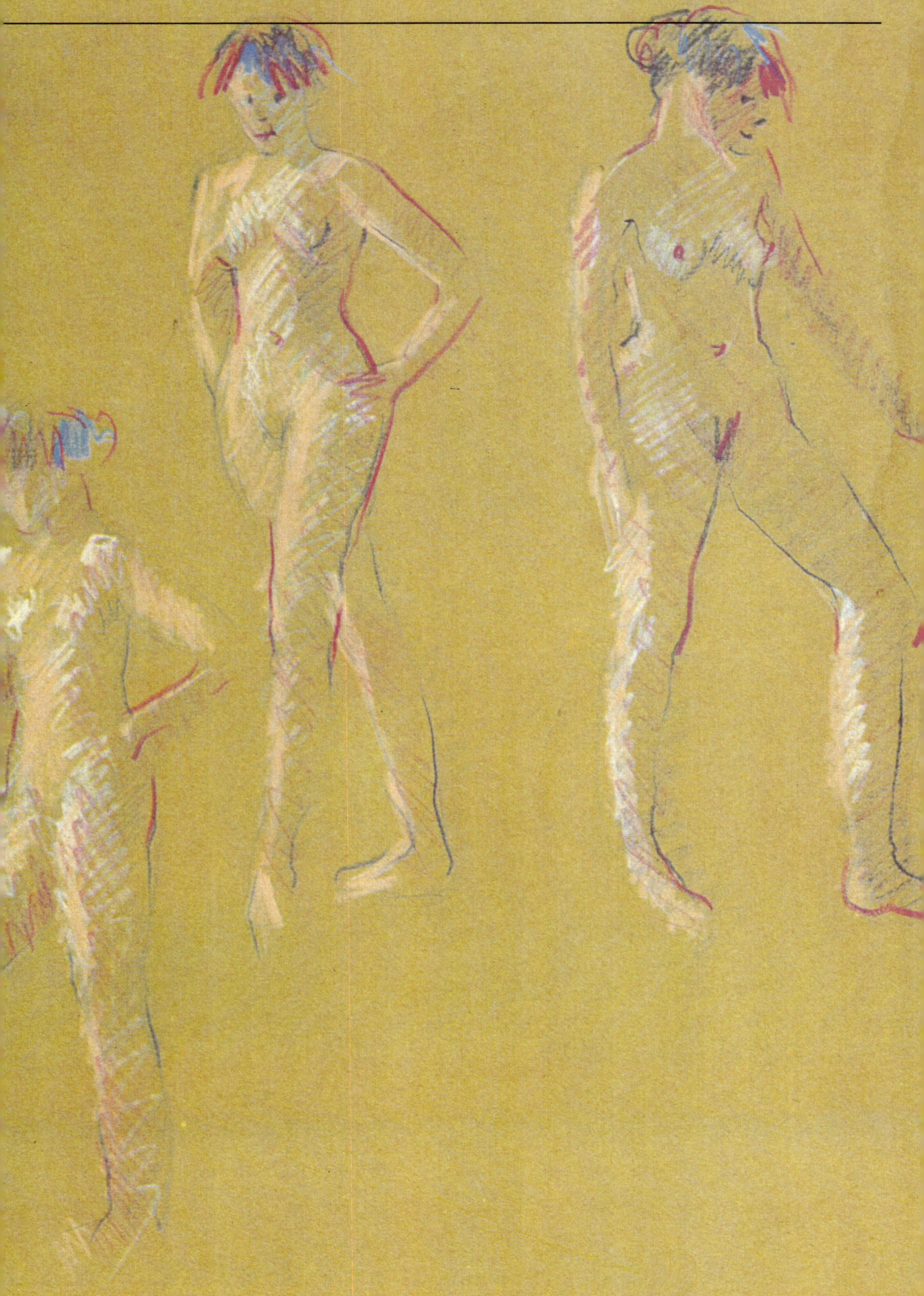

Die Komposition

Bevor wir zu malen beginnen, müssen wir das Motiv innerhalb der zweidimensionalen Fläche des Bildes plazieren. Dabei ist gleichzeitig das Interessenzentrum zu berücksichtigen. Der Blick des Betrachters soll ja ganz spontan auf das Motiv gelenkt werden, das uns am meisten interessiert. Gleichzeitig soll sich eine sinnvolle Anordnung aller „Blöcke" des Bildes ergeben. Mit einem Wort, wir müssen unser Werk komponieren. In der Praxis geht es darum, die allgemeinen Formen der Komposition zu einem geometrischen Schema zu reduzieren, das uns als Vorlage dient. Denkbar ist eine symmetrische Komposition, bei der die Blöcke zu beiden Seiten der Symmetrieachse gleichmäßig oder fast gleichmäßig verteilt sind, sowie die asymmetrische Komposition, wenn wir ein Gleichgewicht zwischen unterschiedlichen Blöcken zu beiden Seiten der Hauptachse des Bildes anstreben. Der Rhythmus der Komposition entspricht dem bereits erwähnten geometrischen Schema, das nicht selten die Form eines Buchstabens annimmt. Die Beispiele auf dieser Doppelseite zeigen zwei symmetrische Kompositionen (Abb. 56 und 63), deren Rhythmus einem Oval und einem Kreis entspricht. Die asymmetrische Komposition (Abb. 59, 60 und 65) weist dagegen mehr oder weniger unregelmäßige geometrische Figuren auf.

56

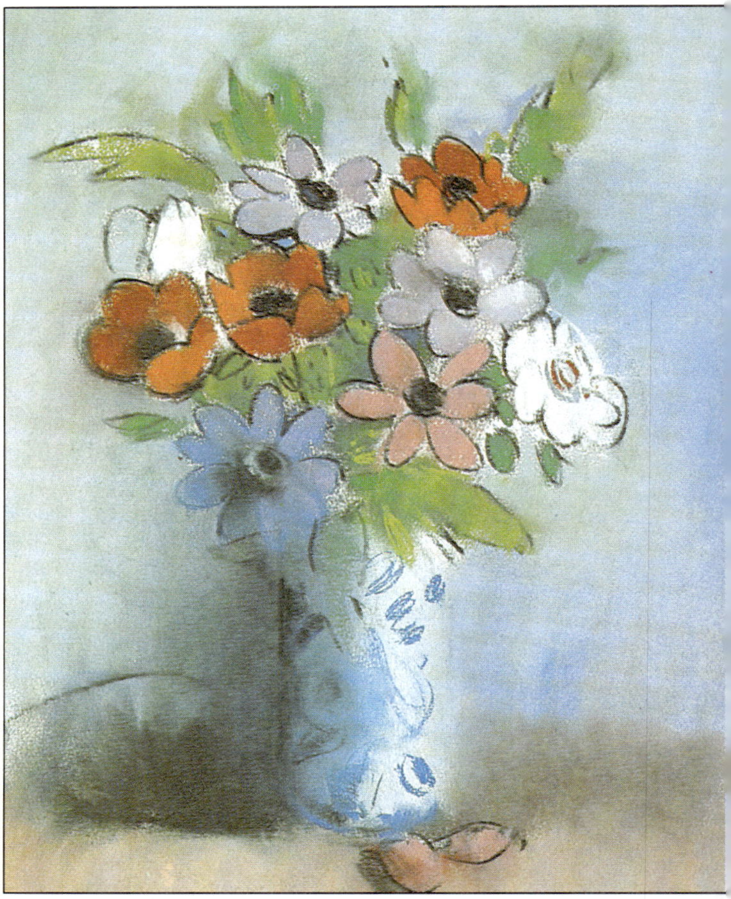

57

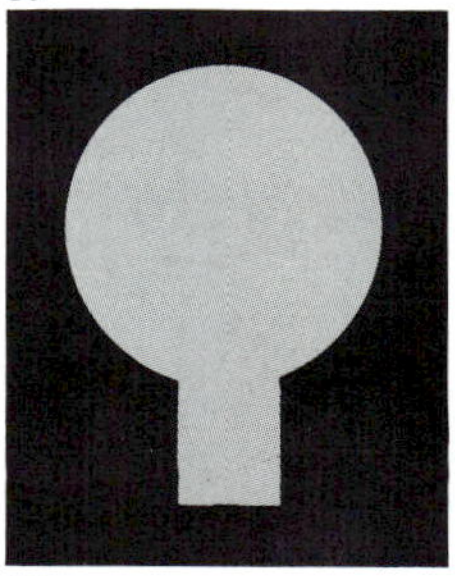

58

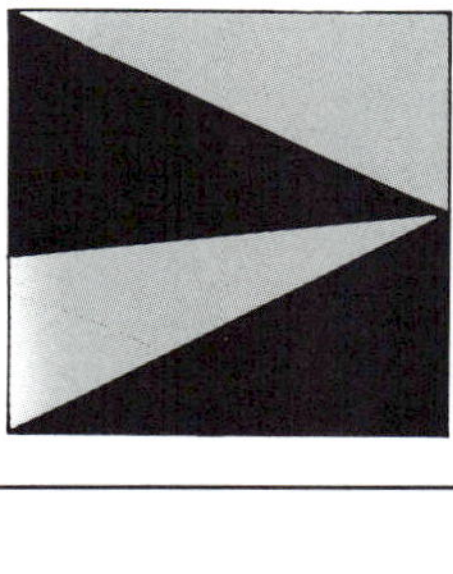

59

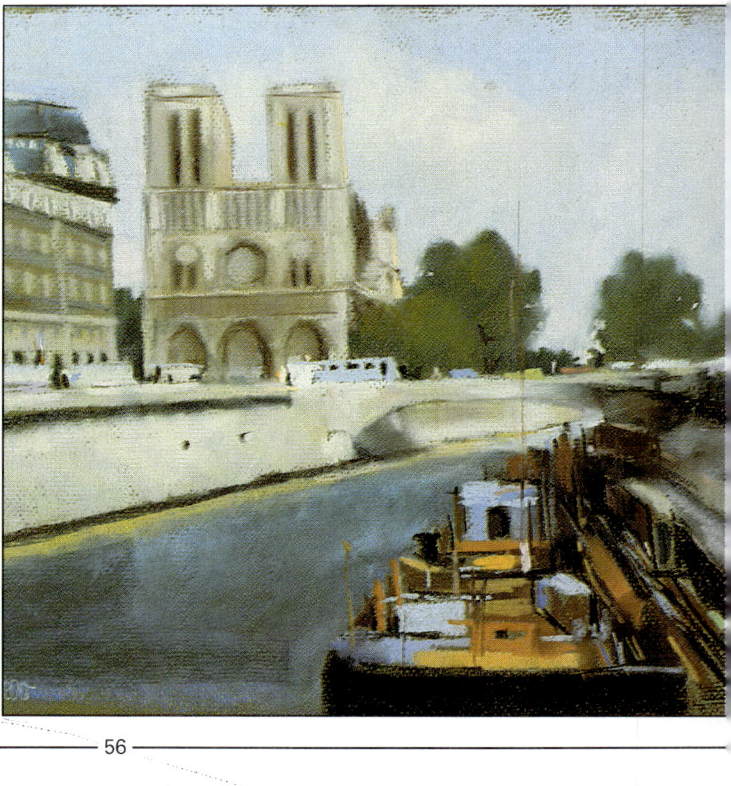

Abb. 56 bis 59: Es versteht sich von selbst, daß das Blumenmotiv auf der Symmetrieachse des Bildes zentriert werden muß. Die Pariser Stadtszene entspricht ebenfalls einer symmetrischen Komposition, allerdings nicht so offensichtlich. Beachten Sie, daß bei der horizontalen Achse die Blöcke ebenso gleichmäßig verteilt sind wie bei der senkrechten. Siehe das dreieckige Schema.

60

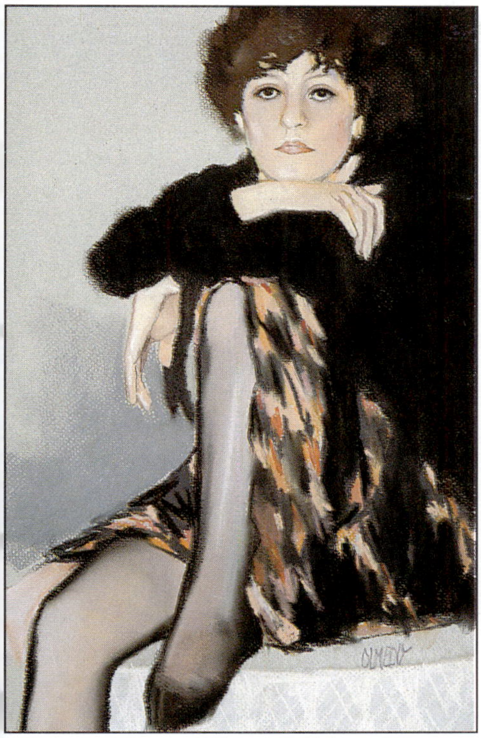

61

62

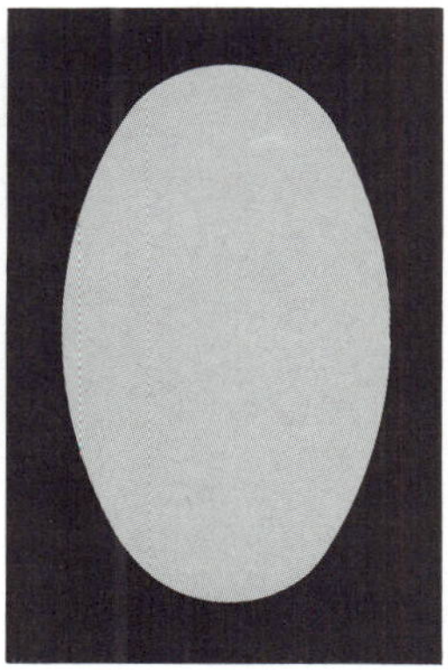

Abb. 60 und 61: Der Rhythmus dieser Komposition einer weiblichen Gestalt entspricht dem klassischen L-Schema. Die Betonung des senkrechten Blocks, der die Bildmitte einnimmt, wird durch den waagerechten Block ausgeglichen.

Abb. 62 und 63: Symmetrische Komposition mit umschließendem Rhythmus, der sich als Oval ausdrückt.

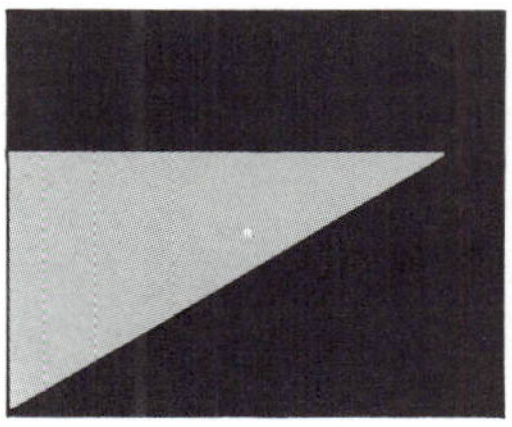

64

Abb. 64 und 65: Asymmetrische Komposition. Der Hauptblock (rechtes Schiff) nimmt die linke Mitte des Bildes ein und wird durch die kleineren Blöcke des oberen Schenkels des „Z" ausgeglichen.

63

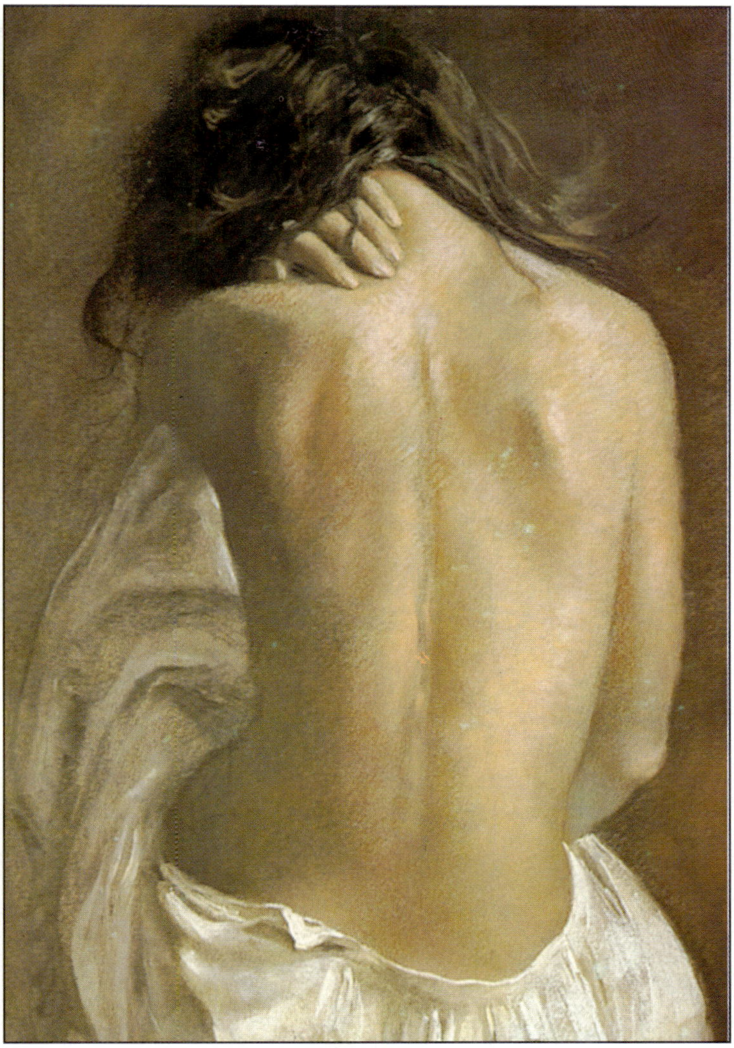

65

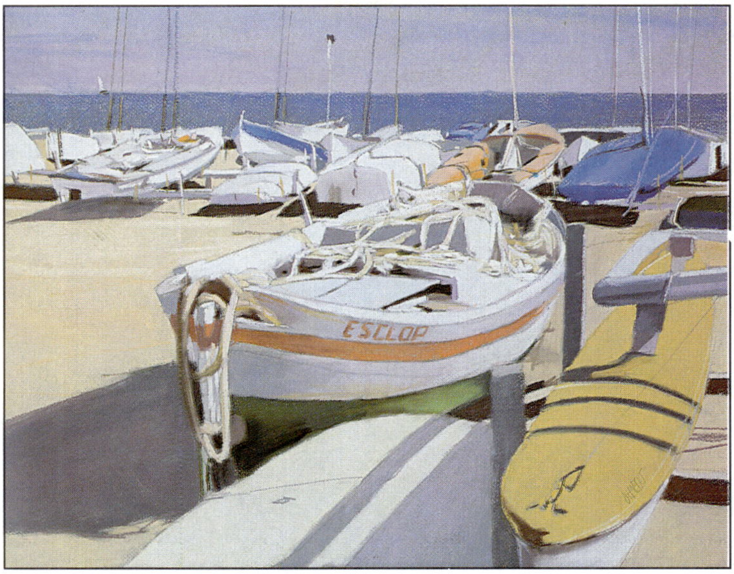

Die Perspektive

Jeder Zeichner oder Maler, der die realistische Wiedergabe eines Modells beabsichtigt, muß eine Vorstellung von der Perspektive haben und zumindest deren Gesetze kennen, um sie intuitiv bei seinen Bildern anzuwenden.
Eines muß jedem Künstler klar sein: Die Dinge sind nicht so, wie wir sie sehen. Das Phänomen des Sehens verzerrt die Gegenstände. So scheinen zum Beispiel in Wirklichkeit parallel verlaufende Linien in der Tiefe zu einem Punkt in der Ferne zu konvergieren, den man als den Fluchtpunkt bezeichnet. Durch diese Konvergenz der Linien erhalten wir ein Gefühl von Tiefe. Das Studium der Fluchtlinien führt zu den Gesetzen, die insgesamt das Ziel haben, die Lage des Fluchtpunktes aller Linien zu bestimmen, die in einer Zeichnung auftreten.
Die künstlerische Perspektive ist eine ziemlich komplizierte Wissenschaft. Wir können sie uns jedoch erheblich vereinfachen, wenn wir ihre Gesetze rein intuitiv anwenden.

Auf der flachen Bildfläche (also auf unserem Zeichenpapier) entsteht ein Bild in der Perspektive. Von der Horizontallinie (die das Bild in Augenhöhe des Betrachters durchkreuzt) und einigen zusätzlichen Punkten lassen sich die perspektivischen Gesetze ableiten und auf wenige geometrische Grundformen anwenden.
Gelingt es einem, die Parallelperspektive (mit einem Fluchtpunkt) und die Schrägperspektive (mit zwei Fluchtpunkten) des Würfels, des Kreises, des Vierecks etc. korrekt zu zeichnen, ist die Grundlage für die intuitive Lösung jedes Problems bereits gelegt, denn der perspektivische Raum, der auf einer zweidimensionalen Fläche wiedergegeben werden soll, läßt sich immer auf die Form eines Parallelepipeds reduzieren.

66

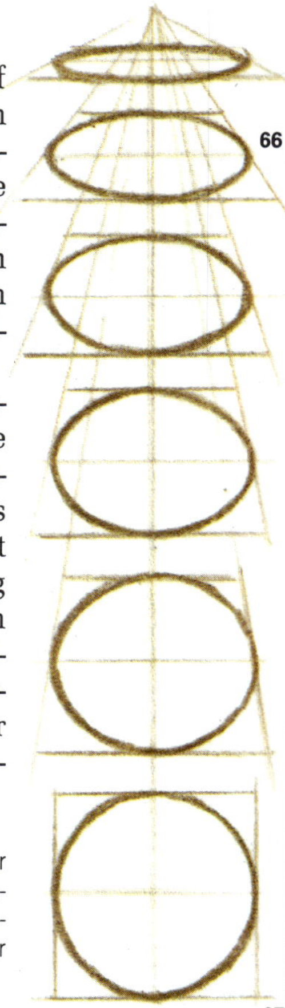

Abb. 66: Je tiefer der Blickpunkt des Betrachters sinkt, desto gestreckter erscheint der Kreis.

67

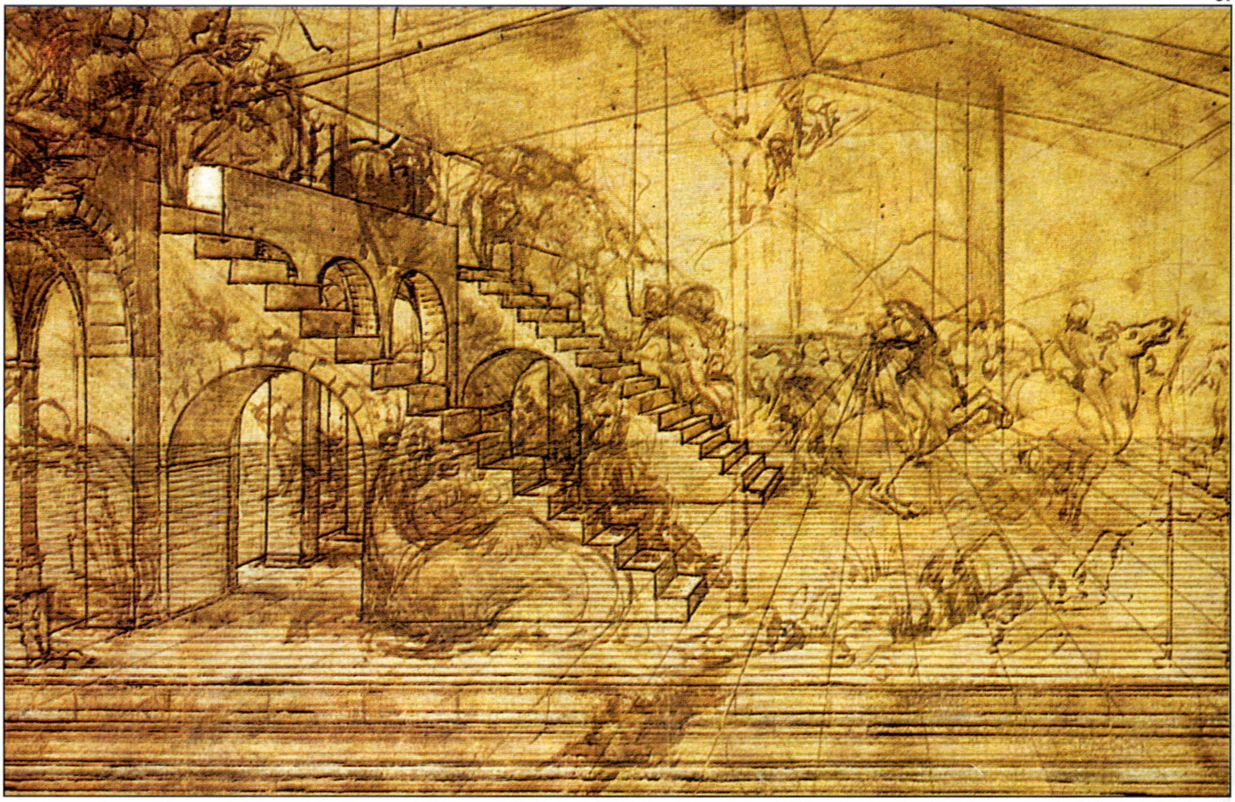

68

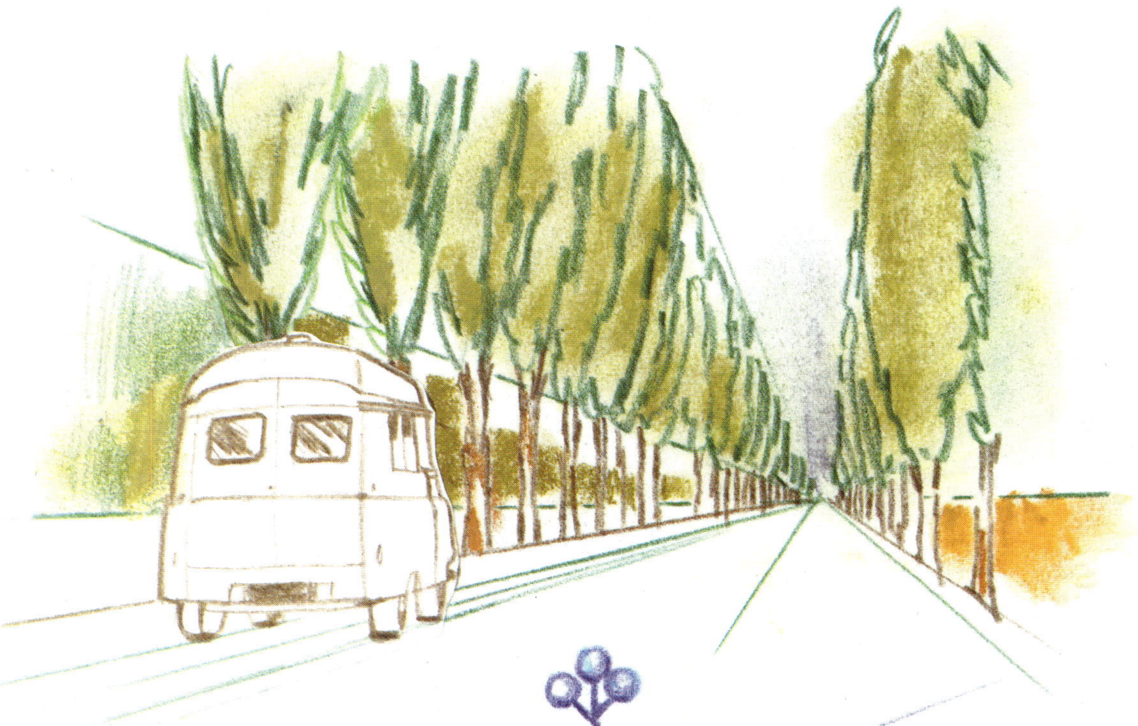

69

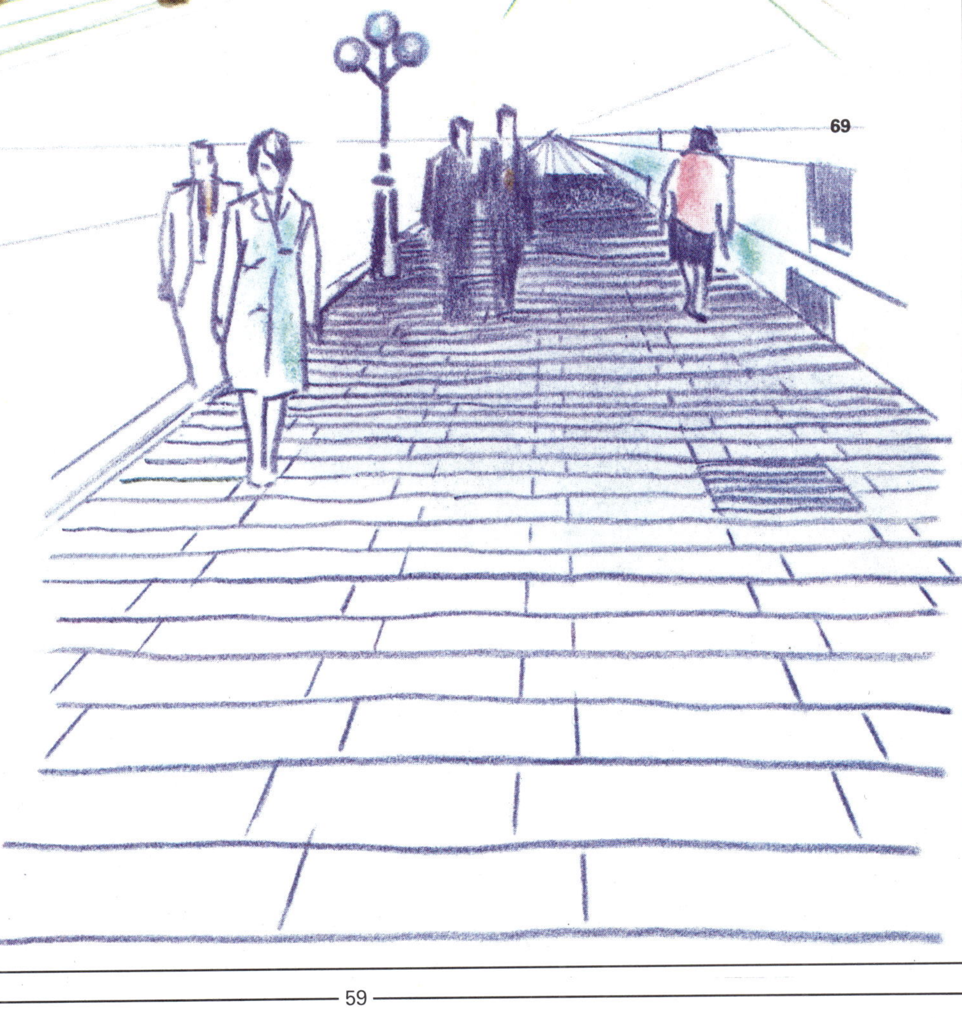

Abb. 67: Leonardo da Vinci, Perspektivstudie für die *Anbetung der Weisen*.

Dank der Perspektive erkennen wir, welche Größe bestimmte Elemente einer Komposition in der Tiefe haben.

Abb. 68: In diesem Fall würde sich die Breite des Wagens am Horizont zu einem Punkt reduzieren, der genau mit dem Blickpunkt zusammenfällt. Alle Parallelen am Rande des Weges flüchten zu diesem Punkt auf der Horizontallinie.

Abb. 69: Die ständige Verringerung des Abstands zwischen den waagerechten Linien der Zeichnung und den Fluchtlinien gibt uns eine Vorstellung von der dritten Dimension und der Größe der Gestalten.

Die Farbenharmonie

Farben beeinflussen erheblich unseren Seelenzustand. Sie haben auch eine psychologische Komponente: Es gibt traurige Farben, heitere Farben und Farben, denen wir einen symbolischen Wert beimessen.
Grundsätzlich läßt sich in jedem künstlerischen Werk eine bestimmte „Farbtendenz" feststellen, die sich aus der Natur des Modells und der Stimmung ergibt, den der Künstler dem Betrachter vermitteln möchte. In der Malerei wie in der Musik gibt es harmonische und unharmonische Kompositionen, kaum spürbare und extreme Farbtrennungen, kalte und warme Töne etc.
Man kann sagen, ein Bild ist harmonisch, wenn alle Farben innerhalb einer dominierenden Tonalität ein perfektes visuelles Ganzes bilden.
All diese Fragen gehören in den Bereich der Farbentheorie, die sich auf die Experimente Newtons gründet, die dieser innerhalb seines Farbenstudiums durchführte. Dank der Farbentheorie weiß der Künstler bereits vorab um die Wirkung gewisser Mischungen oder nebeneinanderstehender Farben, bevor er sie in der Praxis ausführt. Es sei zum Beipiel darauf hingewiesen, daß der größtmögliche Farbkontrast durch die Nebeneinanderstellung von Komplementärfarben erzeugt wird (die sich im Farbenkreis gegenüberstehen). Wissenswert ist ferner, daß kalte Farben innerhalb einer warmen Harmonieskala die Körper hervorheben und natürlich umgekehrt. Bekannt sein muß schließlich, daß die paarweise Mischung zweier Grundfarben (Zyanblau, Purpur und Gelb) die Sekundärfarben Grün, Rot und Dunkelblau ergibt, und daß aus der Mischung einer Grundfarbe mit ihrer danebenliegenden Sekundärfarbe die Drittfarbe des newtonschen Farbenkreises entsteht.
Sie müssen selbst entscheiden, ob Sie Schwarz verwenden wollen oder nicht. Ich persönlich meine, daß man es beim Malen mit Pastellkreiden lieber durch ein sehr dunkles Grau ersetzt, das dieselbe Funktion erfüllt, ohne alles „zu verschmutzen".

70

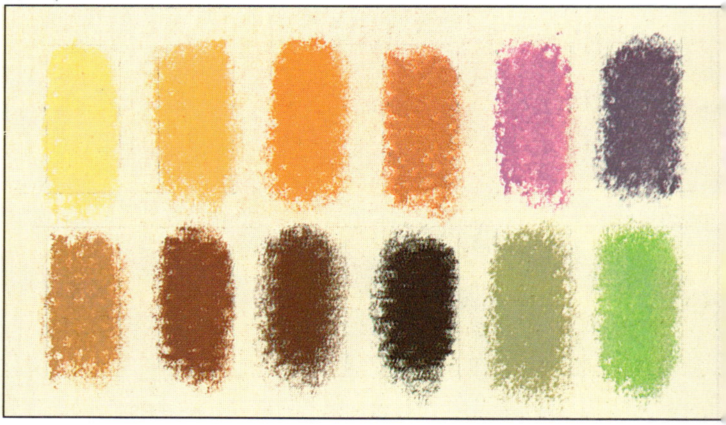

71

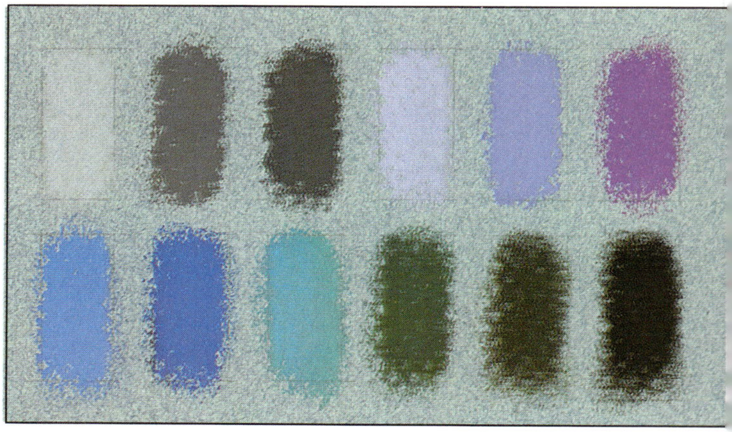

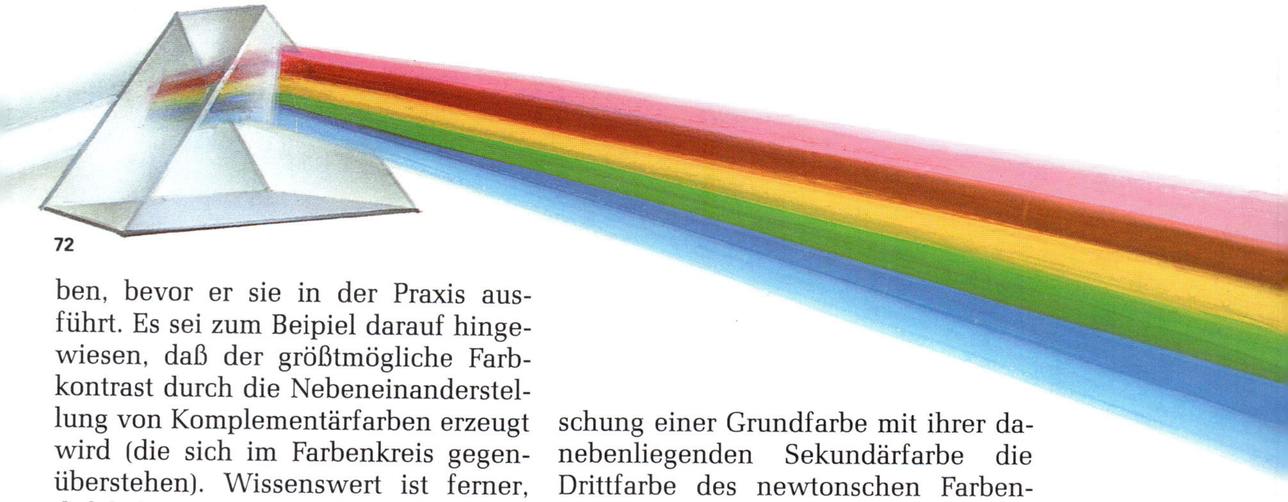

72

Abb. 72: Newtons Studien über die Zerlegung des weißen Lichts waren der erste Schritt zur Formulierung einer Farbentheorie, von der die gesamte Kunsttheorie profitiert hat.

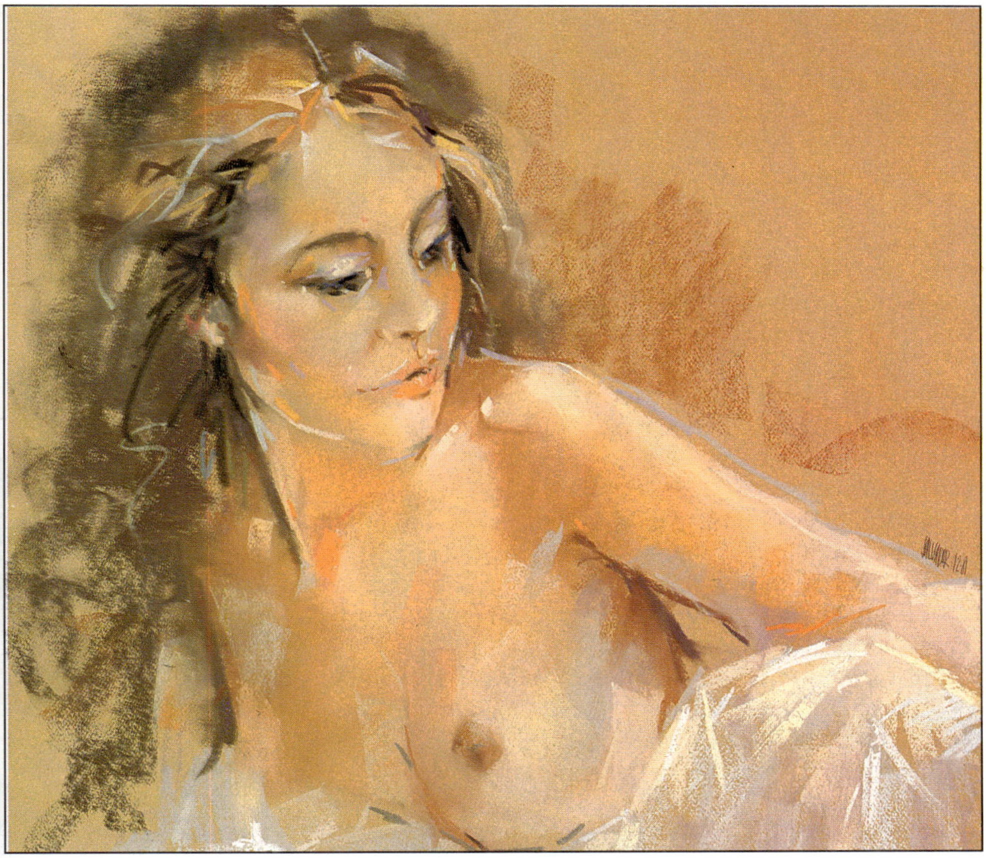

73

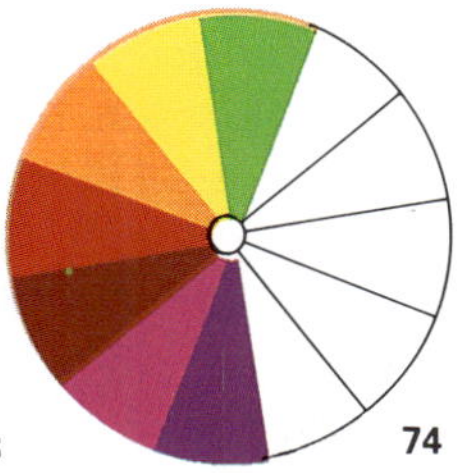

74

Abb. 70, 73 und 74: Die Farbpalette für die Herstellung dieses Aktes sehen Sie auf Abbildung 74. Abgesehen von den Grüntönen, gehören alle Töne zur Skala der warmen Farben. Diese liegen im Farbenkreis zwischen Purpur und Gelb.

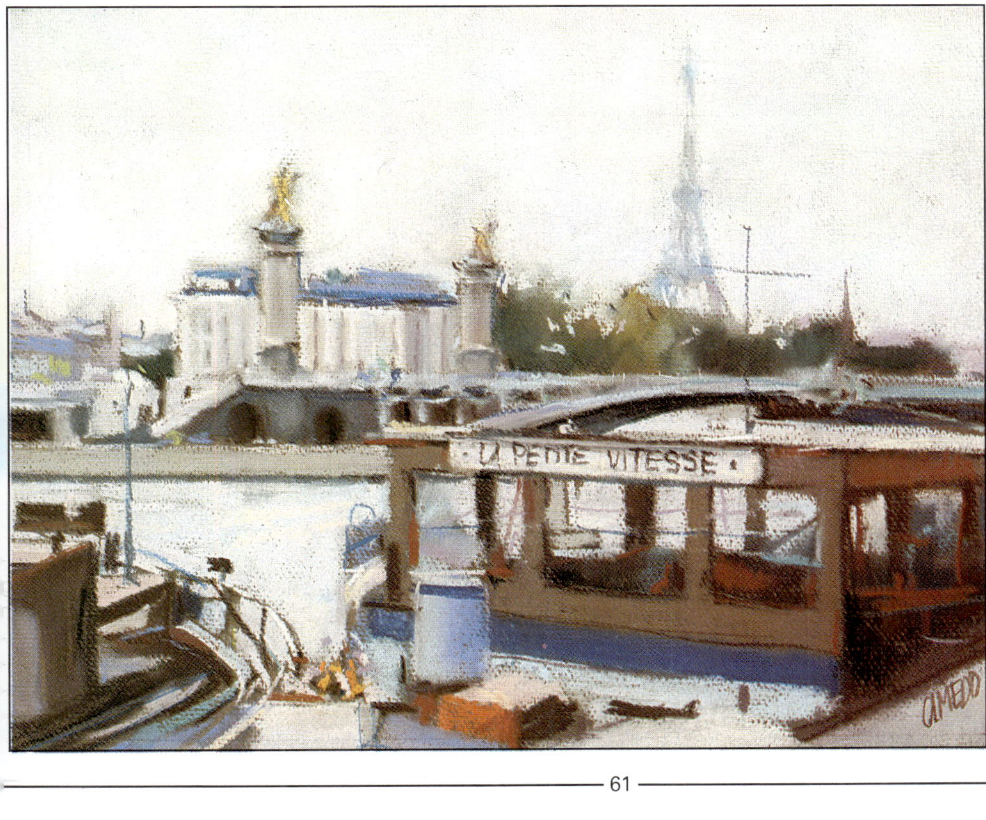

75

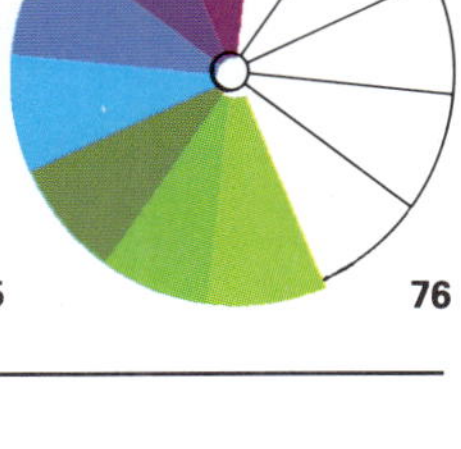

76

Abb. 71, 75 und 76: Hier ein sehr harmonisch abgestimmtes Bild in kalten Farben. Die dazu verwendete Palette zeigt Abbildung 76. Die reinen kalten Farben liegen im Farbenkreis zwischen Hellgrün und Violett.

Das Verwischen

Die Finger sind die wahren Künstler der Pastellmalerei. Mit ihnen reiben wir die Pigmente in das Papier und verleihen unserem Bild Leben. Die Mehrheit der Pastellmaler benutzt die Finger zum Malen, auch wenn dies nicht die einzige Möglichkeit ist, wie wir noch sehen werden.

Mit den Fingern bearbeiten wir die Farben ohne Zuhilfenahme eines weiteren Gerätes wie zum Beispiel den Pinsel. Nichts kann sich zwischen uns und unser Werk schieben: Der Geist befiehlt, und unsere Finger gehorchen und führen den Befehl aus. So können wir verschmelzen, verwischen, verdikken, mischen und in einer außerordentlich einfühlsamen Weise malen.

Es kommt jedoch vor, daß uns noch Finger fehlen. Alle sind mit einer Farbe „beladen", die wir im Moment nicht benötigen. Aus diesem Grund ist es angezeigt, die Hände von Zeit zu Zeit zu waschen oder mit einem Lappen oder Papier zu reinigen.

Die Pause, die dieser Reinigungsvorgang mit sich bringt, können wir dafür benutzen, unser Werk aus einiger Entfernung zu betrachten, um herauszufinden, ob es noch mit unserer ursprünglichen Vorstellung übereinstimmt. Die Reinigung ist auch physisch notwendig, um die Muskeln zu entspannen und die geistige Anspannung zu lockern.

Wie bereits in dem Kapitel „Weiteres Material" erwähnt, können Wischer erforderlich sein, um Details zu verfeinern und manche Striche zu entfernen, wenn die Finger dafür zu breit sind. Sie sind jedoch beim Entfernen von Farbe nicht so wirksam wie die Finger.

Für mich wie für zahlreiche andere erfahrene Maler ist es völlig natürlich, die Farbe mit den Fingern am Rand des Bildes oder im Innern abzuheben (als handelte es sich um Palette und Pinsel) und sie an einer anderen Stelle wieder aufzutragen. Dies ist ein interessanter Berufstrick, denn häufig erhalten wir auf diese Weise Farben, die als Kreiden nicht existieren und die uns trotzdem in manchen Zonen des Bildes notwendig erscheinen.

Die Fotos zeigen, wie jeder Finger entsprechend der Notwendigkeit des Augenblicks und der Größe der zu bearbeitenden Zone eingesetzt wird. Es sei noch erwähnt, daß man mit den Fingern ebenfalls zu auffällig ausgefallene Striche und Umrisse, die der Arbeit eine übermäßige Härte verleihen, ein wenig verwischen kann.

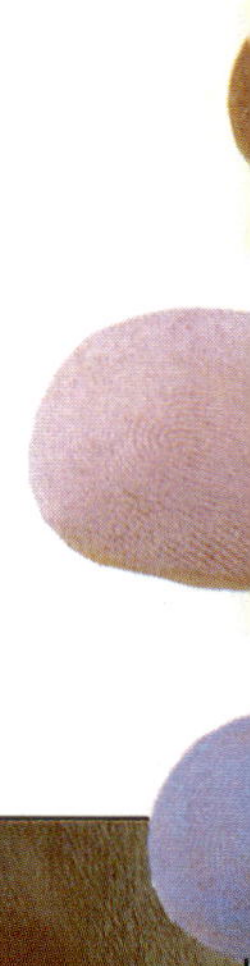

Abb. 80: Hier sehen Sie den Unterschied zwischen einem Farbfleck vor und nach dem Verwischen. Das verwischte Grau ist immer satter als der mit Strichen angelegte Fleck, da sich die Farbpartikel ebenfalls in den Zwischenräumen des Papiers absetzen.

77

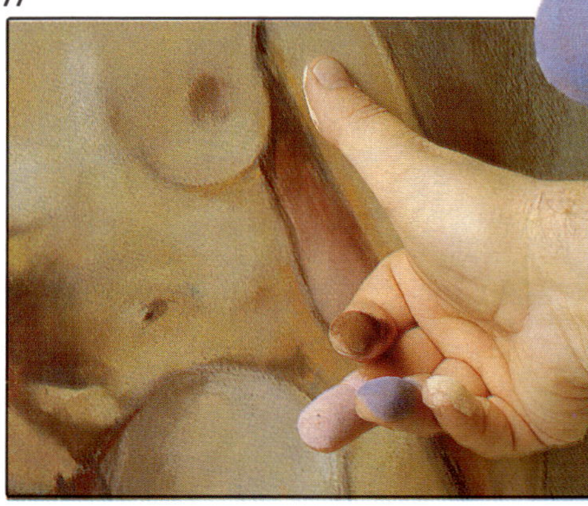

Abb. 77 bis 79: Die Fingerkuppen sind das beste „Werkzeug" des Pastellmalers. Die Haut nimmt die Farbe auf und setzt sie ohne Zwischenträger an anderer Stelle wieder ab. Daher ist die Arbeit mit Pastellkreiden ein außerordentlich einfühlsames künstlerisches Verfahren.

78

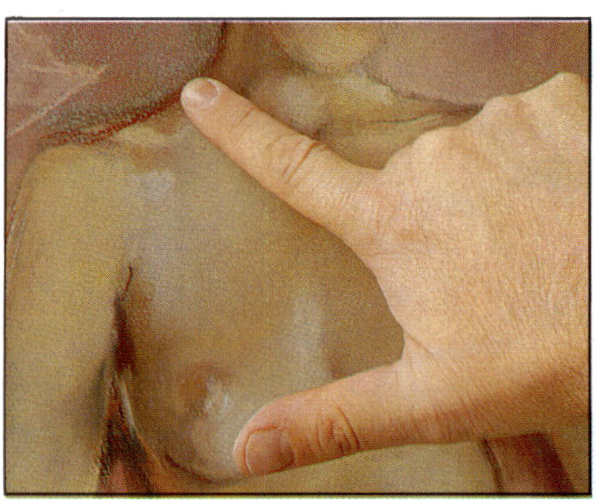

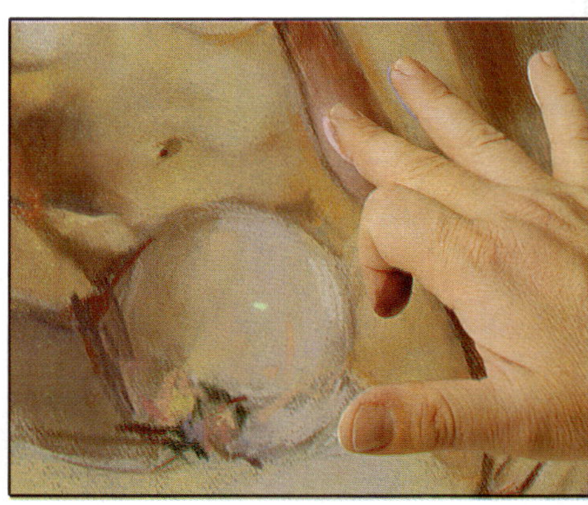

80

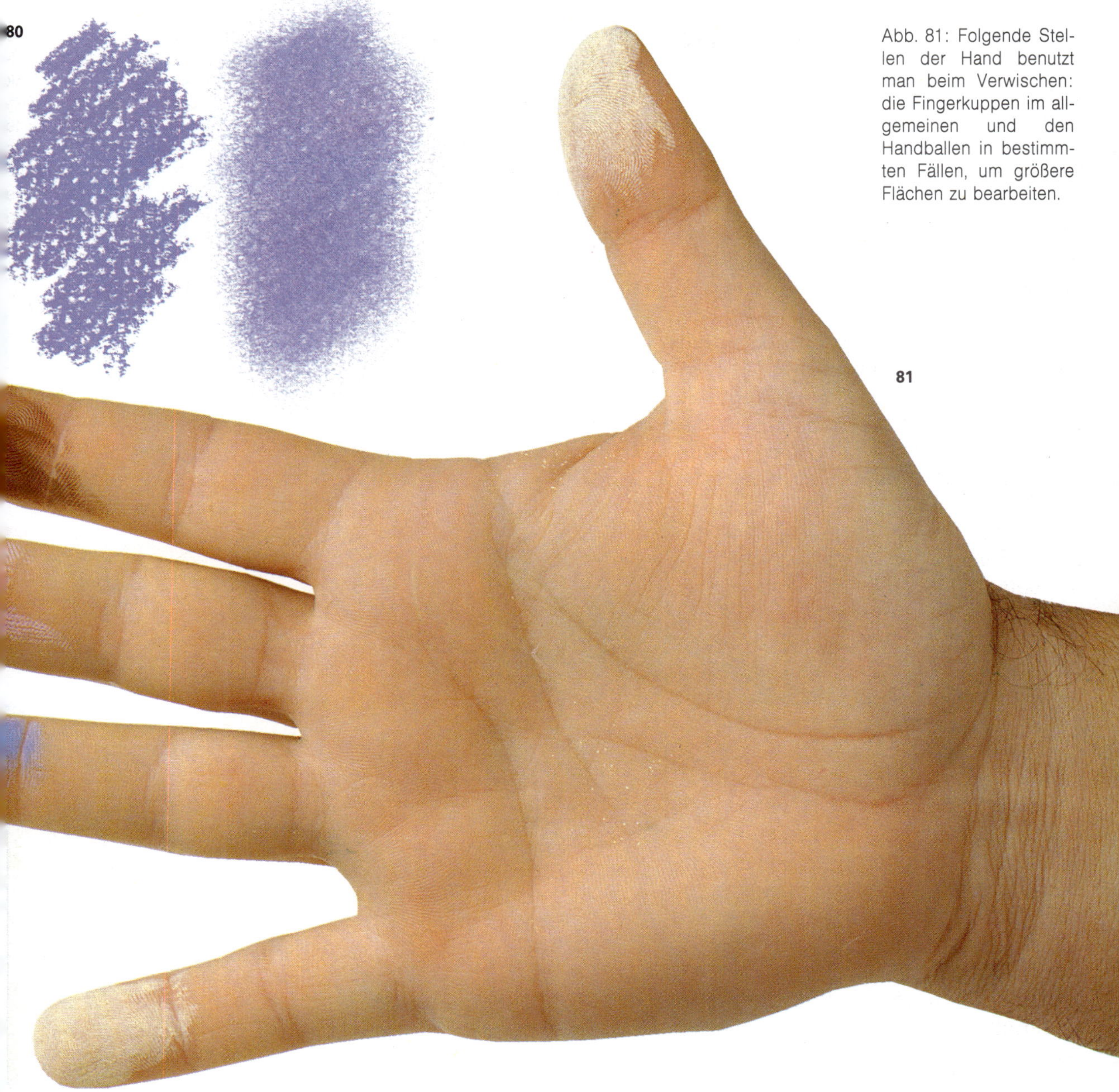

Abb. 81: Folgende Stellen der Hand benutzt man beim Verwischen: die Fingerkuppen im allgemeinen und den Handballen in bestimmten Fällen, um größere Flächen zu bearbeiten.

81

82

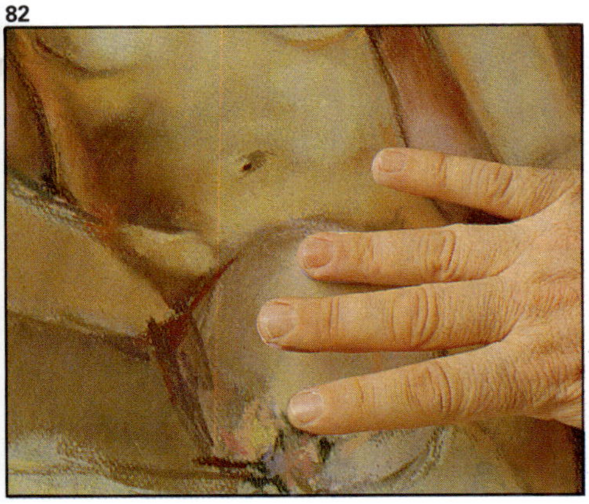

83

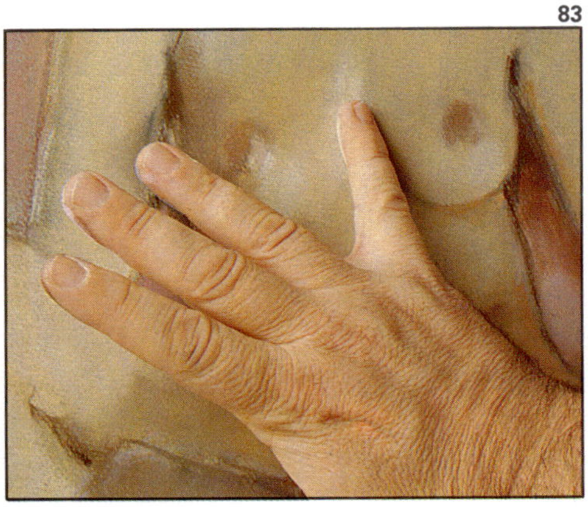

Abb. 82 und 83: Der Künstler weiß instinktiv, welchen Finger er zu welchem Zeitpunkt zum Verwischen einsetzen muß. Natürlich hängt das von der Größe der zu bearbeitenden Fläche ab. Der kleine Finger und der Ringfinger dienen vor allem der Ausarbeitung von Details.

Striche ohne Verwischen

Wie bereits mehrmals gesagt und wiederholt, lassen sich mit Pastellkreiden sehr unterschiedliche Werke schaffen. Es hängt einzig und allein davon ab, wie wir das Material auf das Papier auftragen. Obgleich die verbreitetste Schule der Pastellmalerei zu Impastos und verwischten Farben greift und damit die große Leichtigkeit ausnutzt, mit der die Pigmente in die Zwischenräume des Papiers dringen und sich verstreichen lassen, gibt es ebenfalls Maler, die die Pastellkreiden lieber als „Pinselstriche" anlegen und die Striche sich überlagern lassen, so daß das Bild eine ganz besondere Vibration und einen großen chromatischen Reichtum erhält.

Auf dieser Seite sehen Sie ein wunderbares Beispiel für dieses Verfahren. Es handelt sich um ein Werk von Carles Prunes, einen großen Künstler und hervorragenden Pastellmaler, der die Pastellkreiden nicht verwischt. Beachten Sie, daß Prunes bei diesem Verfahren im Gegensatz zur normalen Technik das Werk nicht mit den Fingern zu berühren braucht. Es ist, als hätte er Sorge, die Farben zu verfälschen. Prunes beherrscht diese Malweise mit den Pastellkreiden aufgrund seines Genies und seiner hervorragenden Zeichentechnik. Zahlreiche Künstler folgen denselben Kriterien. Viele haben sich aber auch für die entgegengesetzte Schule entschieden: Sie verwischen die Farben soweit wie möglich, bis auch nicht der geringste Strich zu erkennen ist.

Wir müssen uns also entscheiden, welcher der beiden Tendenzen wir folgen wollen. In jedem Fall sollte es jene sein, die unserer Persönlichkeit am meisten entspricht. Trotzdem dürfen Sie nichts überstürzen. Zunächst sollten Sie beide Möglichkeiten ausgiebig üben. Nur durch Arbeit und Experimente finden Sie die Form, die Ihrem Wesen und Ihrer Auffassung von der Malerei am meisten zusagt.

Im Ausschnitt des Werkes von Prunes, der das soeben Gesagte illustriert, erkennen Sie deutlich den Einfluß der Papierstruktur auf die Ausarbeitung des Bildes. Die Tatsache, daß der Ton des Papiers bei dieser Behandlung des Themas im impressionistischen Stil durch die aufgetragene Farbe hindurch „atmet", trägt entscheidend zu dem lebhaften Charakter des Frauenporträts bei. Grobkörniges Papier eignet sich am meisten für diese Art eines Pastellbildes.

84

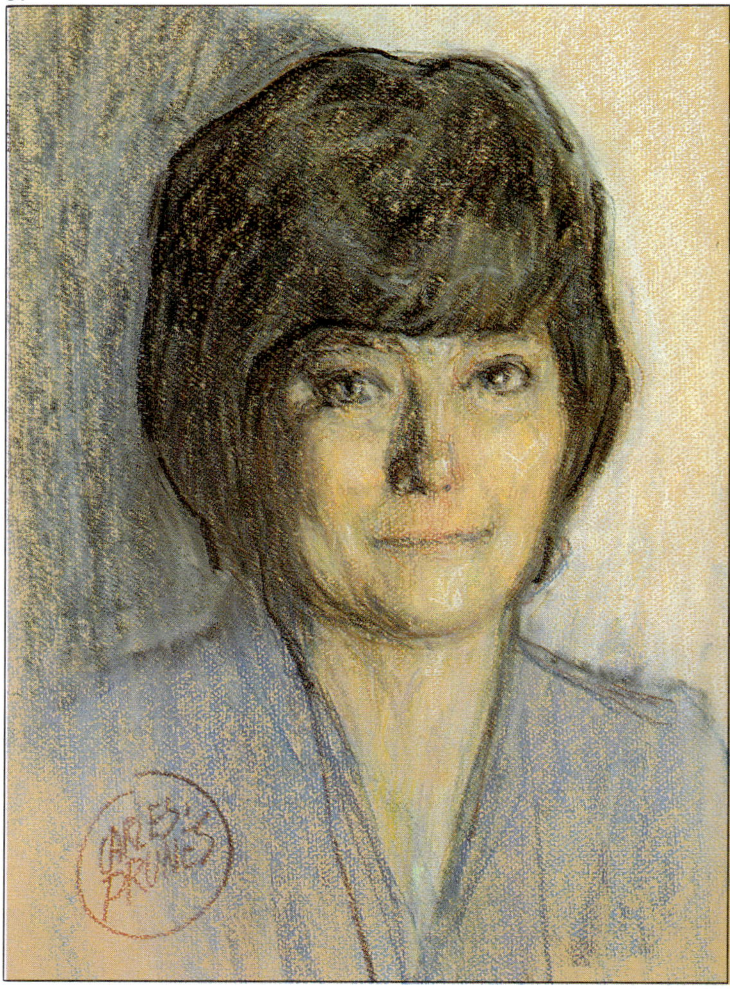

Abb. 84: Dieses Pastellporträt besitzt eine außerordentliche Ausdruckskraft und Bildqualität. Carles Prunes beherrscht die Farben hervorragend und beweist dies mit der ungewöhnlichen Nebeneinanderstellung und Überlagerung kurzer und kräftiger Striche.

85

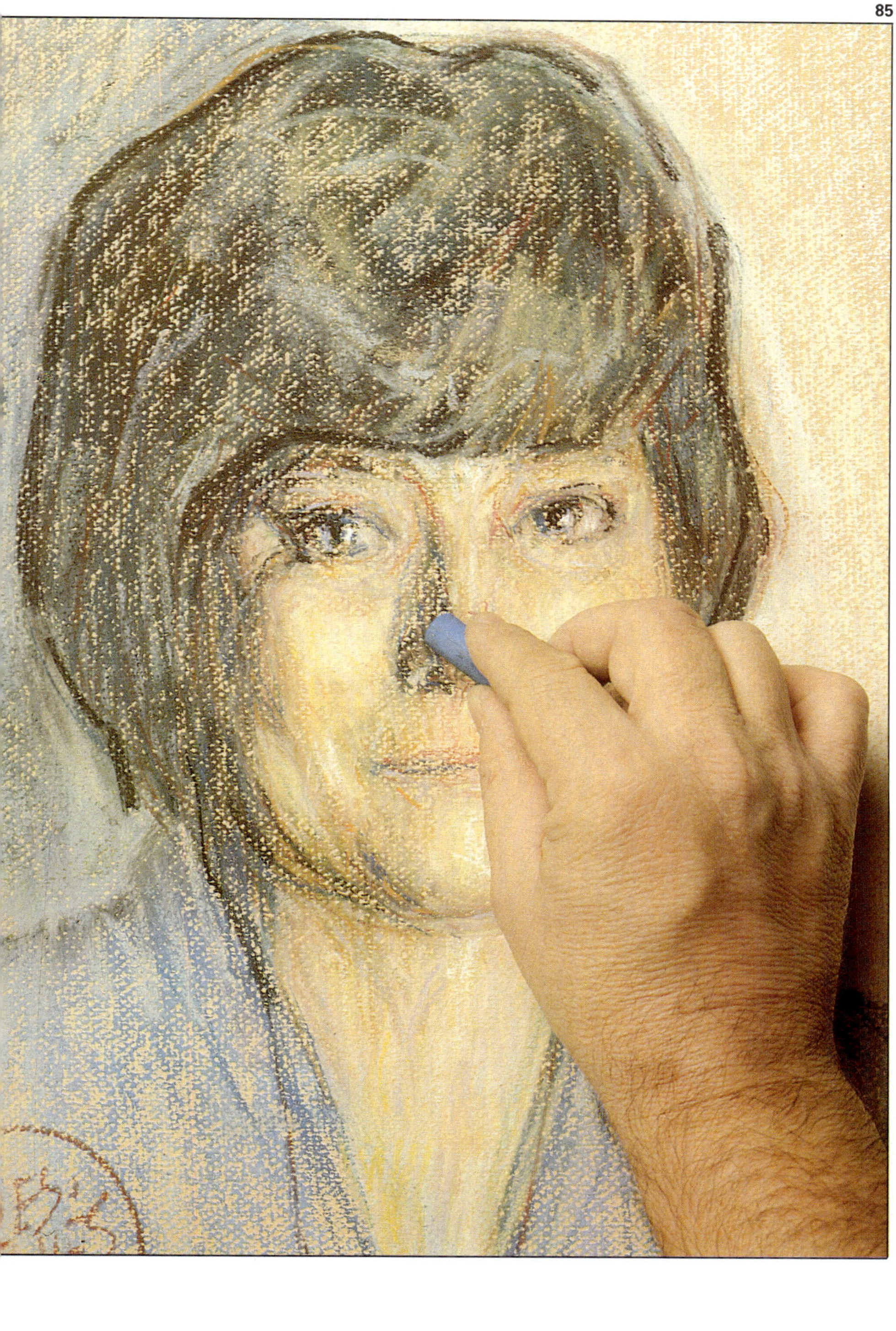

Abb. 85: Dieser Ausschnitt des Werkes von Prunes zeigt, daß die Farben weder verwischt noch wirklich gemischt sind. Es entsteht jedoch eine optische Mischung der Farben. Die große Anzahl der Farbschattierungen ergibt sich aus der Gesamtheit der neben- und übereinanderliegenden Striche, und zwar ausschließlich ohne den Einsatz der Finger.

Die Themenwahl

Kommt es vor, daß ein Künstler nicht weiß, was er malen soll? Ich halte es für möglich, aber nur bei einem Anfänger. Nicht bei einem voll ausgebildeten Maler, denn jeder gute Künstler ist ein scharfer Beobachter und Kritiker der Ästhetik.

Die Ästhetik ist ein Zweig der Philosophie und behandelt die Schönheit. Der Begriff hat die Künste immer wieder erheblich beeinflußt: so die griechische Kunst des 5. und 4. Jahrhunderts v. Chr. (die griechischen Philosophen gelten als die „Erfinder" der Ästhetik), die Florentiner Renaissance (15. Jahrhundert) und den französischen Neoklassizismus. Nehmen wir die großen Werke des klassischen Altertums und der frühen Renaissance jedoch aus, hat die Reduzierung der Schönheit auf eine Reihe von Regeln nur äußerst selten zu einem guten Ergebnis geführt – erst recht nicht seit dem Impressionismus. Die Schönheit ist sehr viel mehr ein Gefühl als eine Formel. Aus diesem Grund behaupte ich, daß der Künstler ein Kritiker der Ästhetik ist, denn diese Tatsache trifft trotz unterschiedlichster Gefühle auf beinahe alle kreativen Menschen zu.

Außerdem ist kaum zu bezweifeln, daß die Häßlichkeit der Kunst ebenso gut bekommt wie die Schönheit. (Ich denke dabei an manche Gestalten in den Werken von Toulouse-Lautrec.)

Auch das unerwartetste Thema kann, sobald es durch die Vorstellungskraft des Künstlers geformt wird, zu einem Meisterwerk führen. Trotzdem sollte sich die figurative Kunst eines der folgenden Themen vornehmen: die menschliche oder tierische Gestalt, Landschaft- oder Seestücke, Blumen und Stilleben, die man nicht selten auch gemischt findet.

Die Spezialisierung in der Kunst ist zulässig und verständlich. Ob Sie sich nach dem Vorbild zahlreicher anderer Künstler als Maler von Landschaften, Seestücken oder Porträts spezialisieren, ist einzig und allein Ihre Entscheidung.

86

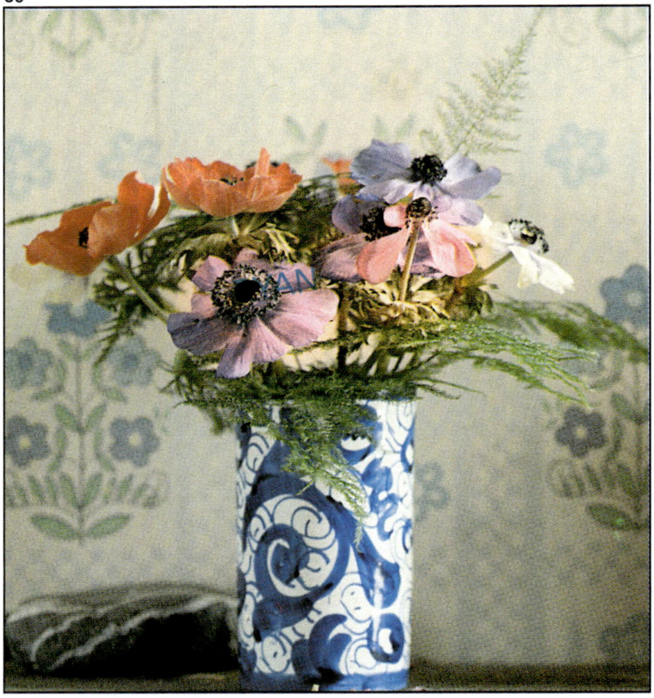

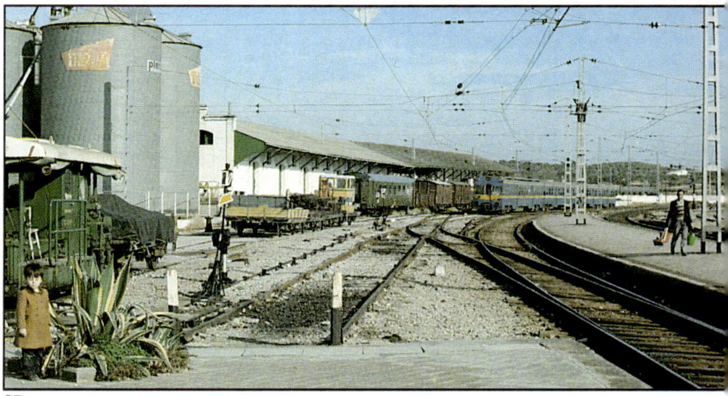

87

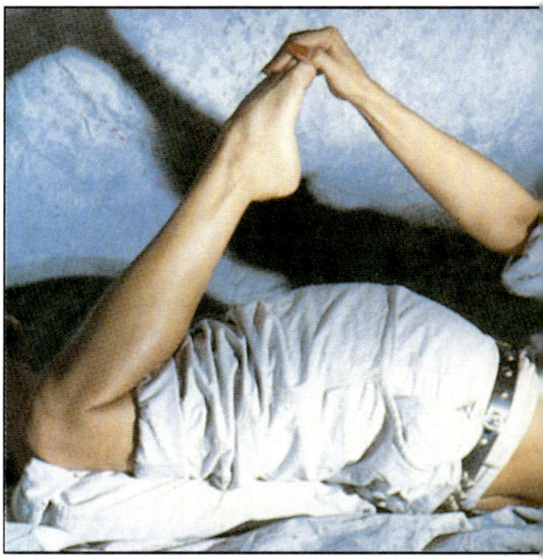

88

90

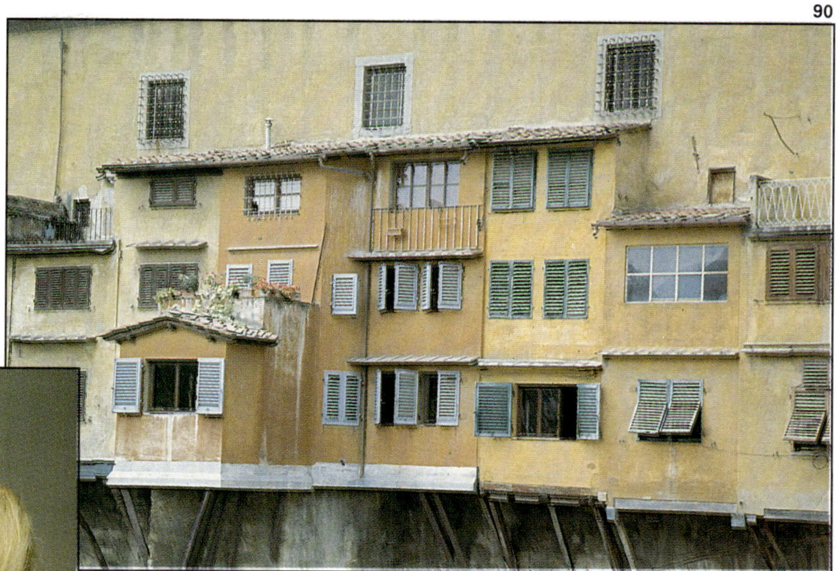

89

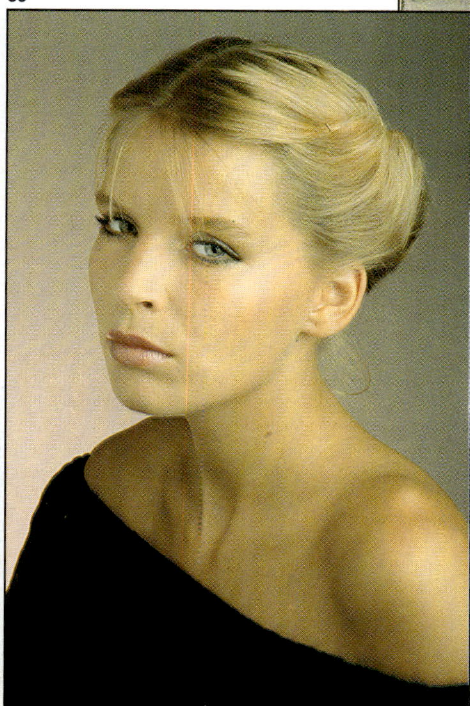

Abb. 86 bis 91: Ein paar grüne Zweige in einem buntgemischten Stilleben, die Einsamkeit einer Eisenbahnanlage, die Schönheit eines jungen Mädchens, die Melancholie eines Abends am Hafen, der Rhythmus einer gelungenen Komposition und die farbliche Harmonie eines Stillebens: All das findet sich in den universellen Themen der Malerei, nämlich Landschaft, Gestalt, Seestück und Stilleben.

91

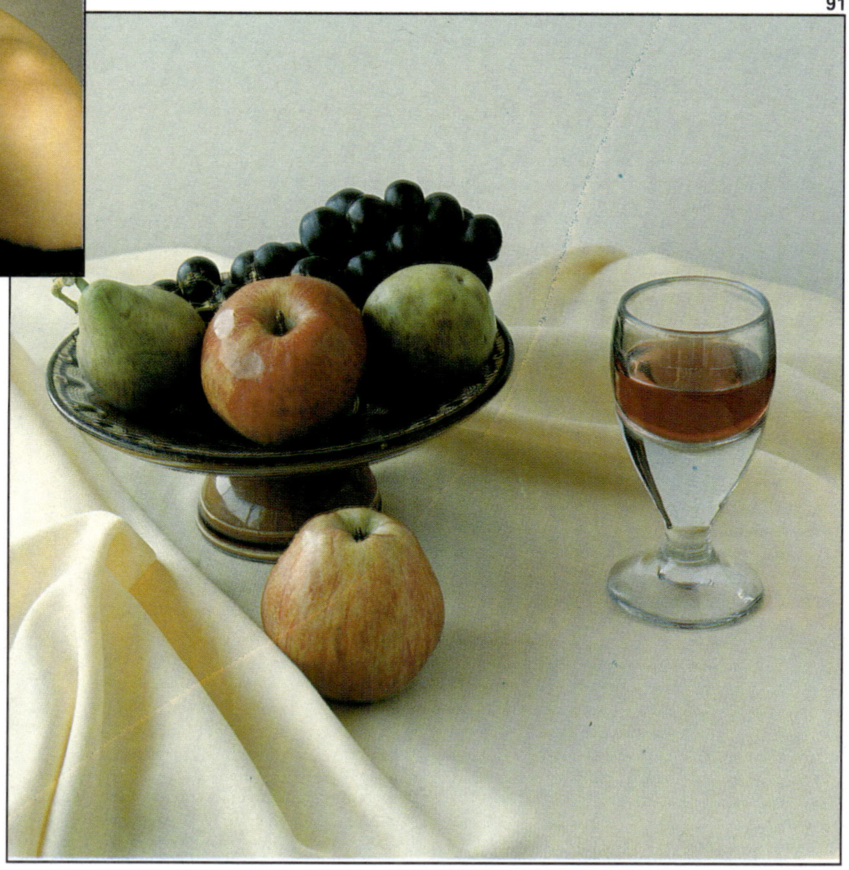

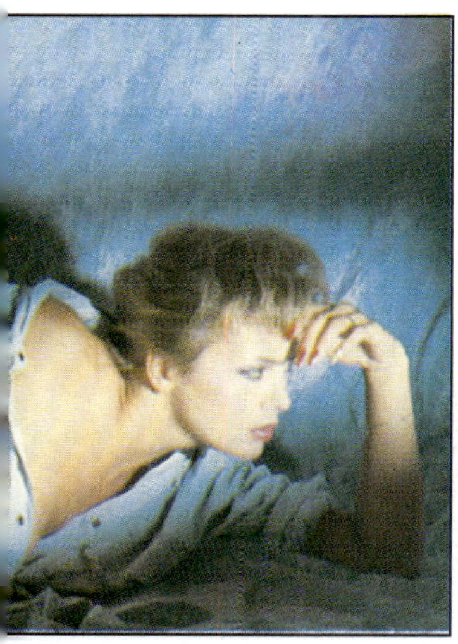

Der Akt

Der Mensch ist das einzige Wesen der Schöpfung, das sich selbst idealisieren kann, denn er besitzt in seinem Körper das bevorzugte Motiv des ästhetischen Experiments. Es darf uns nicht erstaunen, daß der Akt schlechthin *das Thema* der Kunstgeschichte ist.

Zwei Dinge sind unerläßlich, um die menschliche Gestalt zeichnen zu lernen: die Kenntnis der Anatomie sowie zahlreiche Stunden in der Akademie, in der wir die Proportionen und Verkürzungen sowie die korrekte Interpretation der Volumen mit Hilfe ihrer expressiven Tonwerte anlegen lernen; denn Sie dürfen nicht vergessen, daß sich der Ausdruck des Menschen nicht nur in seinem Gesicht widerspiegelt.

Beginnen Sie trotzdem furchtlos mit dem Zeichnen der menschlichen Gestalt. Wenn Sie sich nicht von den ersten Mißerfolgen (die sich immer einstellen) entmutigen lassen, trägt Ihre Beständigkeit gewiß Früchte. Später ergibt sich mit den Pastellkreiden die Möglichkeit, sehr schöne Akte zu malen. Es scheint, daß die Pastellkreiden extra dafür erfunden wurden, um die Fleischfarbe der menschlichen Haut darzustellen.

Ich persönlich habe beim Malen eines Aktes mit Pastellkreiden immer das Gefühl, es gäbe eine sonderbare Beziehung zwischen der Geschmeidigkeit des Materials und der Intimität des Themas.

Falls Sie kein professionelles Modell zur Verfügung haben, bitten Sie einen Freund oder ein Familienmitglied um Mitarbeit.

Abb. 92: Durch die Arbeit nach einem Modell erlernt der Künstler das Zeichnen der menschlichen Gestalt am besten.

Abb. 93: Die Skizze, also das „stenografische Schema" der Zeichnung, ist eine unumgängliche Voraussetzung zur Schulung der Beobachtungsgabe sowie der korrekten Wiedergabe der menschlichen Körperformen und der Aussagekraft, die sich aus der Bewegung und der Geste ergibt.

Abb. 94: Salvador G. Olmedo: Akt mit Pastellkreiden.

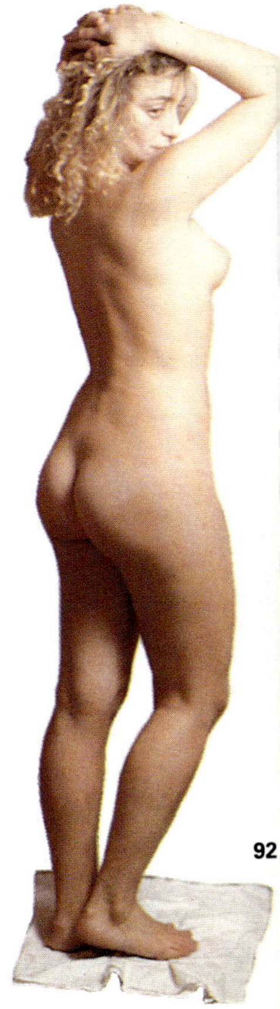

92

93

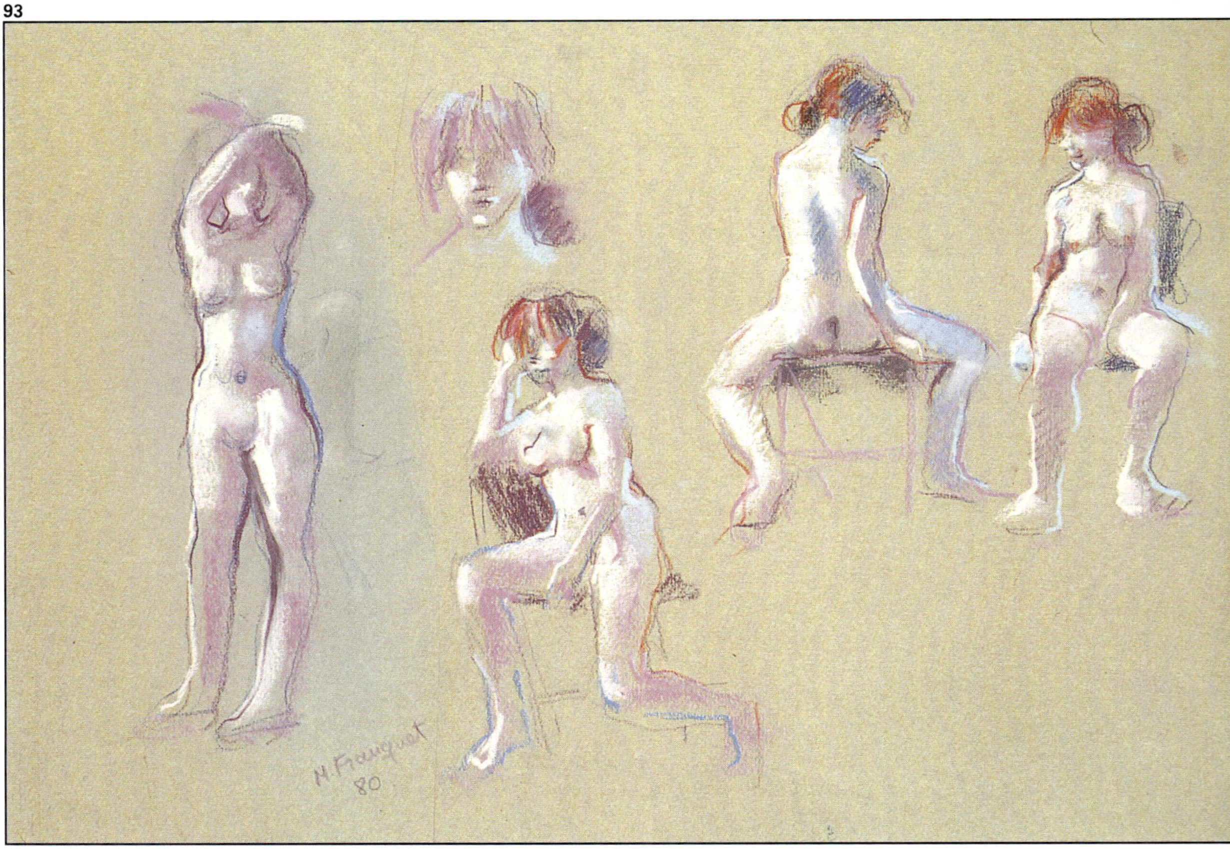

94

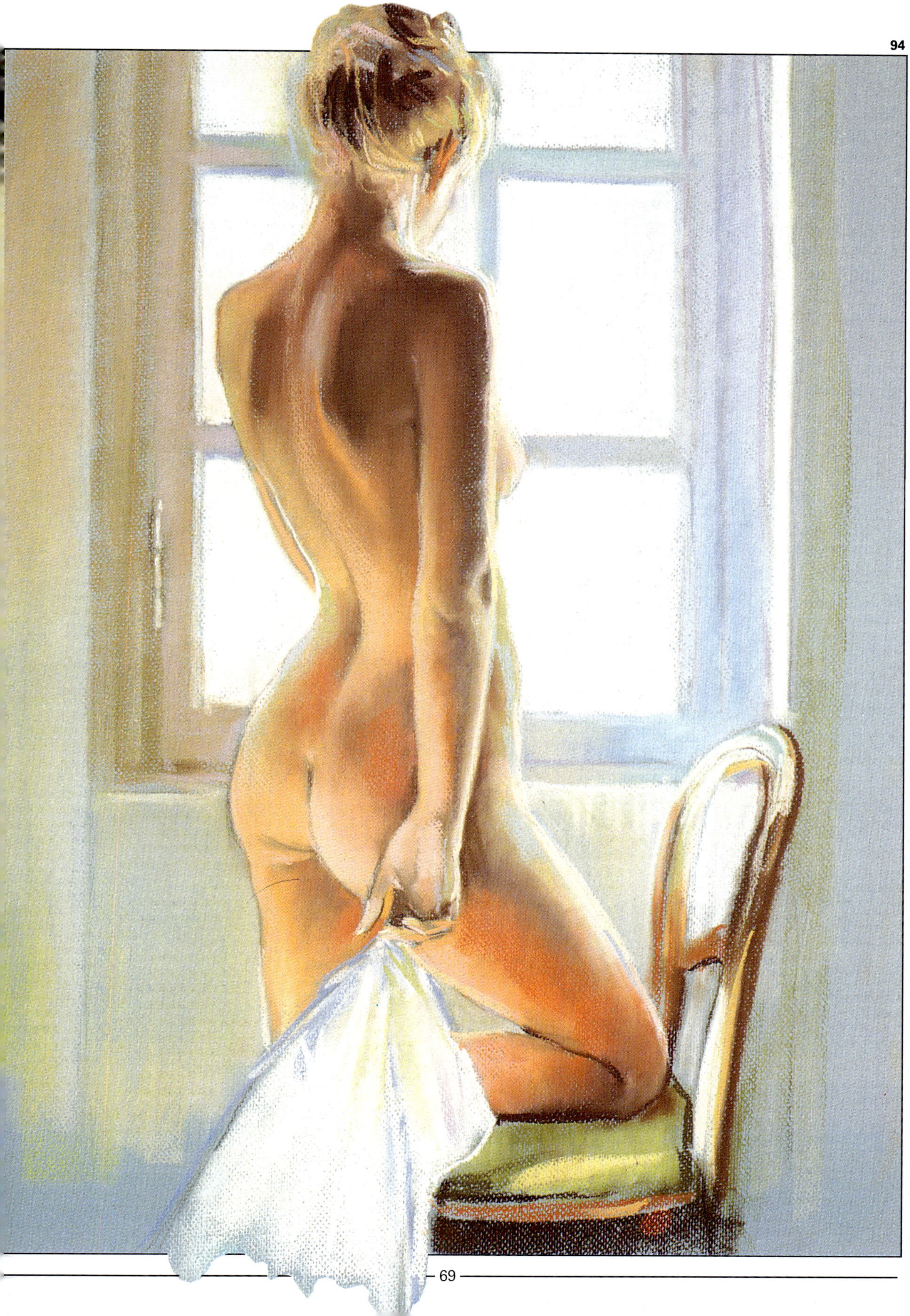

Beim Zeichnen oder Malen einer bekleideten Gestalt dürfen wir eines nicht vergessen: Die Formen der Kleidungsstücke müssen dem menschlichen Körper angepaßt sein und dürfen nicht wie an einem Kleiderständer wirken. Das heißt: Es geht nicht darum, ein Kleidungsstück zu zeichnen, sondern einen menschlichen Körper, der mehr oder weniger mit Kleidungsstücken bedeckt ist. Aus diesem Grund beginnt die Mehrheit der Künstler, die sich auf die menschliche Gestalt spezialisiert haben, in diesem Fall mit der Skizze der nackten Gestalt, also mit dem nackten Körper unterhalb der Kleidung. Anschließend legen sie mit präzisen Strichen die Bekleidung des Modells darüber. Häufig verunstaltet man ein Bild, wenn man sich zum Beispiel bei der Darstellung einer Bluse zu sehr auf die Falten konzentriert und dabei die inneren Volumen vergißt, die dem menschlichen Körper entsprechen.

Da gerade von den Falten die Rede ist, sei rasch darauf hingewiesen, daß sie eine weitere Schwierigkeit aufweisen. Die Falten der Bekleidung stellen aus der Sicht des Zeichners ein Hell-Dunkel-Problem dar, das aufgrund seiner Bedeutung häufig anhand zahlreicher Übungen wie die von Abbildung 87 geübt werden sollte. Ich möchte Sie bitten, dies mit zahlreichen matten und glänzenden Stoffen unterschiedlicher Stärke zu tun.

Wichtig ist die genaue Beobachtung der Falten, die sich in den Kleidungsstücken bilden, wenn diese sich dem menschlichen Körper anpassen. Zeichnen Sie also Blusen, Röcke, Hemden, Hosen etc.

95

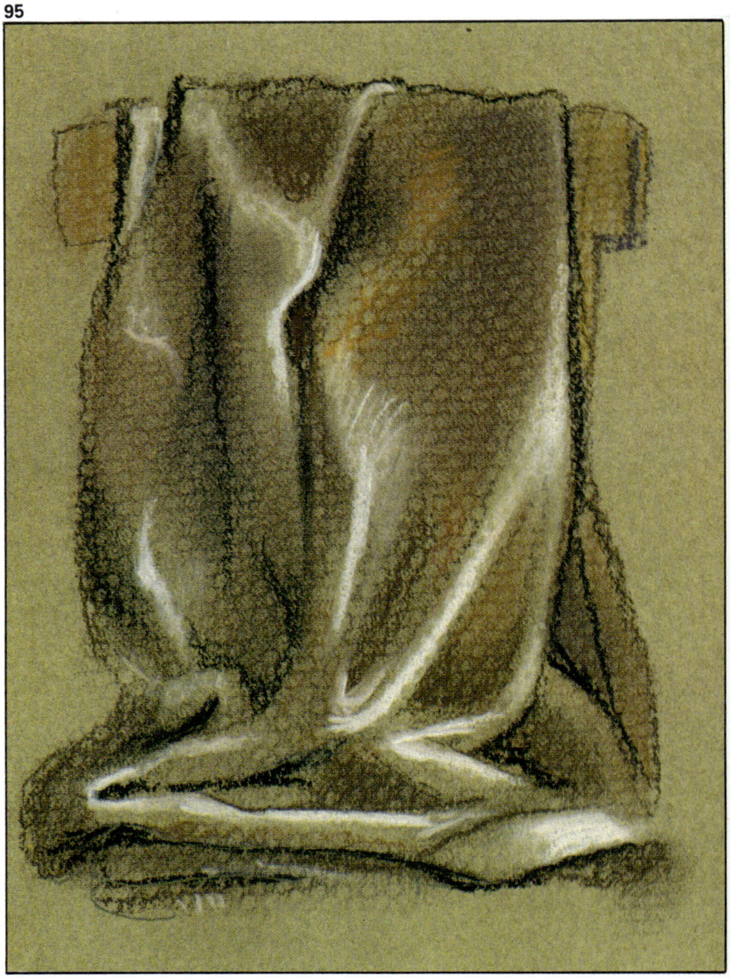

Abb. 95 bis 97: Auch die Falten und Faltenwürfe des Kleides können zum eigenständigen Thema eines Bildes werden. Übungen wie jene auf Abbildung 97 eignen sich sehr zum Studium des Hell-Dunkel der Falten und der Darstellung der Stoffqualität. Es ist zum Beispiel gar nicht so einfach, wie es scheint, den Eindruck eines dünnen oder dicken Stoffes zu vermitteln.

96

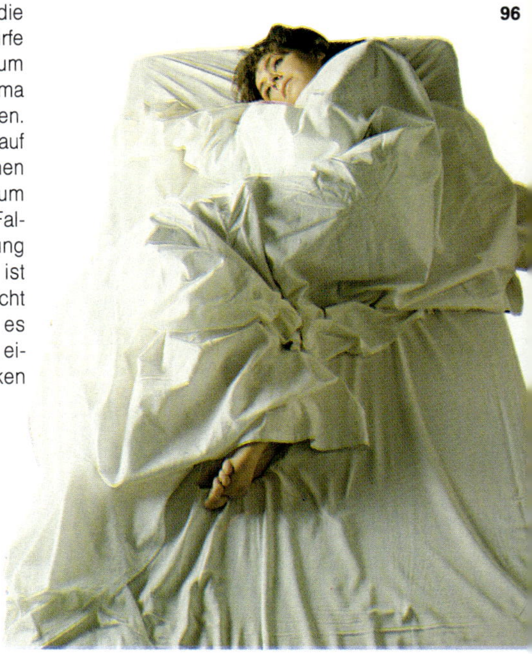

97

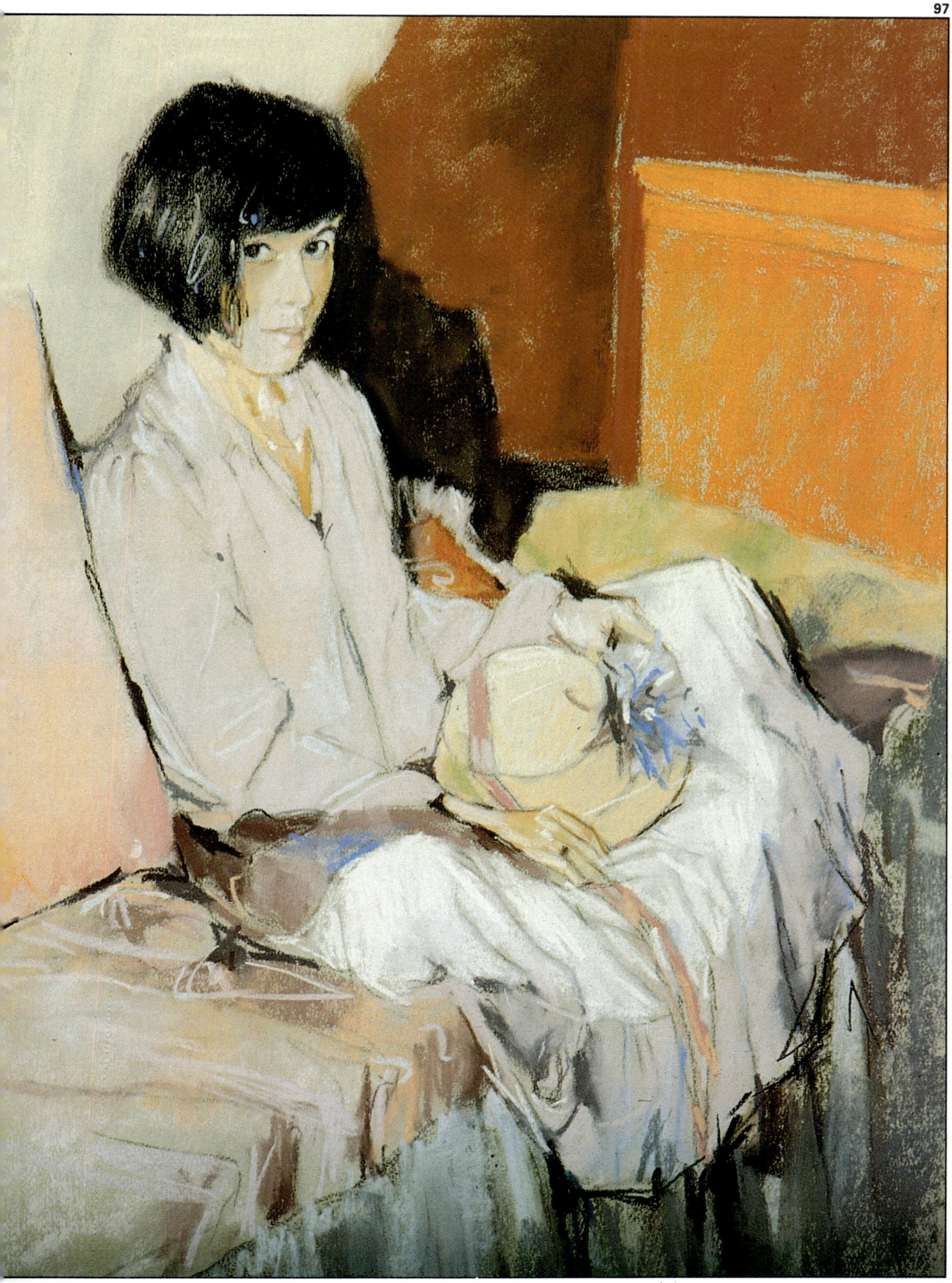

Das Porträt

Das Porträt ist eines der interessantesten und schwierigsten Themen; es wurde zu allen Zeiten von Pastellmalern behandelt.

Um ein gutes Porträt malen zu können, braucht man eine große Beobachtungsgabe und eine absolute Beherrschung der Zeichentechnik. Der Maler, der sich für einen Porträtisten hält, wird immer versuchen, in seinem Modell viel mehr zu entdecken, als eine Fotografie aufzeigen könnte. Das bedeutet jedoch nicht, daß er hyperrealistisch zeichnen müßte, im Gegenteil: Er hebt gewisse Züge hervor, die auf irgendeine Art und Weise den Charakter der Persönlichkeit zusammenfassen und durch die auch seine Seele zutage tritt. In diesem Sinne ist für mich das Porträt Papst Innozenz X. exemplarisch, das Velasquez 1650 malte.

Für die Praxis des Porträts ist die Kenntnis des universellen Canons nützlich, mit dessen Hilfe wir jeden menschlichen Kopf einrahmen können. Diese und weitere Fragen in bezug auf die Kunst des Porträts und ihre Besonderheiten lassen sich innerhalb dieses Buches nicht im einzelnen darstellen. Sie werden ausführlich in dem Band von J. M. Parramón „Wie zeichne ich einen Kopf und ein Porträt“ der Reihe „Richtiges Malen und Zeichnen“, erschienen in der Edition Michael Fischer, behandelt. Nach dessen Durcharbeitung, ausgiebiger Übung und ausführlichem Beobachten der Besonderheiten des jeweiligen Modells stellt sich die notwendige Ähnlichkeit gewiß bald ein.

Machen Sie sich also furchtlos an die Arbeit. Dies bedeutet allerdings, daß die zu porträtierende Gestalt Ihnen geduldig vor der Staffelei Modell sitzt. Wir alle haben uns zu Beginn mit dem Gedanken abfinden müssen, daß wir noch Lernende sind und daher eher einen Fehlschlag erleiden werden, als gleich beim ersten Mal Erfolg zu haben.

Selten erreichen wir auf Anhieb, was wir beabsichtigen: nämlich eine annehmbare Ähnlichkeit. Da hilft nur völliges oder teilweises Radieren, es erneut zu versuchen und ein über das andere Mal zu korrigieren. Verlieren Sie nicht den Mut. Es lohnt sich, das Papier zu zerreißen und von vorn zu beginnen.

Häufig wissen wir genau, daß „etwas nicht ganz stimmt“, ohne jedoch in der Lage zu sein, den Grund für unser Problem zu erkennen. Dies geschieht, weil man beim langen Beobachten derselben Form schließlich einen vorübergehenden „Sehfehler“ bekommt. In diesem Fall greift man häufig zum „Spiegeltrick“, bei der wir unsere Arbeit in einem Spiegel betrachten. Auf diese Weise erhalten wir ein seitenverkehrtes Bild und sehen Fehler, die uns die Gewohnheit vorher nicht erkennen ließ.

98

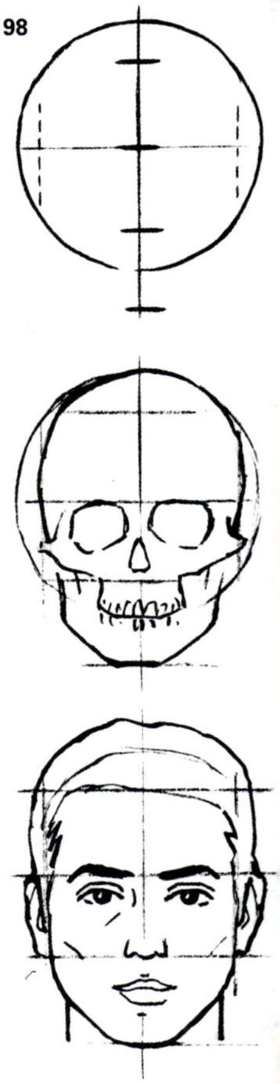

99

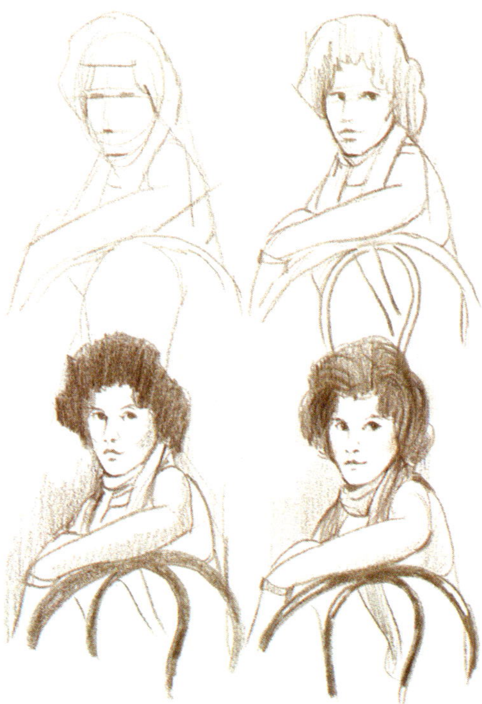

Abb. 98: Der universelle Kanon des menschlichen Kopfes erleichtert die erste Einrahmung eines Porträts. Einrahmung, Berechnung der Maße und Proportionen, Schattieren und Bewertung der Töne sind absolut notwendige Schritte bei jeder Zeichnung gleich welchen Themas.

Abb. 99: Der erste Schritt zu einem guten Porträt besteht in der Einrahmung.

Abb. 100 bis 103: Pastellporträts von Salvador G. Olmedo (Abb. 100), Charles Prunes (Abb. 101), J. Martí (Abb. 103) sowie Selbstporträt von V. Solé Batollir (Abb. 102).

00

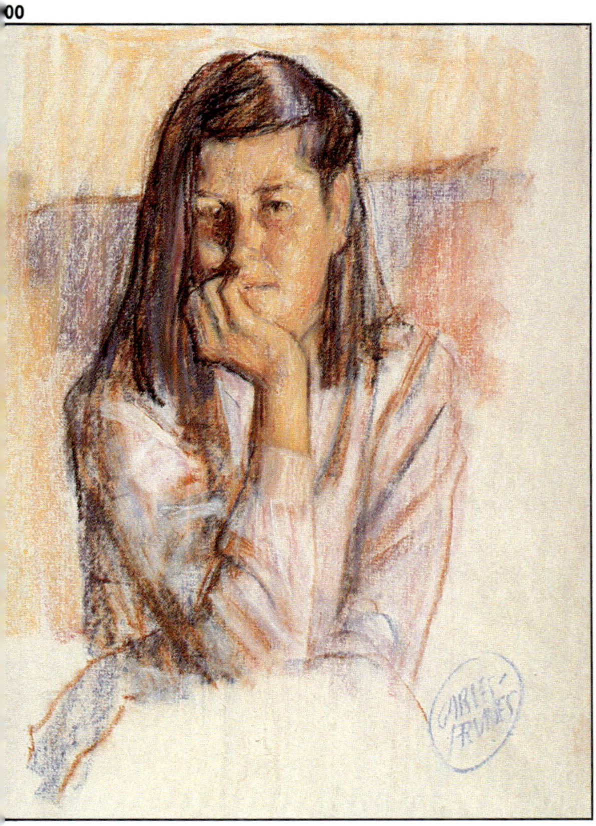

101

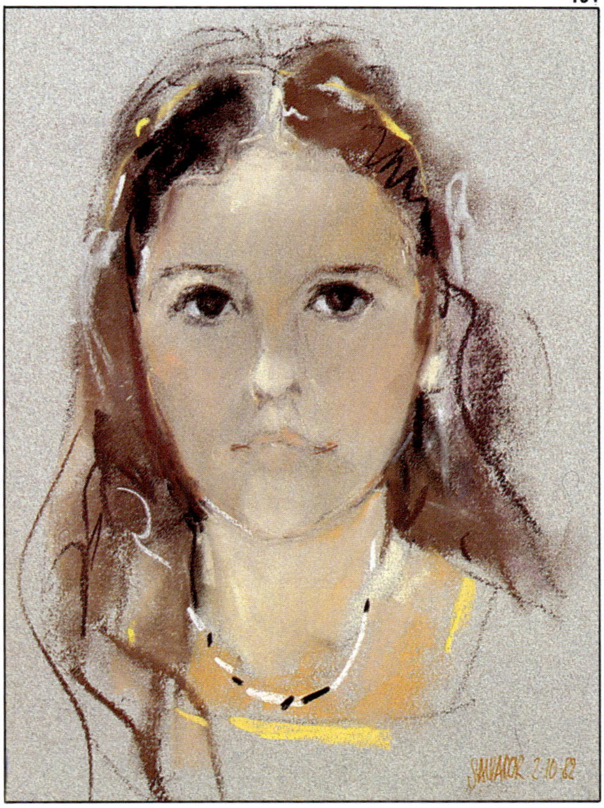

02

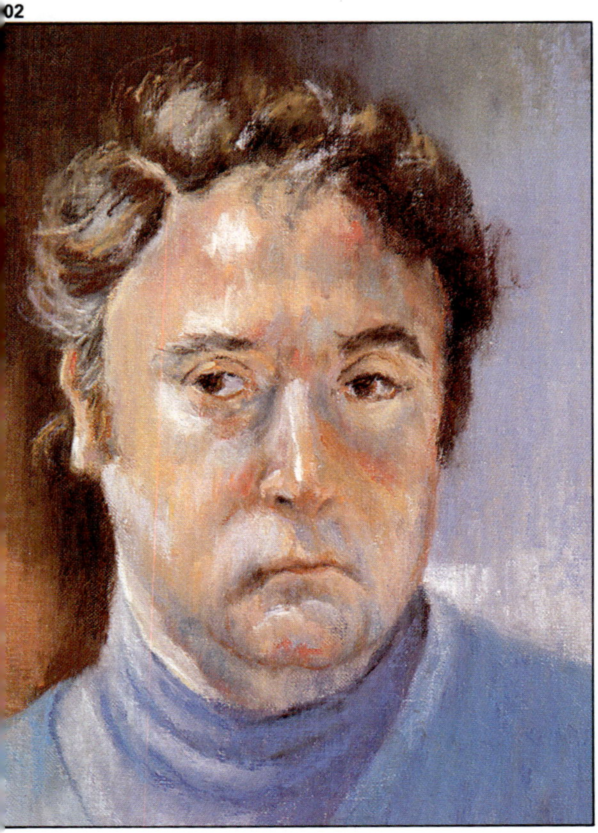

103

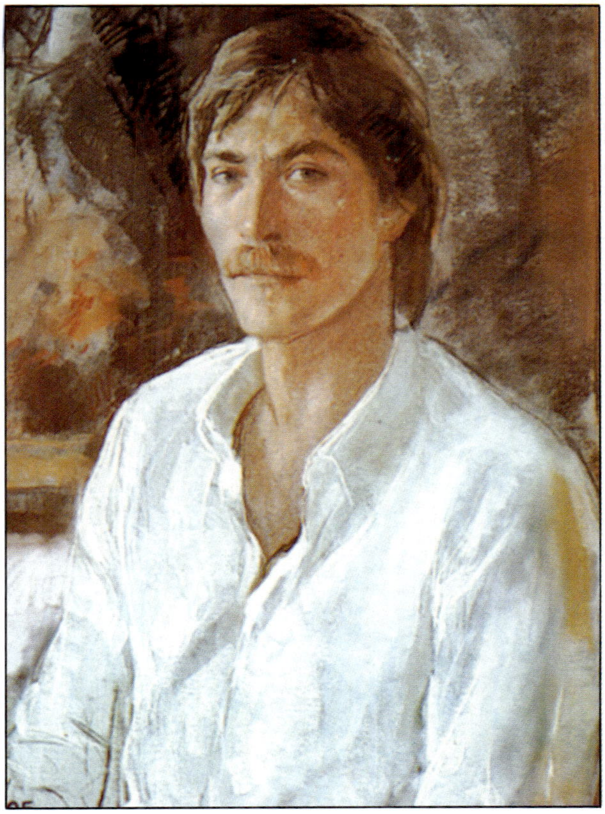

Das Stilleben

Das Stilleben, französisch nature morte, bezeichnet die Darstellung toter oder unbewegter Dinge wie Blumen, Früchte, Tiere und Geräte aller Art, die vom Maler künstlerisch geordnet worden sind. Stilleben sind bereits als Wandmalerei seit der Antike bekannt. Das erste selbständige Stilleben wurde 1504 von J. de'Barberi gemalt. Neue Bedeutung erhielt es seit Mitte des 19. Jahrhunderts. Mit Hilfe des Stillebens lernen wir nicht nur die Beherrschung der Farben, wir befassen uns darüber hinaus mit der Bildkomposition und dem Rhythmus sowie dem Gleichgewicht der Massen, wenn wir zu Beginn mit der Verteilung der Bildelemente auf dem Tisch experimentieren. Nachdem das Modell einmal gewählt, die Komposition durchstrukturiert und die geeignete Beleuchtung gefunden ist, kann man sofort ans Werk gehen. Man umrahmt, berechnet die Maße und Proportionen, beachtet und löst eventuelle Probleme der Perspektive, fängt an zu schattieren und arbeitet solange weiter, bis sich die Zusammenstellung aus eßbaren oder nicht eßbaren Gegenständen in ein Kunstwerk verwandelt hat.
Zu diesem Kapitel gehört auch die Darstellung von Blumen, für die sich die Pastellkreiden ganz besonders eignen; denn sie umfassen die gesamte Farbskala der Blumenflora.

104

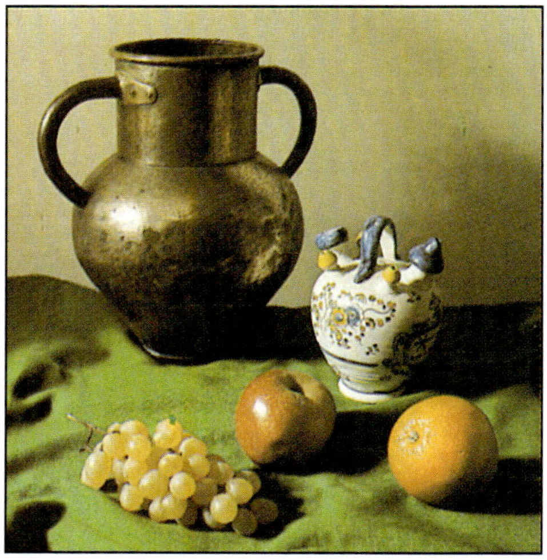

105

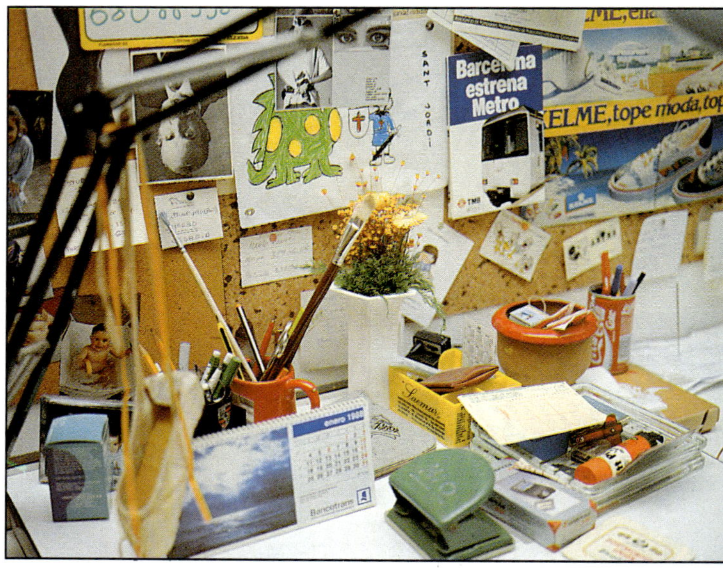

Abb. 104 und 105: Die erste Abbildung zeigt das Beispiel einer schlechten Komposition. Der Kupferkrug „verschlingt" die übrigen Elemente, die völlig verstreut daliegen. Es fehlen ein klarer Rhythmus und eine Leitlinie für den Blick des Betrachters. Die zweite Abbildung zeigt ein gelungenes Kompositionsbeispiel und beweist, daß man nichts Großartiges benötigt, um ein gutes Thema zu erhalten.

Abb. 106: Alles eignet sich für die Zusammenstellung eines Stillebens. Die einzelnen Elemente brauchen inhaltlich nicht zusammenzugehören, denn wir streben keine logische Darstellung an, sondern Originalität oder einfach eine gute Komposition.

106

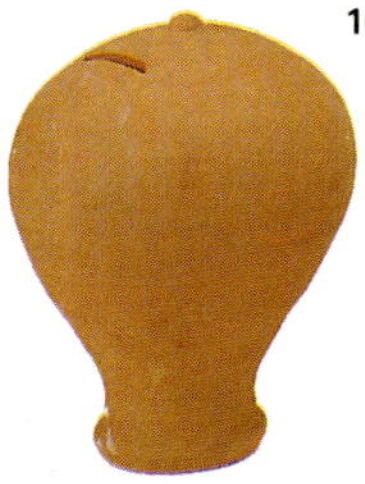

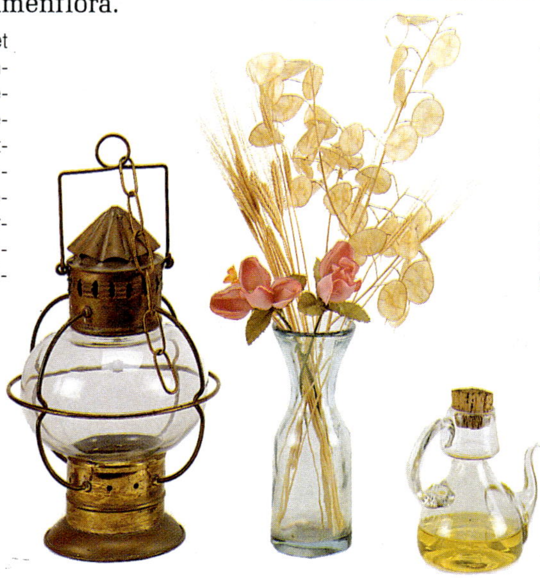

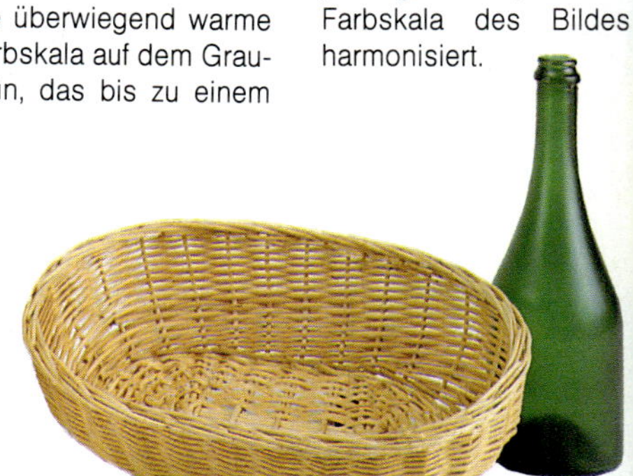

Abb. 107: Stilleben mit Blumen als Pastell, das das in Abbildung 106 Gesagte bekräftigt: Blumen bringen zusammenfügende Harmonie ins Bild. Beachten Sie die überwiegend warme Farbskala auf dem Graugrün, das bis zu einem gewissen Punkt dazu komplementär ist. Der Kontrast zwischen den Rosa- und Orangetönen und dem Grün wird durch die Farbe des Papiers gemildert, das die Farbskala des Bildes harmonisiert.

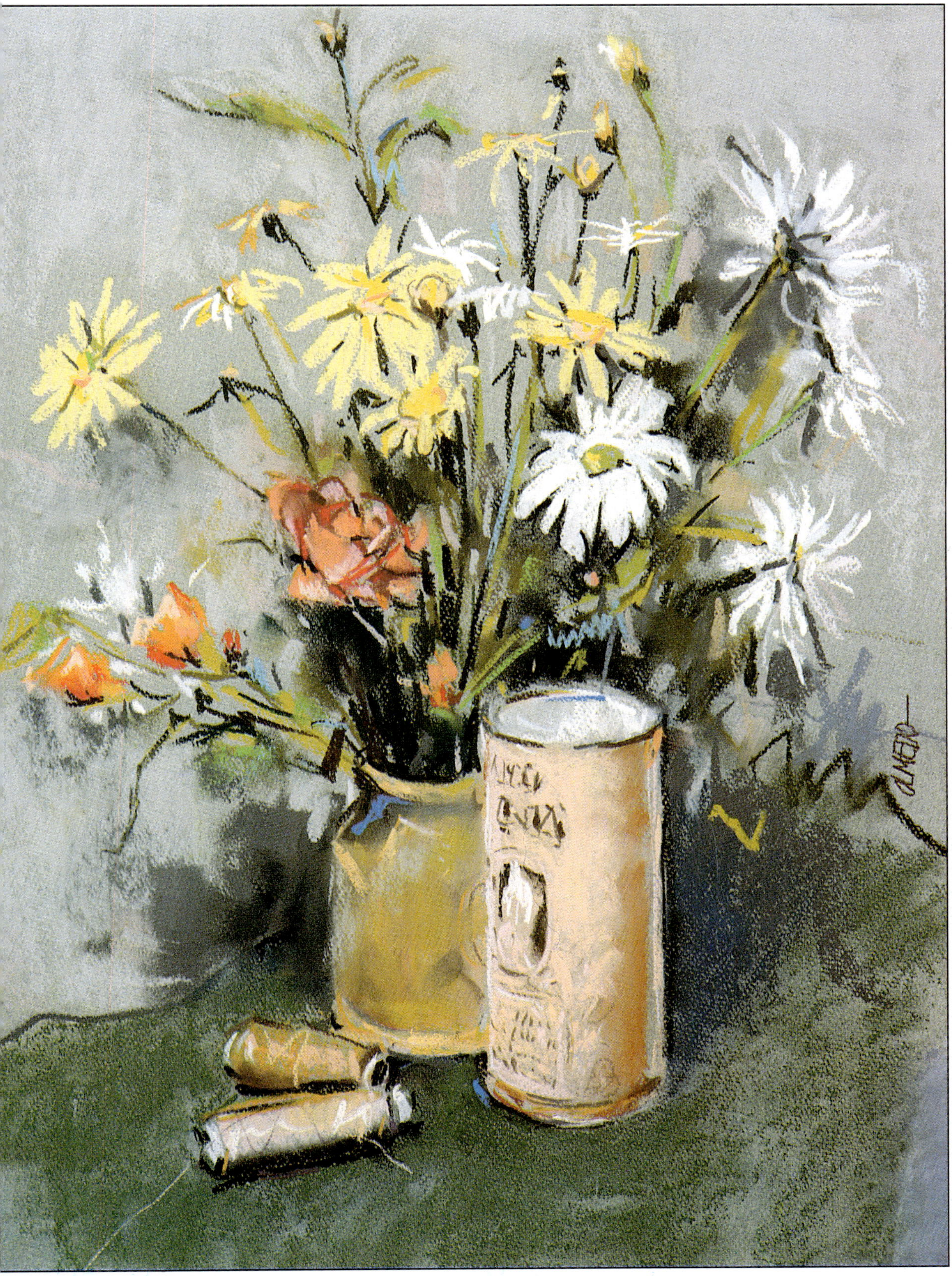

Die Landschaft

Die Landschaft erscheint erst zu Beginn des 17. Jahrhunderts mit Hobbema in Holland und Ruisdael in Deutschland als eigenständiges Bildmotiv. Ab dem 18. Jahrhundert tauchen große Landschaftsmaler in England und Frankreich auf (Constable, Vernet und Fragonard), die mit ihrer Farbigkeit und der absoluten Beherrschung der Perspektive die Landschaft als „großes Thema" der Malerei durchsetzen.

Seit den Impressionisten (Pissarro, Cézanne, Monet) ist die Landschaft vermutlich das meist behandelte Thema. Allerdings ist nicht zu leugnen, daß unter den Landschaftsmalern eine klare Vorliebe für das Aquarell und die Ölfarben herrscht, so daß man beinahe erstaunt ist, ein Landschaftsbild mit Pastellfarben zu sehen. Trotzdem bieten die Pastellkreiden ebenso wie die Aquarell- und Ölfarben zahlreiche Möglichkeiten.

Die Landschaft sollte wie die Gestalt „interpretiert" und nicht nur „reproduziert" werden. Der geborene Landschaftsmaler entschließt sich normalerweise für die mehr oder weniger realistische Interpretation eines Stücks Landschaft. Doch diese Realität kann sich in eine völlig andere Landschaft verwandeln, wenn sie durch den Künstler gestaltet wird. Häufig geht es dem Landschaftsmaler darum, sein Thema zu „entdecken" und als Ausgangspunkt für einen eindeutig mentalen Prozeß zu verwenden.

Unsere belebten farbenfrohen Straßen, Plätze und Märkte sind ein ständiger Anreiz, den der Landschaftsmaler mit dem Block in der Hand aufgreifen und in Form von Farbskizzen mit Aquarellfarben festhalten sollte, um sie später in der Ruhe des Ateliers in wirkliche Gemälde zu verwandeln.

Natürlich stellt die Landschaft das eigentliche große Atelier des Landschaftsmalers dar. Der Künstler zieht gern mit seinen Siebensachen hinaus in Gottes freie Natur und ist immer bereit, seine Staffelei aufzustellen und ein neues Landschaftsbild zu beginnen. Die Arbeit in der freien Natur (oder mitten auf der Straße) besitzt einen spontaneren Charakter als das im Atelier geschaffene Werk, bei dem alles stark vorbereitet wird. Aus diesem Grund können und dürfen unsere Landschaftsbilder nach der Natur ein mutigeres, intuitiveres und nicht so ausgetüfteltes Finish bekommen als die Atelierarbeiten.

Abb. 108: Eine Landschaft muß man nicht unbedingt „abmalen", man kann sie auch interpretieren. Die Perspektive kann bei der Erfassung des natürlichen Umfeldes oder seiner formalen Umwandlung ein gutes Hilfsmittel darstellen.

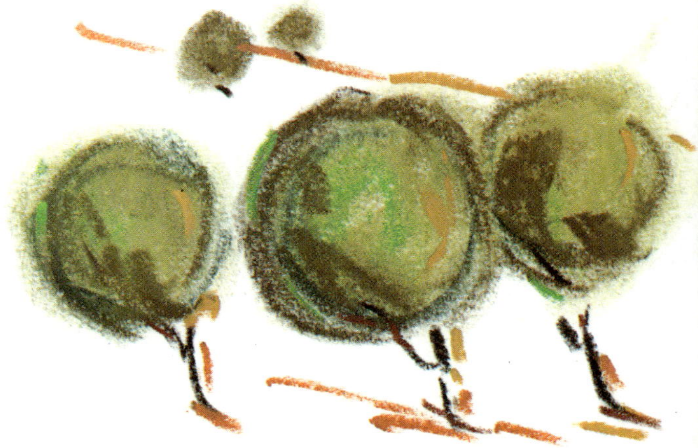

108

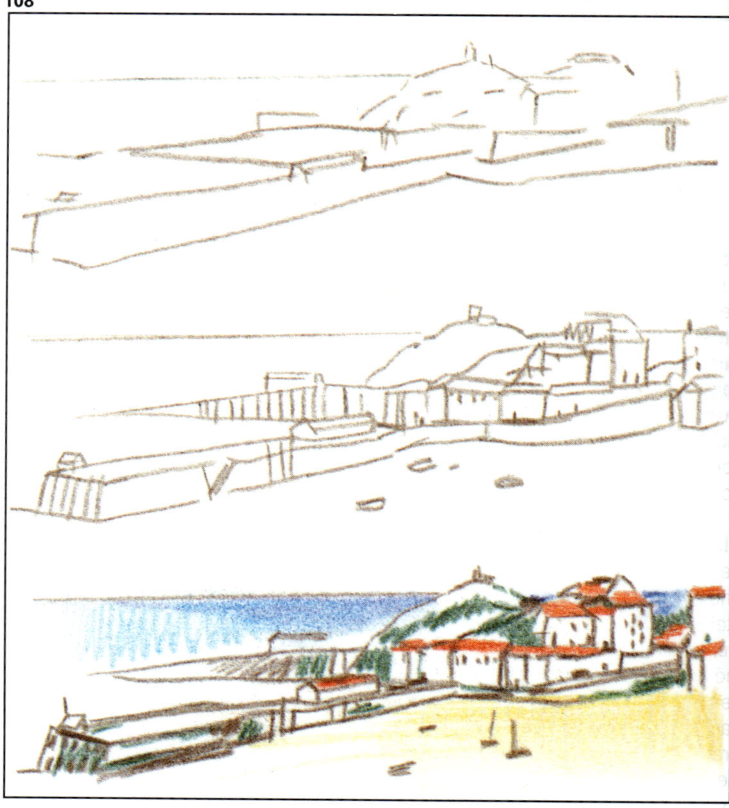

109

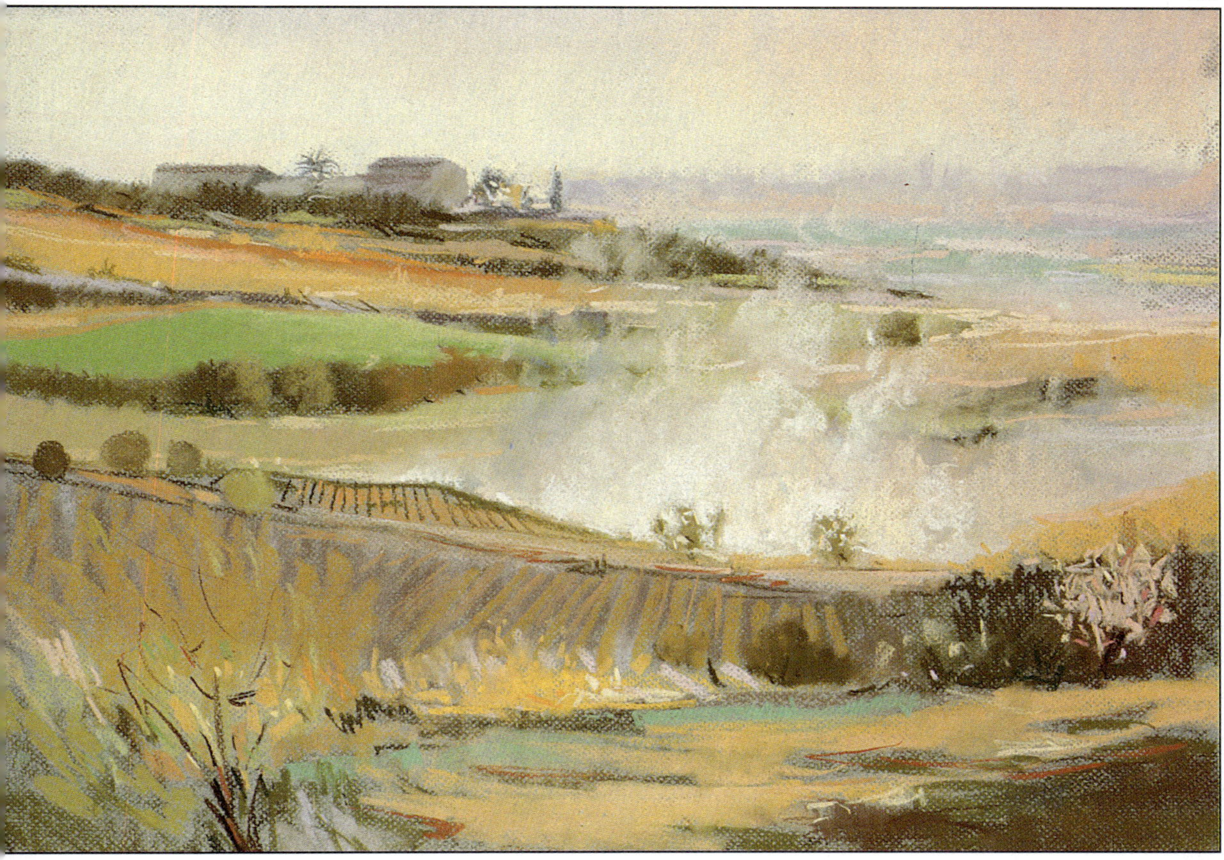

110

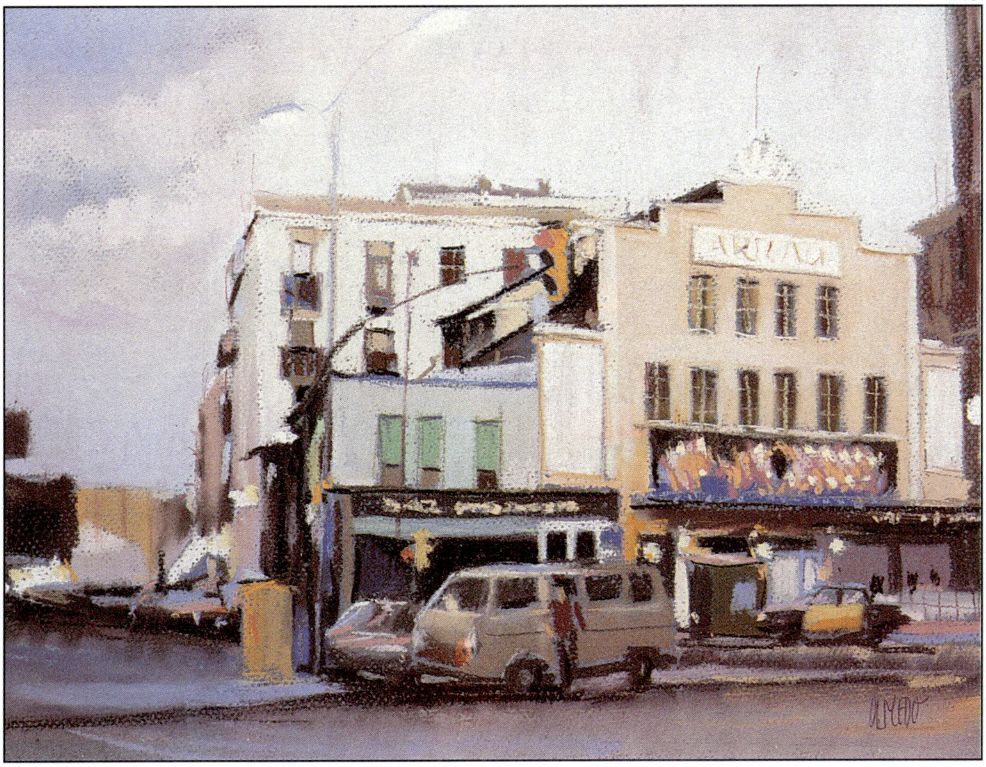

bb. 109: Mit dieser of-
nen Landschaft, bei
er der Horizont mit der
tmosphäre und dem
immel verschmilzt,
igt der Autor dieses
uches eindeutig, daß
ch Pastellkreiden her-
orragend für die Land-
chaftsmalerei eignen.

bb. 110: Eine Stadtsze-
e. Hier ein weiteres
hema, bei dem die Pa-
tellkreiden alle ge-
ünschten Ausdrucks-
öglichkeiten liefern:
euchtkraft, Impastos,
arbnuancen sowie
raft, um auch die ver-
egendsten Kontraste
u schaffen.

Das Seestück entwickelt sich in der Kunstgeschichte parallel zur Landschaftsmalerei. Das Meer und alles, was mit ihm zusammenhängt, stellt eine Quelle der Inspiration dar, die zu allen Zeiten außerordentlich viele Künstler gereizt hat. Große Aquarellmaler wie Turner haben sich für dieses Thema begeistert. Die Handels- und Sporthäfen weisen eine Stimmung mit großem Farbenreichtum auf, die unzählige Motivausschnitte ermöglichen. Der Handelshafen ist ein großartiges Thema; er erfordert jedoch eine sichere Kenntnis der Perspektive, ein gutes Kompositionsgefühl, ein Gespür für den richtigen Ausschnitt und nicht zuletzt die Fähigkeit, gute Vorzeichnungen herzustellen.

Ein Boot zu zeichnen, ist zum Beispiel gar nicht so einfach, wie es aussieht. Probieren Sie es selbst! Ferner müssen wir bei einem Hafenthema mit zahlreichen unterschiedlichen Schiffen in der Lage sein, der „Gefahr des Details" auszuweichen und alles Überflüssige fortzulassen, um nicht in einen Wirrwarr von Pfählen, Leinen, Tauen und Fischereigeräten zu geraten.

Eine weitere Schwierigkeit kann sich durch die Reflexe und die Verdoppelung der Formen und Farben ergeben, die sich mehr oder weniger deutlich auf der Wasseroberfläche spiegeln. Es ist auch nicht ganz einfach, die Empfindungen eines grauen Tages wiederzugeben und die ganze Melancholie auszudrücken, die er erzeugt. Oder das blendende Licht eines kleinen Mittelmeerhafens wie den auf unserer Abbildung. Beide Themen und weitere „Zwischenstadien" sind wegen ihrer Lebhaftigkeit und Subtilität geeignete Motive für die Pastellmalerei.

Für alle Künstler, die weit entfernt von der Küste leben, gibt es eine Ersatzlösung: die Fotografie, mit deren Hilfe man Seestücke „aus der Entfernung" malen kann. Die Fotografie eignet sich vorzüglich als Modell, vorausgesetzt, der Maler strebt eine persönliche Interpretation des Themas an.

Abb. 111 und 112: Häfen sind ein gutes Thema für die Pastellmalerei. Das herrliche Beispiel auf der rechten Seite ist dafür der eindeutige Beweis. Beachten Sie den Kontrast zwischen den violettstichigen und den gelben Tönen (Komplementärfarben), der den Eindruck eines kräftigen, lebhaften Bodens vermittelt.

111

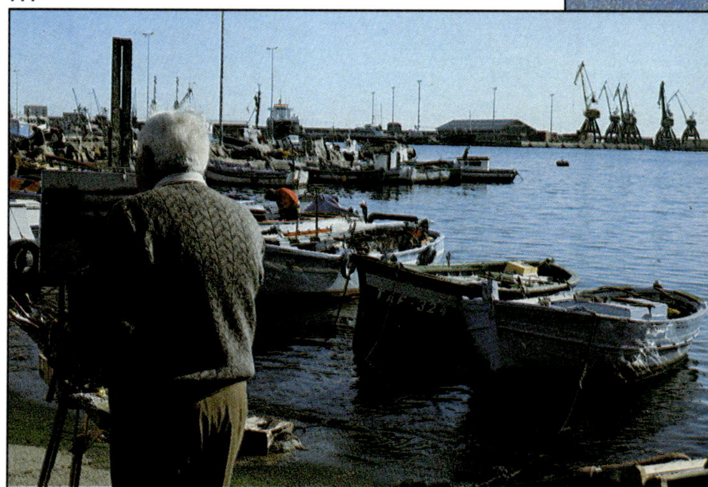

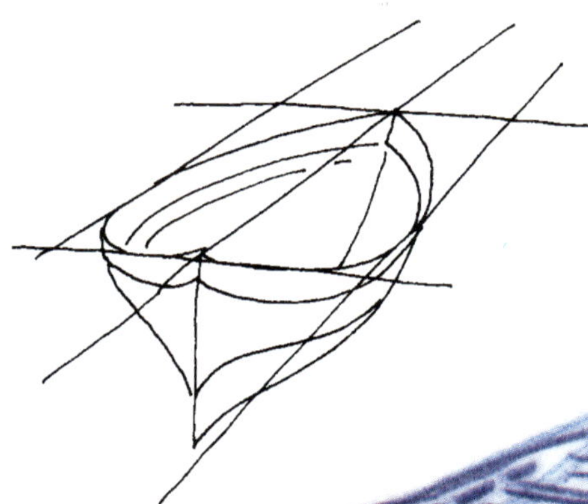

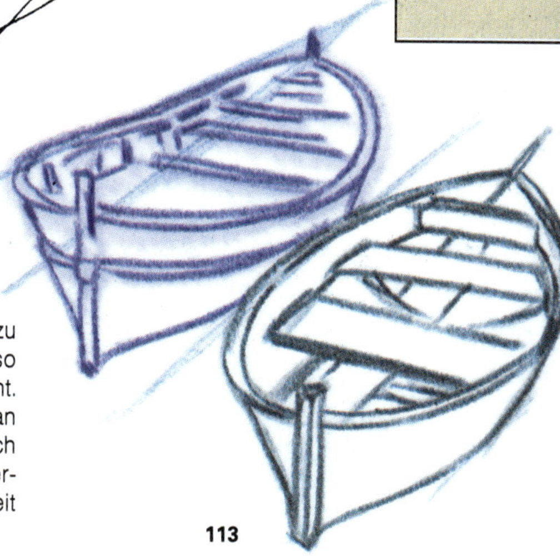

Abb. 113: Ein Boot zu zeichnen, ist nicht so einfach, wie es scheint. Berücksichtigt man beim Einrahmen jedoch die Grundlagen der Perspektive, wird die Arbeit erheblich erleichtert.

113

112

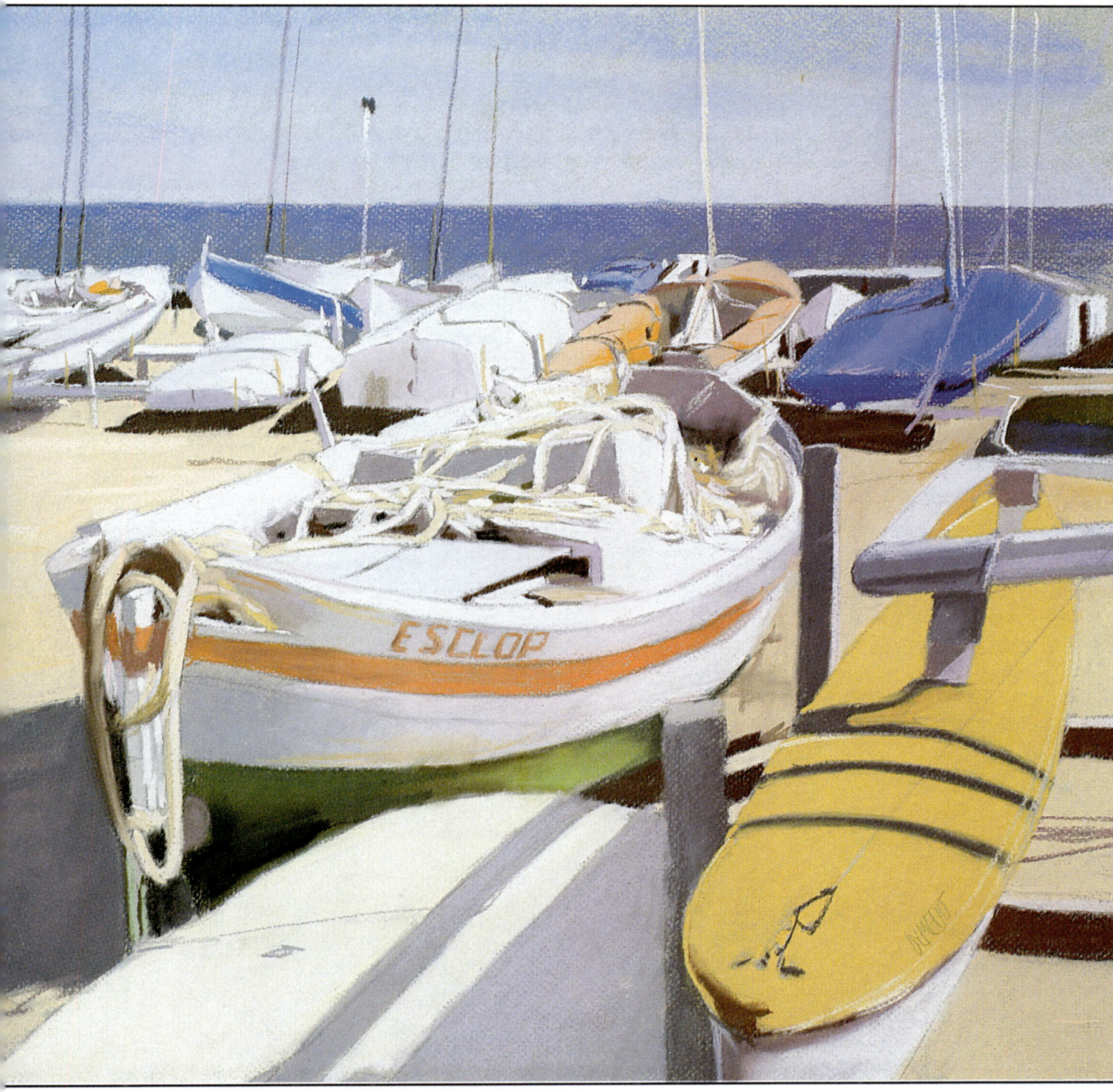

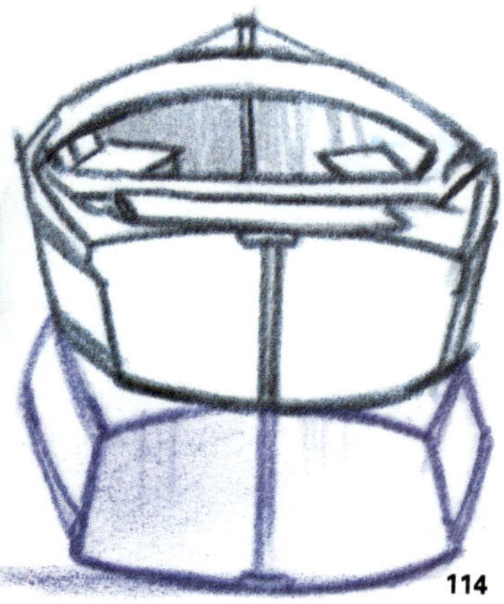

114

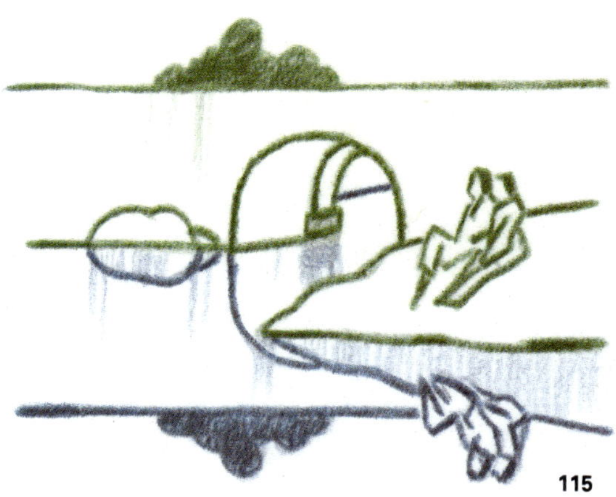

115

Abb. 114 und 115: Die Spiegelung auf der ruhigen Wasseroberfläche ergibt ein gleiches, wenn auch umgekehrtes Bild der Gegenstände. Beachten Sie, daß die Höhe der Brücke sich von der Wasserlinie nach unten wiederholt. Auch das Heck des Bootes verdoppelt sich nach unten.

Mit halbgeschlossenen Augen

„Alles, was nicht unbedingt erforderlich ist, ist schädlich“, sagte der französische Maler Charles Durand (1837–1917) – besser bekannt unter seinem Pseudonym Carolus – zu seinen Schülern. Er wollte sie damit auf die Gefahr hinweisen, in die der Künstler gerät, wenn er sich zu stark bei den Einzelheiten aufhält. Nicht daß alle Einzelheiten von Übel wären. Sie werden es jedoch, wenn man vergißt, daß die gute Zeichnung oder das gute Gemälde eine Synthese erfordern. In der Praxis braucht uns von einem Modell nur zu interessieren, was wir noch mit halbgeschlossenen Augen erkennen. Dann erhalten wir ein unscharfes Bild, in dem alles Überflüssige zurücktritt. Wir erkennen nur die großen Volumen und die großen Farbflecken. Behalten wir beim Zeichnen der Struktur des Themas eine gewisse Spannung der Augenlider bei, schließen wir die Einzelheiten aus, die uns zu Beginn unserer Arbeit nur Schwierigkeiten bereiten würden.

Es geht also darum, eine Vereinfachung der beobachteten Wirklichkeit zu erhalten, auf deren Grundlage wir das Thema mit den absolut notwendigen Einzelheiten vervollständigen können. Eine solche Vereinfachung ist nicht immer leicht zu erreichen. Sie erfordert ein mentales Bemühen um die Anordnung und Bewertung der Blökke. Führen wir dies mit halb geschlossenen Augen durch, lernen wir, die Formen zusammenzufassen und nicht in übermäßig klare Lösungen zu verfallen. In der Kunst ist die Synthese eine Notwendigkeit und eine Garantie für Eleganz. Nach Manet, dem großen Bewunderer der Schlichtheit, „macht uns der bündige Mensch nachdenklich, während uns der geschwätzige langweilt“. Übertragen wir diesen sprachlichen Vergleich auf den Ausdruck mit Formen und Farben, und zwingen wir uns, unsere Aussage nüchtern und elegant zu halten.

Abb. 116: Es ist ganz natürlich, daß sich der unerfahrene Künstler angesichts eines Modells in zahlreichen Einzelheiten mit unzähligen Formen verliert. In solch einem Fall muß man das Wesentliche vom Unwesentlichen unterscheiden lernen. Eine gute Möglichkeit dazu bietet die Betrachtung mit halb zusammengekniffenen Augen. Siehe nächste Seite.

116

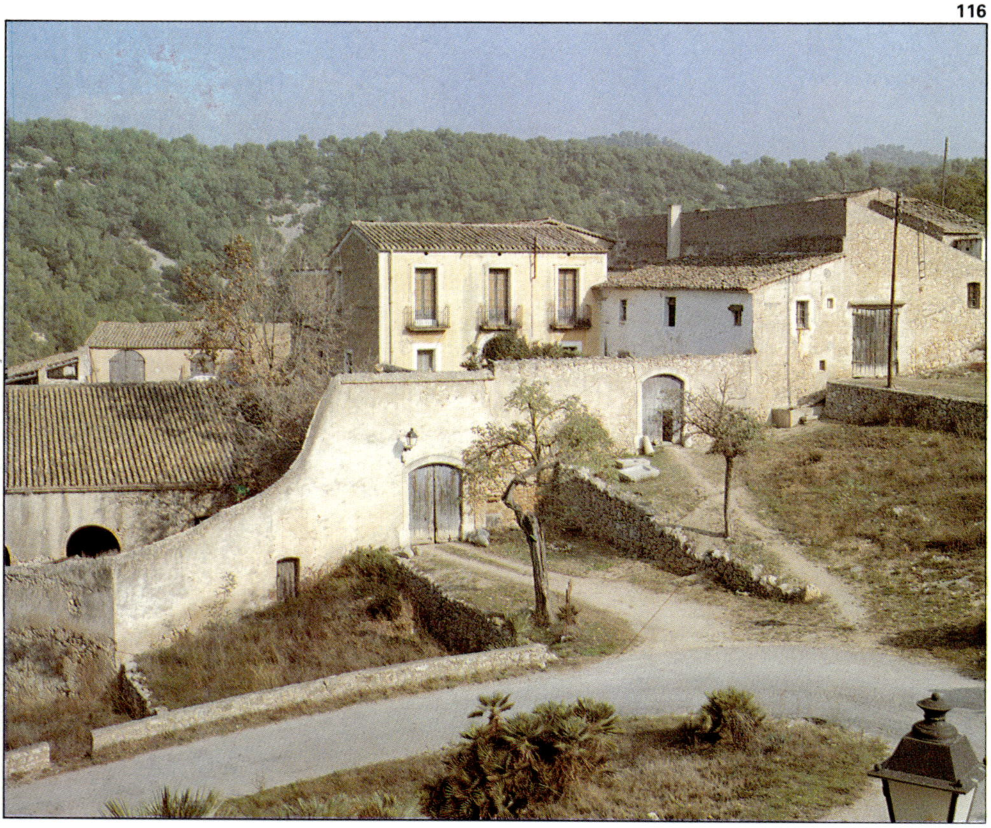

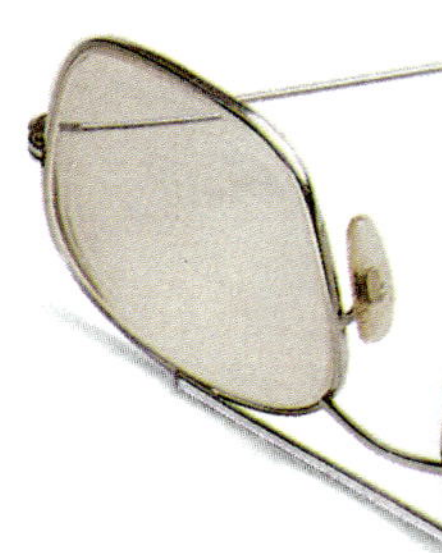

Abb. 117: Dasselbe Fo-
omotiv wie zuvor, je-
doch unscharf aufge-
ommen. Nachdem die
ahlreichen Einzelheiten
erschwunden sind,
leibt nur das vom
ünstlerischen Stand-
unkt Wichtigste: die
arbflecken, also die
roßen flachen Farbzo-
en, die die eigentliche
Struktur des Bildes aus-
nachen.

117

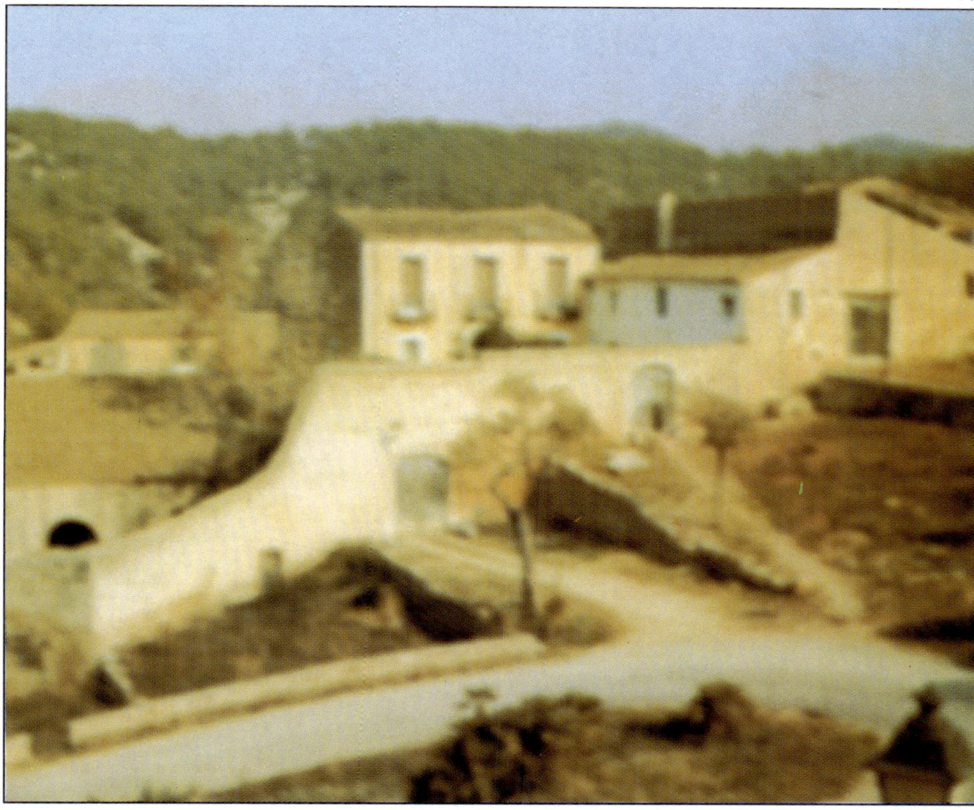

18

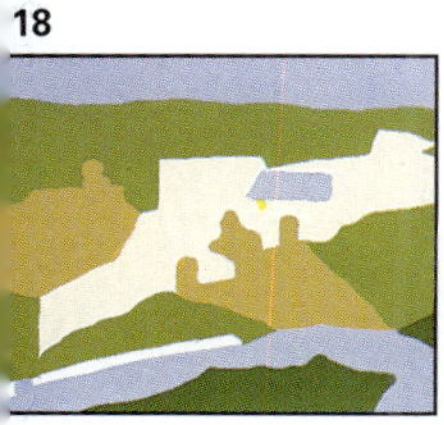

119

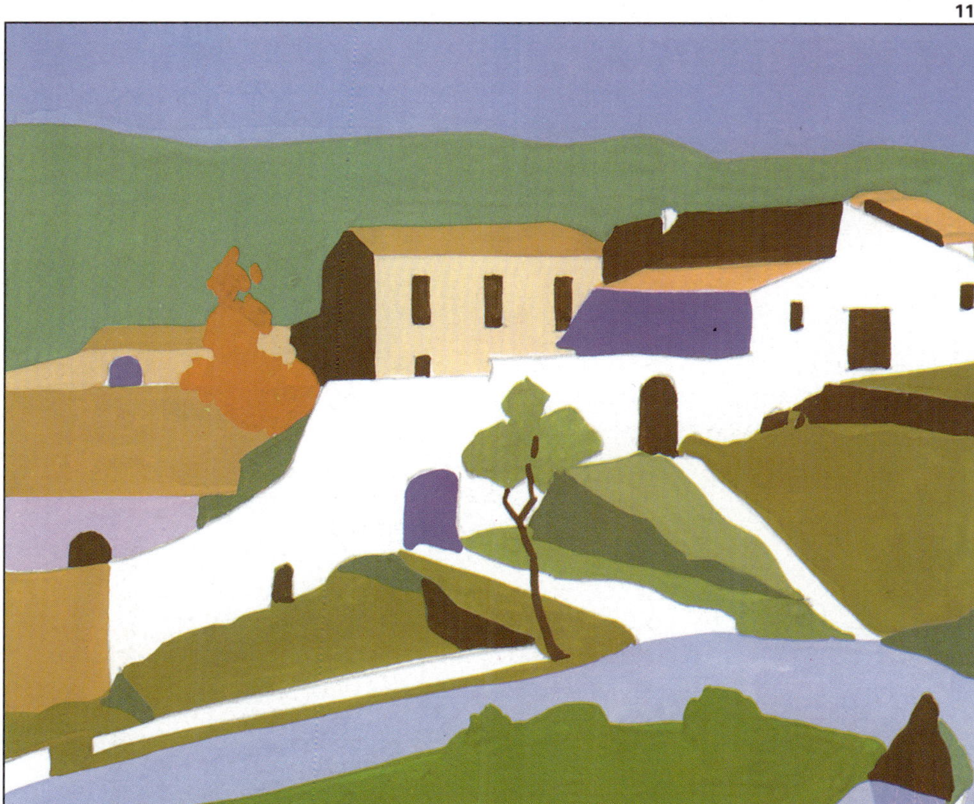

Abb. 118 und 119: Ein
weiterer Schritt zur Ver-
einfachung kann solch
eine Studie mit der Zu-
sammenfassung der Flä-
chen und Kontraste dar-
stellen.

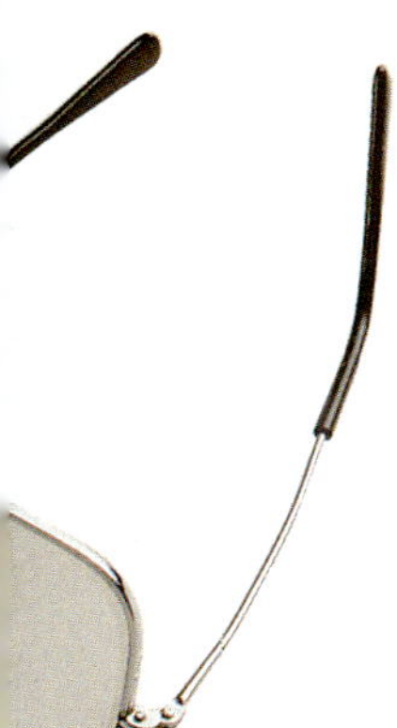

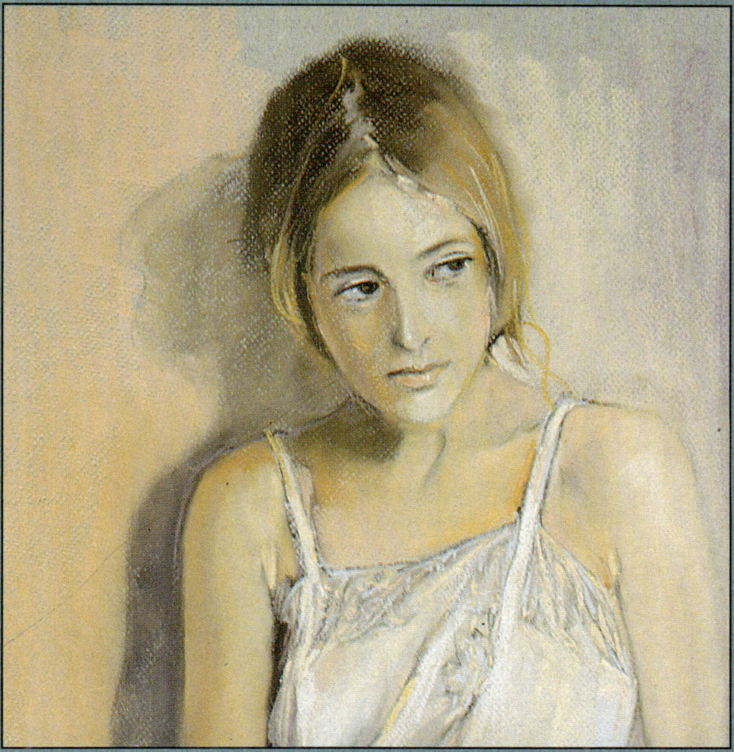

Die Pastellkreiden in der Praxis

Erstes Stadium: Vorzeichnung

Entschuldigung, aber ich muß mit dem Modell sprechen. Während ich der jungen Frau Anweisungen gebe, damit ihre Pose mit meinen Vorstellungen übereinstimmt, können Sie die Zeit nutzen und Ihr Material bereitlegen: ein graues Blatt Papier vom Typ Canson (50 × 70 cm), einen Pastellstift in Umbra gebrannt, Radiergummi, Lappen oder Zellstoffpapier und später den Kasten mit den Pastellkreiden, der in unserem Fall die warme Farbskala für die Fleischfarben enthalten muß. Befestigen Sie das Blatt Papier auf einem Zeichenbrett, stellen Sie dieses auf die Staffelei etc.

Betrachten Sie nun das Modell. Herrlich jung, nicht wahr? Außerdem ist es mir gelungen, eine elegante Pose für sie zu finden, ohne die geringste Spur von erotischer Aggressivität. Und ich kann Ihnen versichern, daß das nicht einfach ist.

Farbiges Papier (grau/beige) habe ich gewählt, weil ich mich von den ersten Strichen an innerhalb eines harmonischen Ganzen bewegen möchte, in dem kein Mißton zu finden ist.

Auch für die Zeichnung werde ich eine warme Farbe benutzen. Ich arbeite mit einem Pastellstift in Umbra gebrannt.

Zunächst muß ich mit den ersten Strichen meiner Umrahmung den Rhythmus erfassen, den ich in der Pose entdecke.

In diesem Fall ist deutlich eine L-förmige Komposition zu erkennen. Das L verbirgt sich hinter der Delikatesse des Themas: Es beginnt mit dem leicht geneigten Kopf und umschließt den Oberkörper, der ihm Bewegung verleiht, und setzt sich mit dem rechten Arm fort, der mit einem Blumenstrauß abschließt. Blumensträuße sind eine große Hilfe bei der Komposition, denn Frauen und Blumen lassen sich immer gut verbinden. Der Schoß des Modells dient als Grundlage für den Aufbau der Gesamtthematik. Diese Überlegungen, die sich aus meiner visuellen Analyse des Modells ergeben und die ich während des gesamten Zeichnens beibehalte, bestimmen die Bewegung meines Stiftes. Wer glaubt, daß das Modell für den Maler etwas Magisches an sich hat, hat nicht die geringste Ahnung davon, was ein Künstler ist.

Die Erfahrung hat mir gezeigt, daß ich zu Beginn der Arbeit nicht ungeduldig werden darf. Ich weiß sehr wohl, daß die modellgetreue Vorzeichnung einschließlich der Gesichtszüge am Ende die größte Zeitersparnis mit sich bringt. Das gilt insbesondere für meine Art des Malens mit Pastellfarben, bei der die Zeichnung, wie Sie noch sehen werden, nicht verlorengeht, sondern während des gesamten Verfahrens sichtbar bleibt.

Auf der Grundlage dieser Zeichnung arbeite ich nun weiter.

120

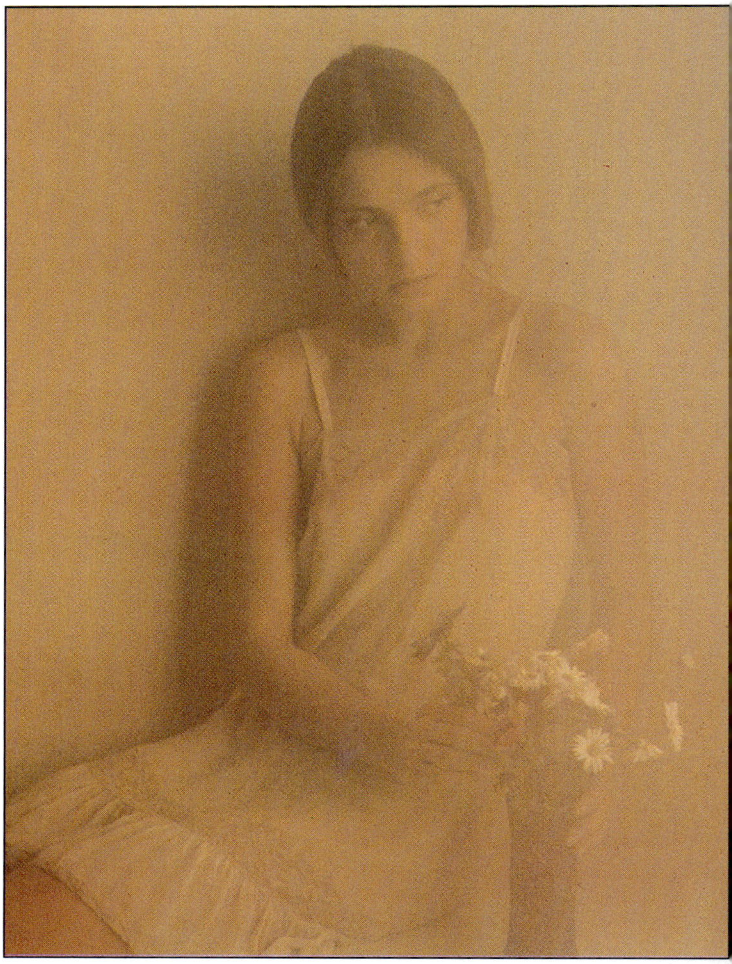

Abb. 120: Posierendes Modell. Es kann viel Zeit erfordern, bis der Künstler die Pose gefunden hat, die mit seiner Vorstellung übereinstimmt.

Abb. 121: Die Erfahrung hat mich gelehrt, daß eine gute Vorzeichnung die beste Garantie für ein gelungenes Bild bietet. Deshalb widme ich der Einrahmung und dem nachfolgenden Aufbau immer ausreichend Zeit.

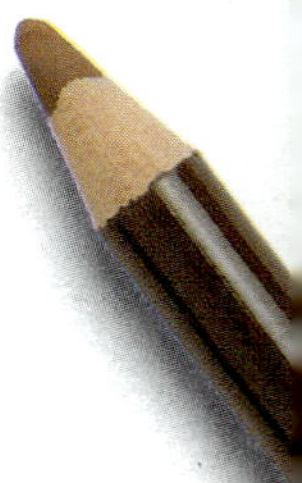

121

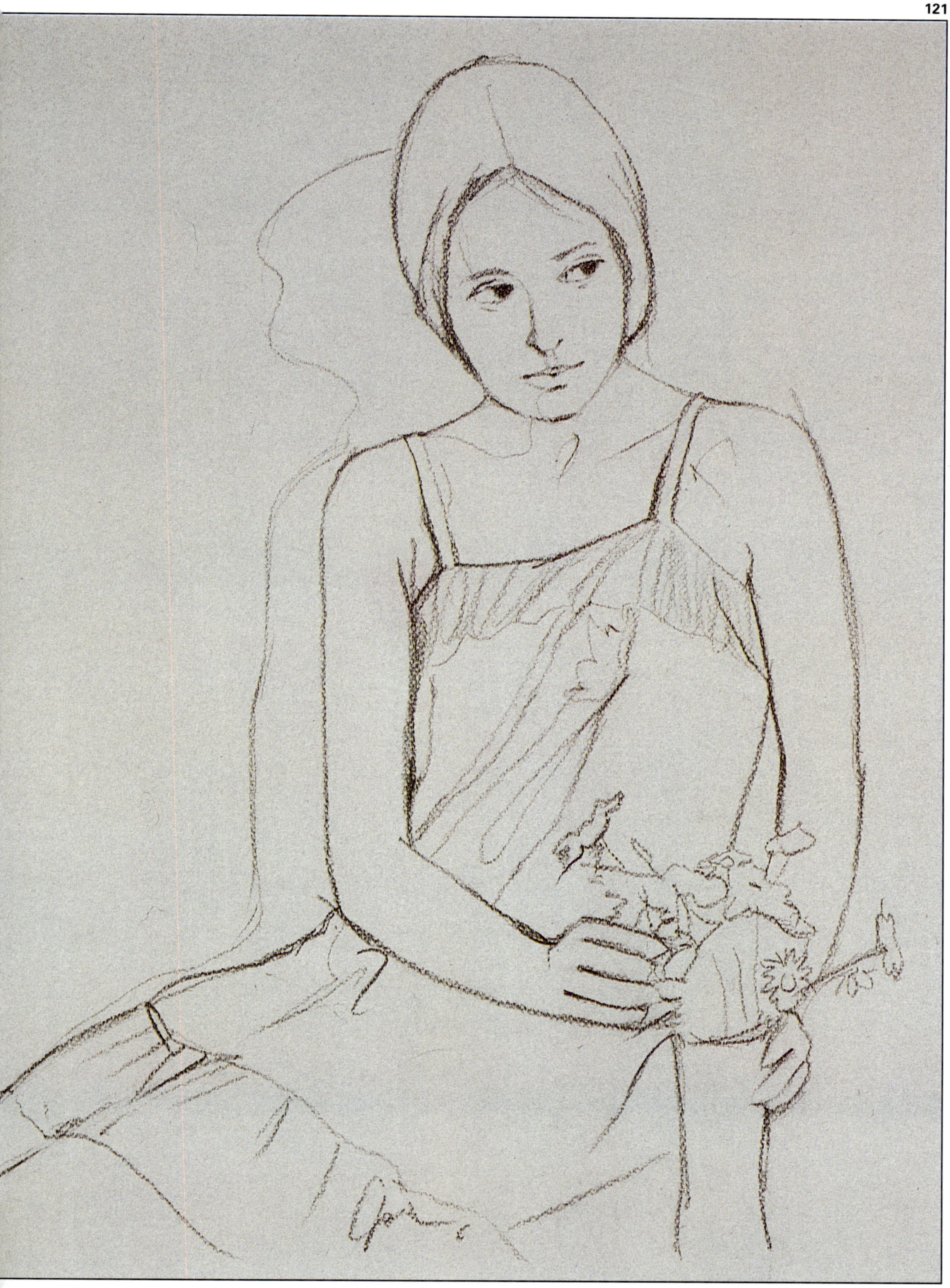

Zweites Stadium: Farbanlage

Der Augenblick ist gekommen, mit Farbe zu arbeiten und das Bild farbig zu gestalten. Das heißt, wir konkretisieren unsere erste farbliche Vorstellung des Werkes.

Ich darf das Modell nicht nur hinsichtlich seiner Formen untersuchen, sondern muß gleichzeitig seine Farben studieren. Aufgrund der Beleuchtung ergeben sich einige gut abgegrenzte Flächen: Die helle Färbung auf der rechten Körperhälfte, das stärkere Rosa im mittleren Bereich und der dunkle Ton im Schatten liefern mir die Andeutung von Volumen. Ferner erhält der Unterrock einen Elfenbeinton.

Aus diesen Beobachtungen folgt, daß ich drei Fleischfarben benötige: eine sehr helle (beinahe weiß) und zwei weitere dunklere mit großen farblichen Unterschieden.

Jetzt werde ich mit Hilfe der Stäbchen und sehr kleinen Strichen bestimmte Zonen der Zeichnung mit den zuvor ermittelten Farben ausfüllen. Ich decke die Fläche mit breiten Strichen ohne übermäßige Sorgfalt ab, berücksichtige jedoch die Grundlinien meiner Zeichnung.

Diese breiten, weichen „Pinselstriche" decken die Farbe des Untergrunds nicht völlig ab, so daß ich sie mit den Fingern verstreichen und die gesamte kolorierte Fläche ausgleichen muß.

Obwohl der Körper des Modells das eigentliche Thema meines Bildes sein soll, darf ich weder den Untergrund noch die Blumen rechts außer acht lassen; denn sie sind integrierte Bestandteile des Ganzen und sollen einen Farbrahmen für die Gestalt abgeben. Dabei dürfen sie die Harmonie natürlich nicht stören, sondern sollen im Gegenteil den Gesamtakkord mit den neuen tonalen Akzenten bereichern.

Merken Sie, daß ich ein Musikliebhaber bin? Gerade habe ich die Farbe des Unterrocks mit zwei Rosatönen angedeutet, um dem Glanz des Stoffes Nachdruck zu verleihen. Vier Striche in Richtung der Falten und – fertig!

Anschließend befasse ich mich mit Siena gebrannt und unregelmäßigen Strichen mit dem Haar. Ich kann der Versuchung nicht widerstehen und deute mit drei Tupfern Ocker und etwas Siena den Glanz an, den ich im Scheitel bemerke. Abschließend lege ich noch den Hintergrund an. Ich wähle dafür eine etwas wärmere Skala, die einen Kontrast zur Gestalt bildet.

Habe ich „abschließend" gesagt? Nun, wohl nicht ganz; denn ich will noch einige Tupfer Weiß auf die Umrisse des Gesichtes und der Wangenknochen sowie vier weiße Strähnen auf das Haar legen.

122

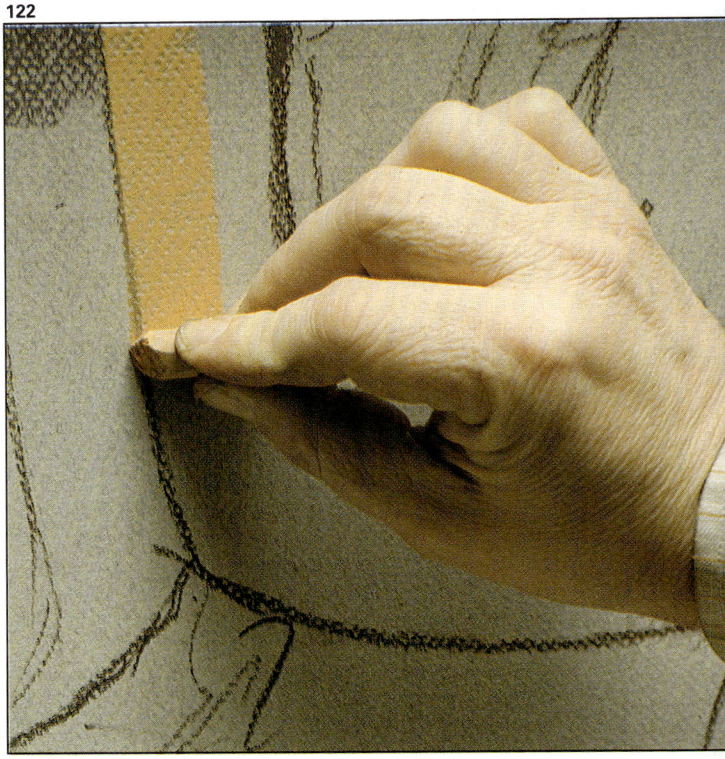

Abb. 122: Anlage der Farben. Ich beginne, jede Fläche des Bildes mit den Pastellkreiden auszumalen, und achte sorgfältig darauf, daß ich die Linien nicht überschreite.

Abb. 123: Hier mein Werk nach Abschluß der Anlage der Farben. Beachten Sie, daß die Vorzeichnung nicht völlig darunter verschwindet. Dies ist ein besonderes Merkmal meiner Malweise.

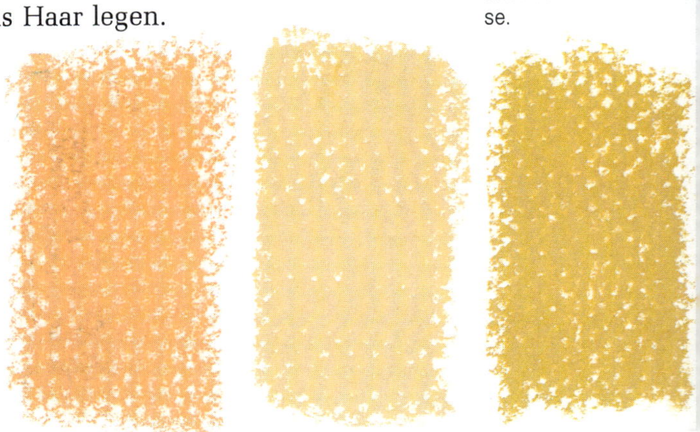

123

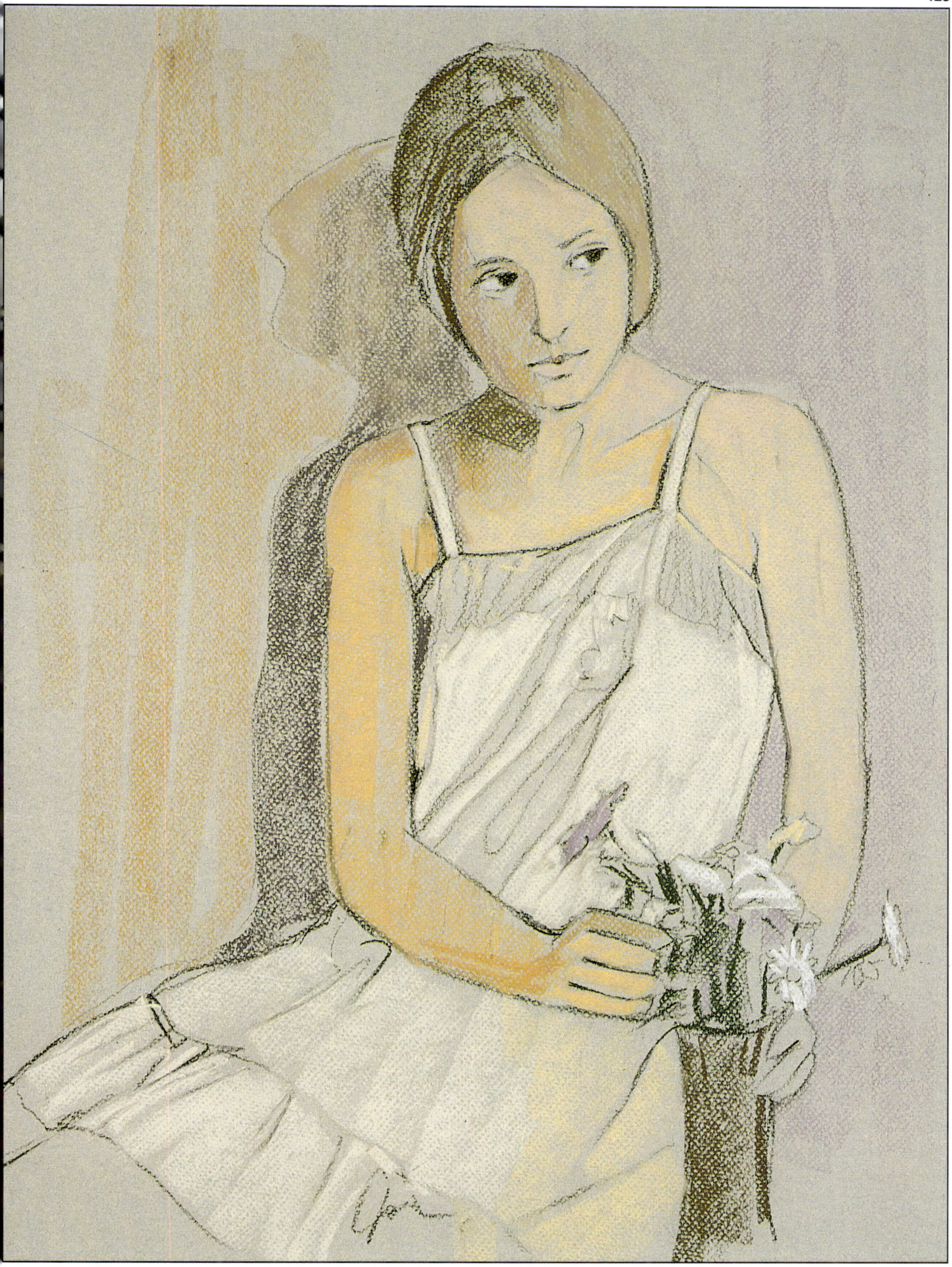

Drittes Stadium: Bereicherung

Auf der Grundlage des vorigen Stadiums tritt nun jener Zustand ein, den ich als „schöpferisches Fieber" bezeichnen möchte. Der Künstler wird in eine Art Gnadenzustand versetzt, in dem alles gutzugehen scheint. So lassen sich mit einem Stück Pastellkreide, das mit Pulver einer anderen Farbe überzogen ist, außerordentlich nützliche kleine Striche anlegen, die die Farbgebung unseres Bildes erheblich bereichern. Ein weiteres Beispiel: Mußte man radieren, kann dadurch eine undefinierbare Farbgrundlage entstehen, die uns eine neue Farbskala eingibt. Nutzen Sie diese „Zufälligkeiten", sie gehören zum Handwerk des Malers.

Ist man jedoch ein „alter Hase" wie ich, weiß man sehr wohl, daß man sich von Zeit zu Zeit tunlichst fragen muß, aus welchem Grund man die Hand voller Pastellstücke hält, und sich vergegenwärtigen, welcher Dämon in jedem einzelnen steckt. In diesem „Gnadenstadium" kann die Intuition recht gut einige Spritzer Rationalität vertragen.

Nach all diesen Betrachtungen will ich versuchen zu erklären, wie der Farbenreichtum entstanden ist, der sich in meinem Bild zeigt.

Mit Lachsrosa (hell und dunkel) habe ich eine dicke Farbschicht auf den Unterrock gelegt, und zwar mit den Fingern und den Stäben. Die linke Seite habe ich mit Karminstrichen abgeschattet, die die Tiefenwirkung betonen. Mit feinen weißen Strichen wurde der Glanz der Falten betont.

Ich wollte einen größeren Kontrast zwischen der Gestalt und ihrer Unterwäsche schaffen und habe daher zahlreiche Orangetupfer an die Begrenzung des Leibs gelegt. Da mir der rechte Arm nicht gefiel, hob ich ihn mit Ocker, Siena und Weiß hervor, letzteres für die Spitzlichter.

Beachten Sie nun die Fleischtöne. Außer den orangefarbenen Tönen erkennen Sie, daß ich die hellsten Zonen (Hals, Deltamuskel, linker Busen, rechter Arm, Umriß des Gesichtes, Wangenknochen) verstärkt habe. Dies ist der Anblick, zu dem man die höchstmögliche Wirkung erzielen muß. Das Relief der Falten im Unterrock und die gesamte Bereicherung der Farben wird sowohl mit Hilfe der Pastellstäbe erzielt als auch mit dem kleinen Finger, mit dem man die Farbe abhebt und an anderer Stelle wieder aufträgt.

124

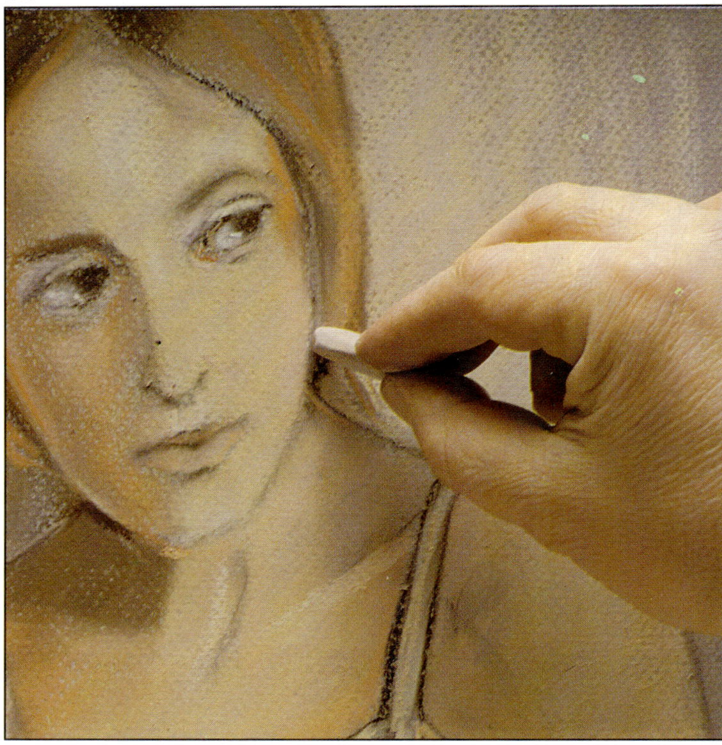

Abb. 124: Ich bearbeite das Impasto der hellen Zone, vor allem am Hals. Bei den Pastellkreiden versteht man unter einem Impasto die Ansammlung einer großen Farbmenge, die stark in die Struktur des Papiers eindringt.

Abb. 125: Mein Werk nach Abschluß des dritten Stadiums. Der große Farbenreichtum ist unübersehbar.

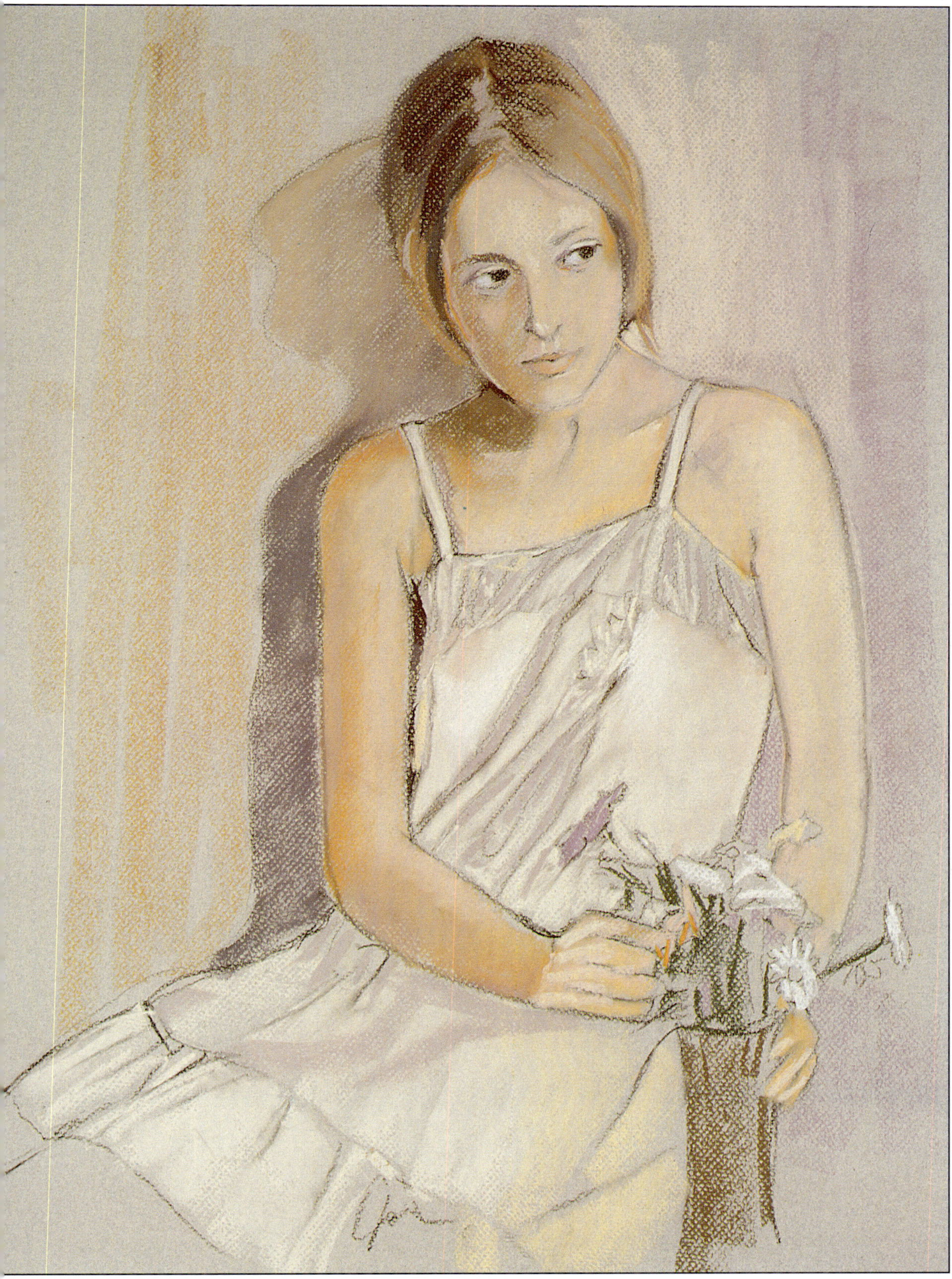

Viertes Stadium: Verwischen

Jetzt möchte ich mit dem Verwischen beginnen. Das soll jedoch nicht im entferntesten heißen, daß ich die Zeichnung zerstören werde, die ich während der vorigen drei Etappen mit soviel Beharrlichkeit beibehalten habe.

Wenn ich meine Pastellbilder verwische, dann in der Absicht, ihnen die Härte zu nehmen, damit die Formen innerhalb der übermäßig scharfen Umrisse nicht erstarren.

Vergleichen Sie bitte Abbildung 126 mit Abbildung 127.

Ich habe die schwarzen Striche mit den Fingern kräftig verwischt, um das Haar duftiger, ja ätherischer zu machen.

Beim Verwischen der Umrisse der Arme und einiger übermäßig deutlicher Striche habe ich eine etwas geheimnisvollere Wirkung angestrebt; denn diese Striche verschwinden nicht völlig, sondern bleiben angedeutet. Unser Bild erhält somit durch Verwischen und Mischung der Farben eine ganz bestimmte Atmosphäre.

Wir malen weiter und benutzen das Bild, als handle es sich um eine Palette. So übertragen wir die rötlichen Töne des Unterrocks mit dem kleinen Finger auf die Wangen, die Brüste, den Schatten des rechten Arms etc.

Zum Malen großer Zonen wie den Hintergrund benutzen wir in diesem Stadium alle Finger der Hand. Es schien mir angebracht, dem Hintergrund einen lachsfarbenen Ton zu verleihen, der die Gestalt umschließt und für ein warmes Umfeld sorgt. Die Blumenvase muß ebenfalls etwas verwischt werden, damit einige intensivere Töne der Blüten stärker hervortreten. Mit ihnen geben wir den farblichen Schlußstrich an und erhalten ein unvollendet-vollendetes Werk mit genau der gewünschten Wirkung.

126

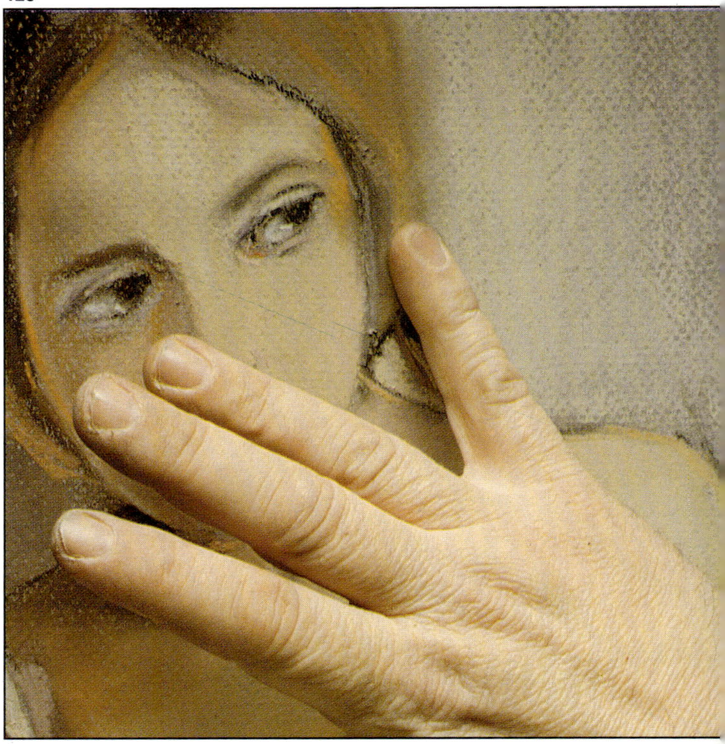

Abb. 126: In diesem Ausschnitt erkennt man das Verwischen der Farbe mit den Fingern während der Bearbeitung des Haars.

Abb. 127: Mein Bild nach dem Stadium des Verwischens. Die Umrisse der Zeichnung sind nicht mehr so hervorstechend wie in den vorigen Etappen, ohne jedoch völlig verschwunden zu sein.

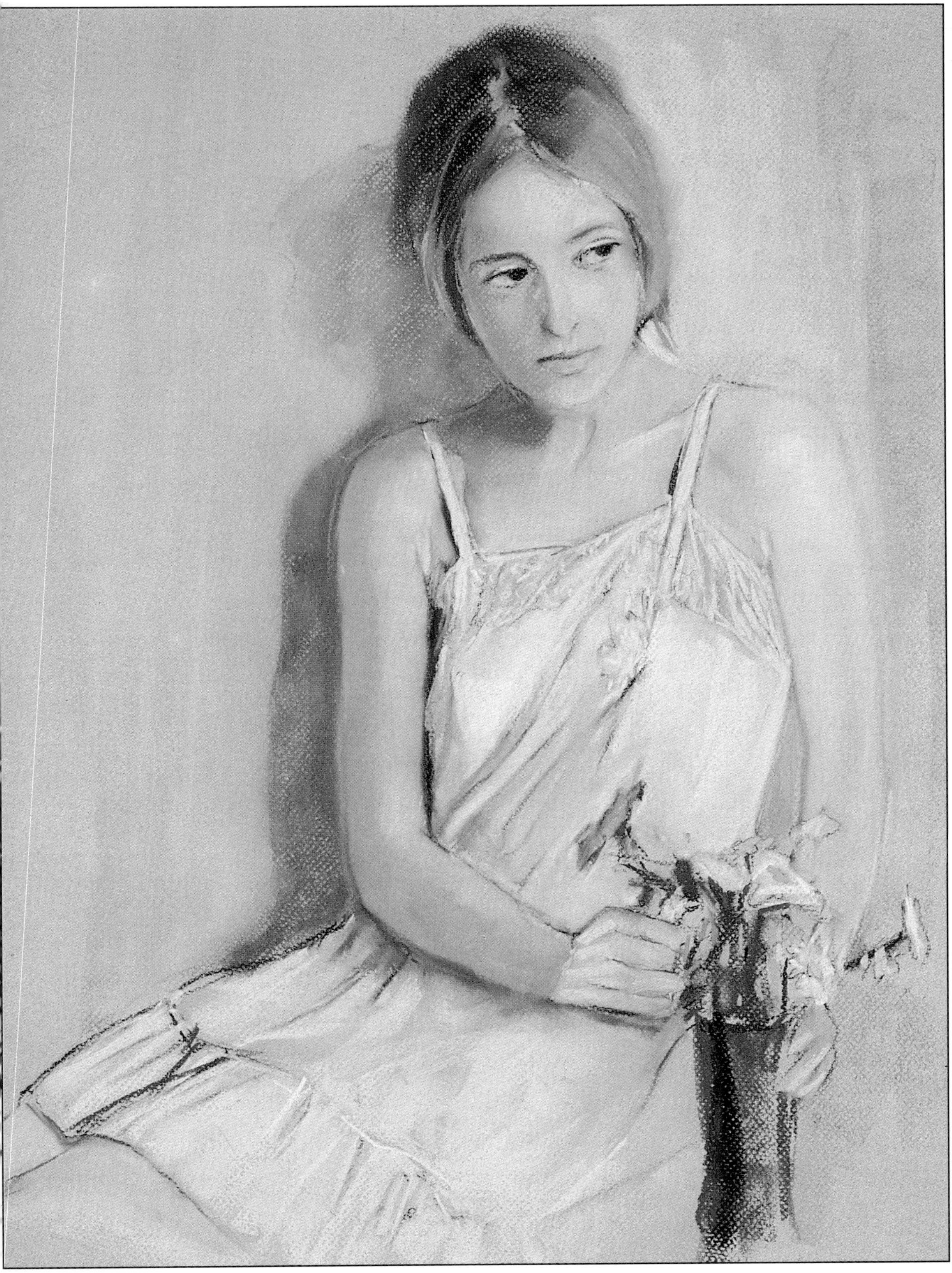

Fünftes Stadium: Abschluß

Immer wenn ich bei meinen Bildern das vorige Stadium erreicht habe, stellt sich mir die unausweichliche Frage: „Und was jetzt?“
Es ist ziemlich schwierig, festzustellen, wann man ein Bild als abgeschlossen betrachten kann und wann es noch weiterer Überarbeitung bedarf. Ich glaube, jeder gute Künstler hat sein eigenes Rezept, die Bilder nicht zu stark auszuarbeiten.
Es ist außerordentlich wichtig, ein Bild rechtzeitig zu beenden, damit aus einer weiteren Bearbeitung keine billige Effekthascherei wird. Das gilt für alle bildhaften Darstellungen, trifft jedoch ganz besonders für die Pastellmalerei zu, die eine enge Verbindung mit dem Papier eingeht und nur wenige sich überlagernde Schichten verträgt. Vergessen Sie niemals, daß Sie mit einem Farbpulver malen. Erst nach dem Fixieren kann eine gemalte Fläche mit viel Farbe überlagert werden, und selbst dann läuft man immer noch Gefahr, in eine Katastrophe zu geraten.
Deshalb beschränke ich weitere Aktionen nach dem Verwischen auf sogenannte Abschlußarbeiten an ganz bestimmten Stellen.
Bei der Gestalt, die mir jetzt fertiggestellt zu sein scheint, bestehen diese Abschlußarbeiten aus Farbtupfern im Haar und der Betonung des Weiß der Augen. Ferner verdeutliche ich den Glanz, verstärke den Hintergrund und die Farbtöne der Blumen und lege blaue Tupfer auf den weißen Stoff.
Da ich gerade die blaue Farbe erwähnt habe, möchte ich Ihre Aufmerksamkeit noch auf die himmelblauen Striche lenken (sie nehmen auf der Fleischfarbe einen Grünstich an), die ich auf die deutlichsten Stellen des Gesichtes und die größten Flächen gelegt habe. Dadurch erhalten die Fleischtöne vor allem bei einer Frau eine gewisse Morbidität. Aber Vorsicht, denn man tut hier leicht des Guten zuviel.
Habe ich mich verständlich gemacht? Konnten Sie mir folgen? Wichtig ist, daß Sie das Bemühen bemerkt haben.

128

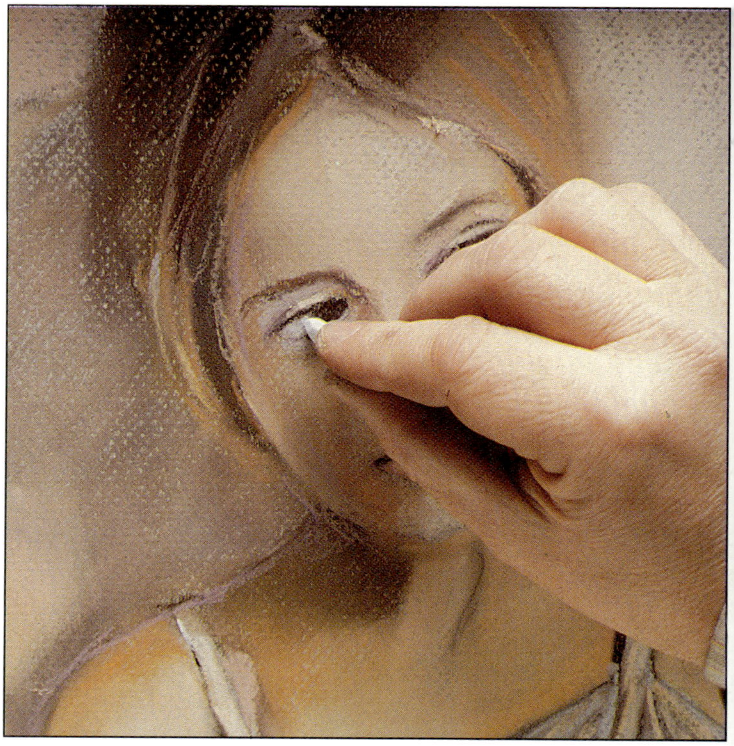

Abb. 128: In diesem Stadium legen wir die Abschlußstriche an: Retuschen, die die vom Künstler gewünschte Wirkung verstärken. Doch man sollte nichts übertreiben, sondern nur leichte Tupfer anbringen, wie die Betonung des Weiß im Auge.

Abb. 129: Hier das fertige Bild. Ich glaube, es ist mir gelungen, die Weiblichkeit und die Zartheit des Modells wiederzugeben und alle Möglichkeiten der Pastellkreiden zu nutzen, um die Fleischfarbe und die intime Bekleidung des Modells auszudrücken. Und ich habe rechtzeitig aufgehört. Einer der Nachteile der Pastellkreiden besteht nämlich darin, daß man mit Farbpulver arbeitet, das keinen dicken Auftrag oder starke Überlagerungen erlaubt. Dies muß der Künstler berücksichtigen.

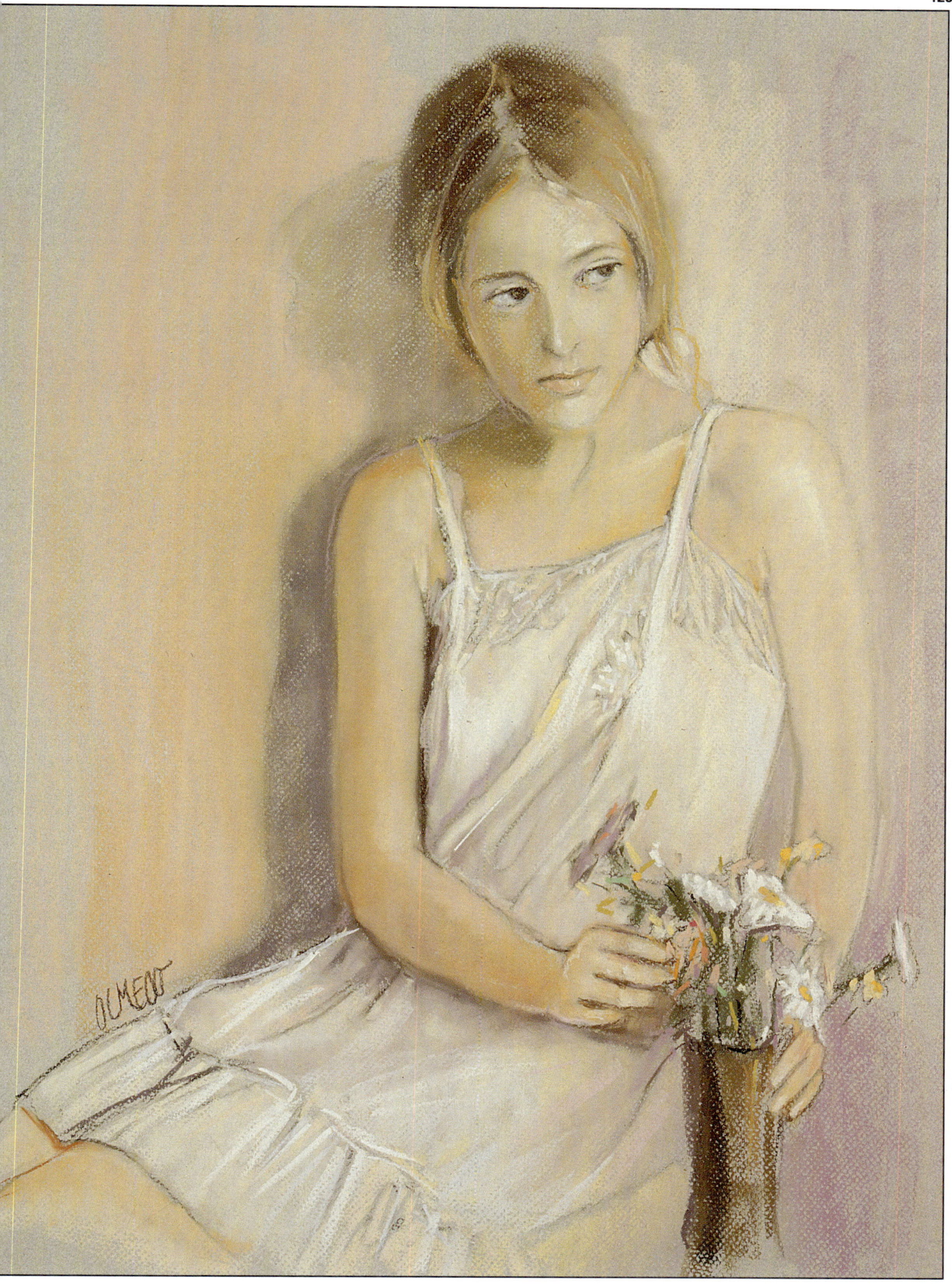

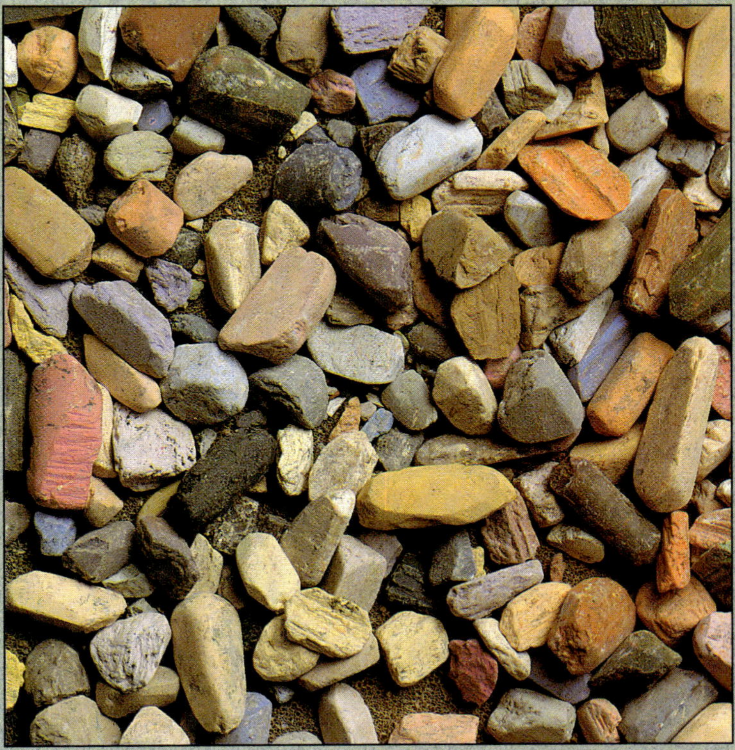

Nützliche Ratschläge

Ordnung und Sauberkeit

Halten Sie tunlichst einige Ordnung in Ihren Sachen, und wahren Sie auch eine gewisse Sauberkeit bei den Pastellkreiden, um die Farben mühelos erkennen und sofort verwenden zu können. Dies ist mein erster Rat.
Hier noch einige weitere:
Die Pastellstäbchen sind sowohl im kompletten Kasten als auch als Einzelstücke in ein Schutzpapier gehüllt. Entfernen Sie dieses, denn es stört nur beim Arbeiten. Und noch etwas: Brechen Sie die Stäbchen in der Mitte durch, denn sie sind zum Arbeiten zu lang. Bewahrt man eine der beiden Hälften getrennt auf, besitzt man immer eine weitere Farbskala als Ersatz.

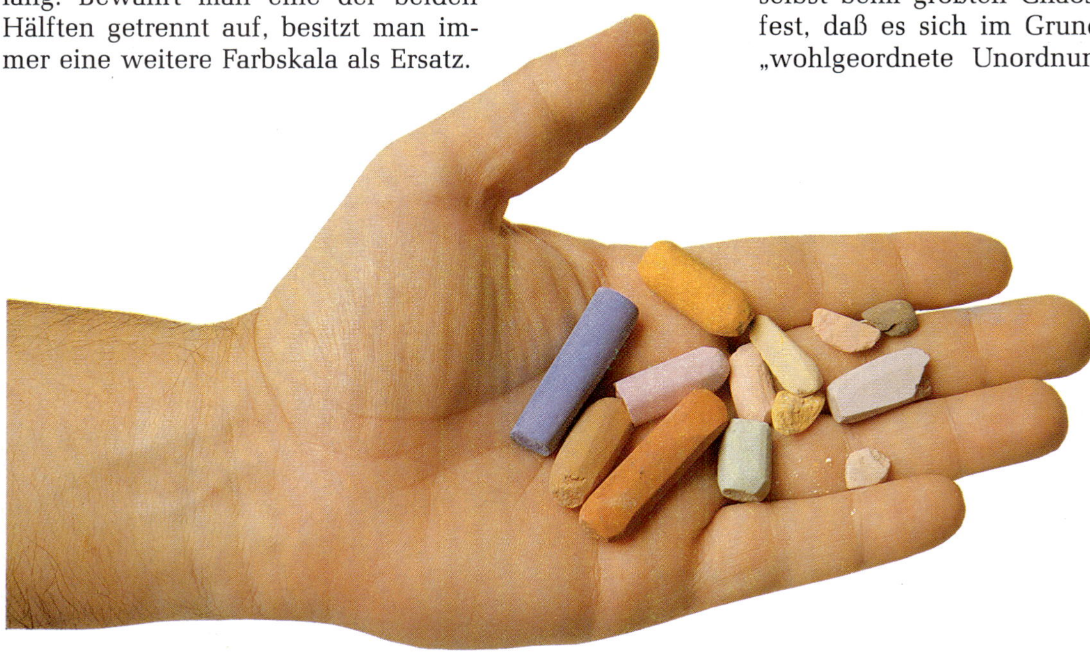

Abb. 131: Beispiel für die Anordnung von Pastellstäbchen (ganze, halbe und kleine Stücke) in Schaumgummifächern innerhalb eines Kastens.

Die Farbkästen sind im Innern zum Schutz der Stäbe häufig mit Schaumgummi-Fächern ausgestattet, in die die Pastellkreiden geordnet werden. Diese Kästen eignen sich am besten zum Aufbewahren und Ordnen der ganzen oder zerteilten Kreiden. Die Abbildung rechts zeigt ein Beispiel für eine derartige Einteilung.
Ordnung ist wichtig. Das bedeutet jedoch nicht, daß man die Pastellkreiden beim Arbeiten ständig aus ihren entsprechenden Fächern nimmt und anschließend wieder einsortiert. Während des Malens legt man die Stäbchen normalerweise nicht an ihren Platz zurück. Wir halten sie vielmeh in der linken Hand und nehmen si bei Bedarf heraus.
Allerdings verschmutzen Pastellkrei den leicht. Durch den Gebrauch un die Reibung nehmen die Stäbchen an dere Farben an, und man sollte sie vo dem Einordnen in den Kasten mit ei nem Lappen oder Saugpapier reiniger Das geht ganz einfach.
Ich kenne zahlreiche gute Künstle die ein Vorbild an Ordnung und Sau berkeit sind. Allerdings ist mir auc das genaue Gegenteil bekannt. Doc selbst beim größten Chaos stellt ma fest, daß es sich im Grunde um ein „wohlgeordnete Unordnung“ handel

130

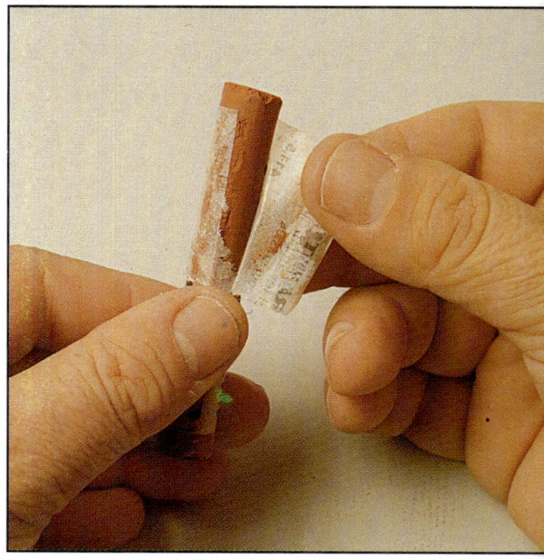

Abb. 130: Pastellkreiden werden in einer Schutzhülle verkauft. Diese sollte man vor Gebrauch entfernen, denn sie stört bei der Arbeit.

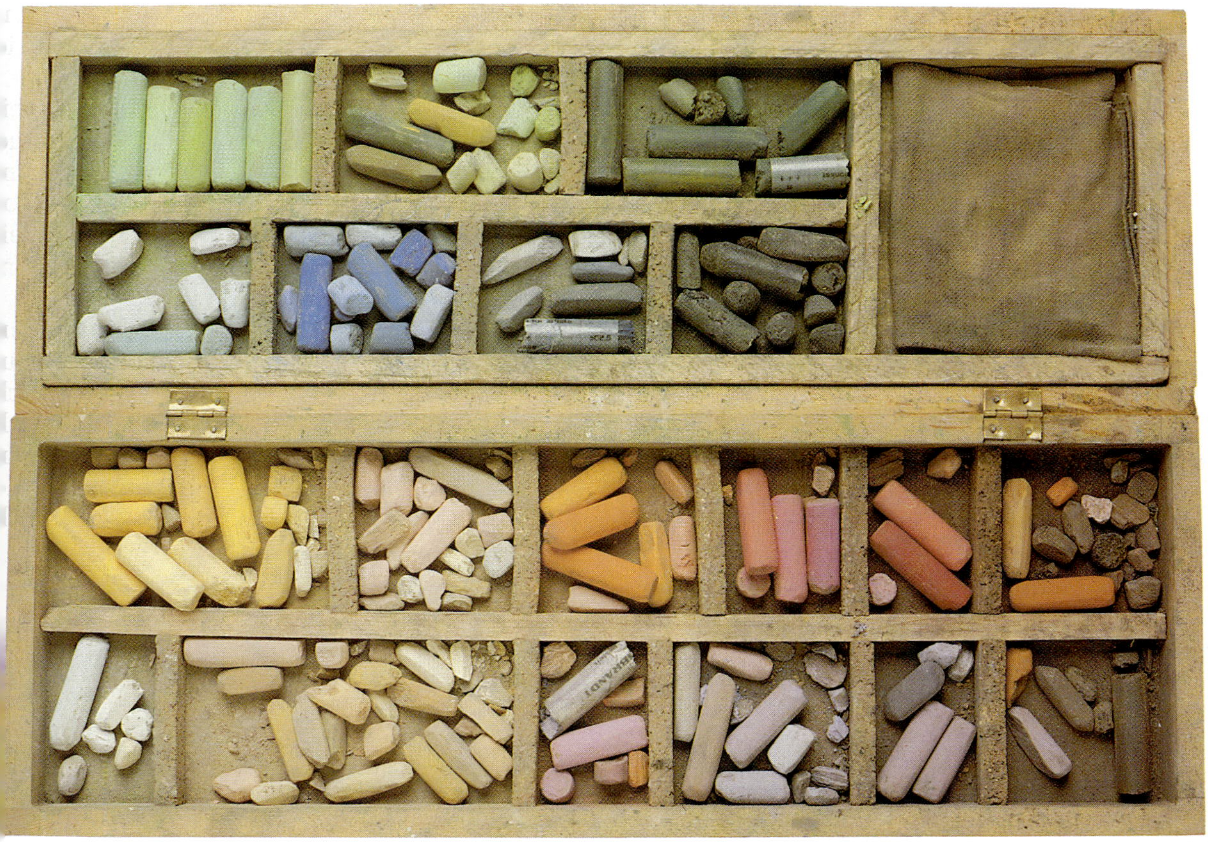

131

entschuldigen Sie die Platitüde. Es rifft jedoch zu, daß meine unordentchsten Kollegen immer genau wisen, wohin sie die Hand in dem gewalgen Chaos ihres Arbeitstisches lenen müssen, um die gesuchte Farbe zu ekommen. Ein Mysterium der Kunst. Man kann gleichzeitig genial und orentlich sein, auch wenn man häufig im Eifer des Gefechtes – also wenn man äußerst konzentriert arbeitet – den Sinn für Ordnung verliert. Im allgemeinen zeigt sich gerade in diesem Augenblick, was in uns steckt. Anschließend kehrt alles zur Normalität zurück, zur Ordnung, die die Arbeit unserem Temperament auferlegt.

32

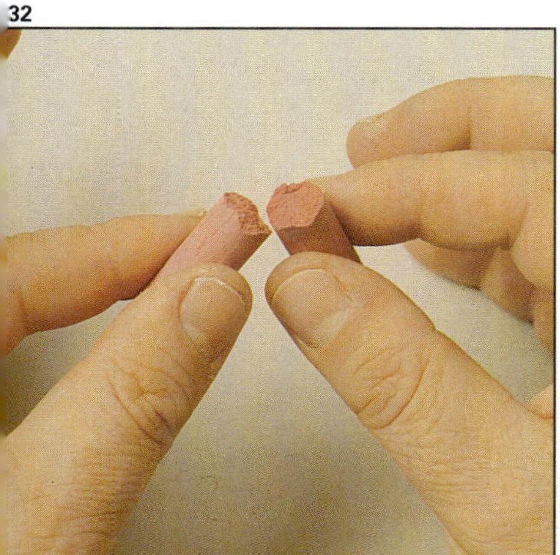

133

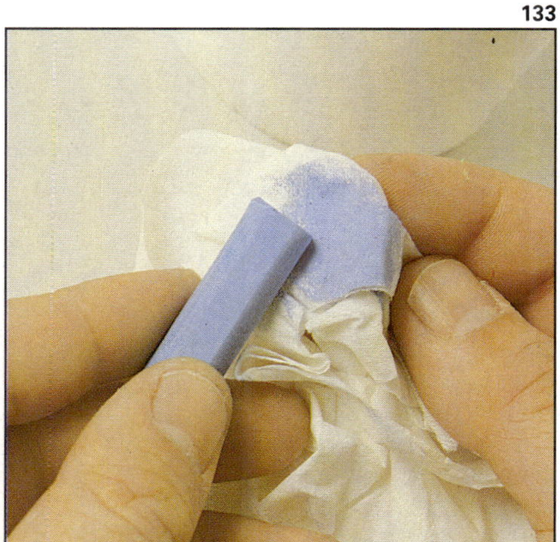

Abb. 132 und 133: Gewöhnen Sie sich daran, mit halben Stäbchen zu arbeiten. Die ganzen Kreiden sind zu lang und brechen daher bereits bei etwas stärkerem Druck. Die halben Stäbchen lassen sich außerdem sehr gut flach auflegen, um breite Striche zu erzielen. Bevor Sie die Farben zurücklegen, reinigen Sie sie bitte stets mit einem Lappen oder Saugpapier.

Schutzmaßnahmen

Unser Material, die Pastellkreiden, sind besonders empfindlich. Nachdem mein Bild fertiggestellt ist, muß es unbedingt vor jeder Reibung geschützt werden. Dies ist ein negatives Merkmal dieser Technik, und wir müssen mit allen Mitteln verhindern, daß unsere Arbeit zerstört wird.

Es gibt mehrere Möglichkeiten, ein Pastellbild vor Kratzern und Stößen zu schützen, angefangen vom Fixieren mit einem Spray (im Handel sind Fixative mehrerer Hersteller erhältlich) bis zur idealen, aber teuersten Lösung: der Einrahmung hinter Glas durch einen Fachmann. Eine Zwischenlösung kann in einem Block aus zwei Blatt Canson-Pappe mit einem zwischengelegten Blatt Seidenpapier bestehen. Dieses halbtransparente Papier nützt uns auch, wenn wir großformatigere Werke schützen müssen. Seit kurzem ist im Fachhandel eine Art Schaurahmen erhältlich, der sehr empfehlenswert ist. Es handelt sich um ein verstärktes Passepartout mit Kunststoffrand und Kunststoffolie (siehe Abbildung), die das Glas ersetzt. Diese Vorrichtung verleiht dem Bild einen sicheren Schutz und gibt uns die Möglichkeit, das Werk zumindest provisorisch gerahmt vorzuzeigen. Das System eignet sich auch sehr gut zum Transport von Originalen, ohne daß man sich Sorgen um deren Erhalt machen müßte. Das Problem ist der Preis. Diese provisorischen Rahmen sind recht teuer. Obgleich es um den Schutz eines Kunstwerkes geht, soll diese Tatsache nicht verschwiegen werden.

134

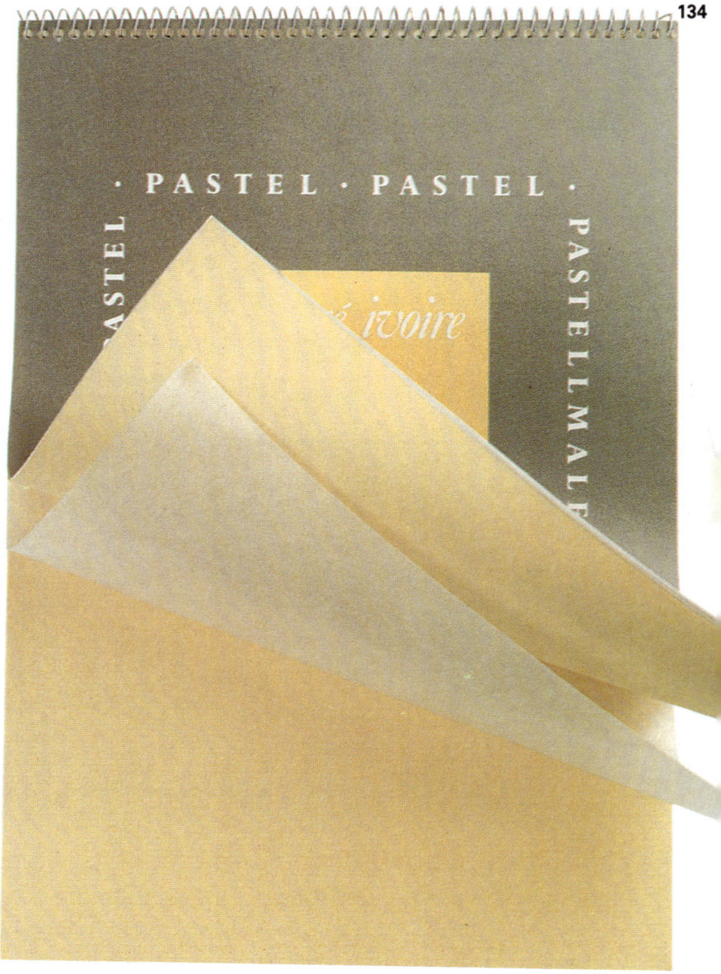

135

Abb. 134: Block Cansonpapier mit einem Schutzblatt aus Seidenpapier jeweils zwischen zwei Zeichenblättern.

Abb. 135: Dies ist die endgültige Lösung zur Aufbewahrung eines Pastellbildes: Ein Rahmen mit Kristallglas und einem 3 mm dicken Passepartout, das für den erforderlichen Abstand zwischen Bildfläche und Glas sorgt.

136

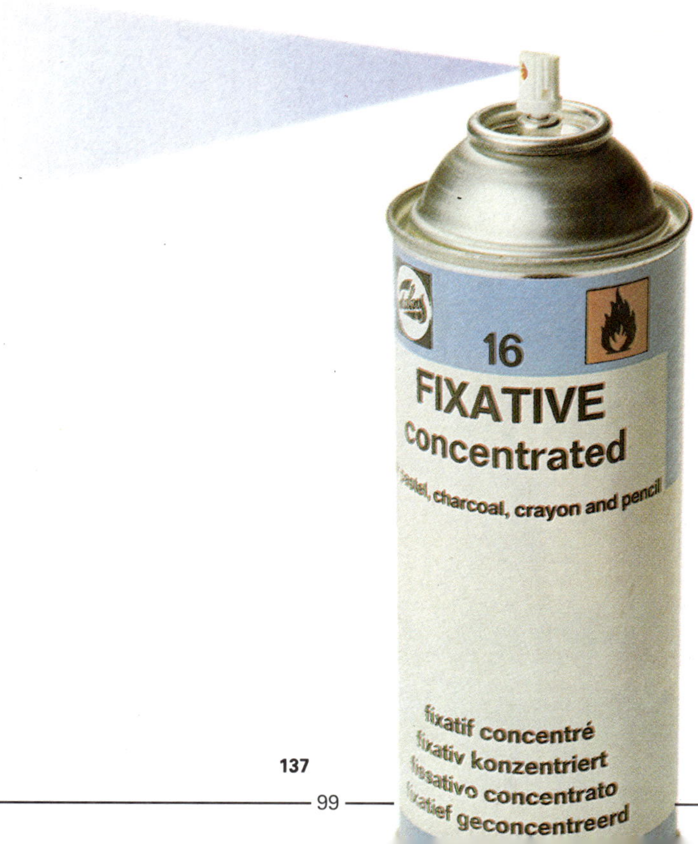

137

Abb. 136: Zwischenlösung mit Passepartout und Klarsichtfolie als Glasersatz. Das Ganze muß mit einem Kunststoffmaterial eingefaßt werden, das eine doppelte Funktion erfüllt: Es dient als Rahmen und stellt einen wirksamen Schutz gegen Staub und Feuchtigkeit dar.

Abb. 137: Sprayfixativ der Firma Talens. Es handelt sich um ein vielseitiges Fixativ für Arbeiten mit Pastellkreiden, Zeichenkohle und Rötel.

Die Rahmung

Ja, Malen ist alles in allem eine dankbare Tätigkeit, und das Endstadium kann man sogar als ergreifend bezeichnen. Jener magische Augenblick, wenn wir das Passepartout um das fertige Bild legen und mit Freude und Bewegung feststellen, wie dieser einfache, schlichte Karton die Wirkung unseres Bildes hebt, erzeugt eine ganz besondere Befriedigung. Es ist ein äußerst anspornendes Erlebnis, als handele es sich um den Preis für die geleistete Anstrengung. Jemand sagte einmal: „Der Rahmen ist die Prämie für ein Bild."
Natürlich reicht ein einfaches Passepartout nicht aus. Hinzukommen müssen das Glas und der eigentliche Rahmen, der technisch kein Problem darstellt. Dagegen kann er durchaus finanzielle Probleme aufwerfen, denn Qualitätsrahmen kosten gut und gern soviel wie Passepartout und Glas zusammen. Gewiß, es gibt auch einfachere Verfahren, schlichte Leisten, die vom funktionellen Standpunkt gesehen denselben Zweck wie ein breiter Rahmen erfüllen. Die Wahl des Rahmens hängt in den meisten Fällen von dem vorgesehenen Platz für das Bild ab, der Umgebung, in die er sich einfügen soll, unabhängig von der Art der Leiste, die zu dem Thema und dem Stil des Gemäldes passen muß.
Obwohl jedes Werk gewinnt, wenn man es in einem guten Rahmen betrachtet, darf uns diese Frage erst nach Beendigung des Bildes interessieren. Einzige Sorge des Künstlers muß sein, ein gutes Bild anzufertigen. Später werden sich andere Fachleute um den geeignetsten Rahmen kümmern. Wir selbst bleiben jedoch immer für den Inhalt und die Qualität des Bildes verantwortlich.

138

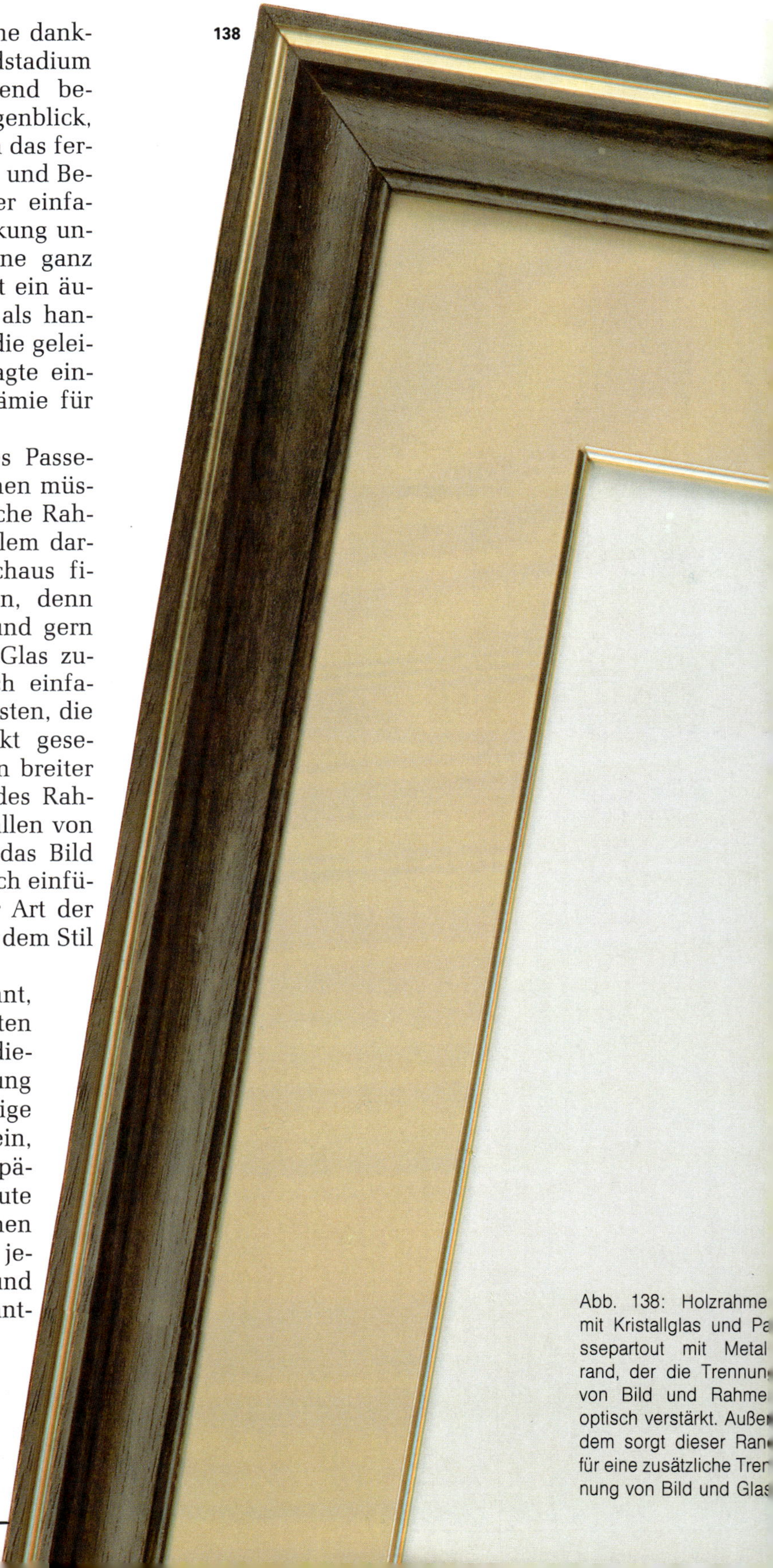

Abb. 138: Holzrahme mit Kristallglas und Pa ssepartout mit Metal rand, der die Trennun von Bild und Rahme optisch verstärkt. Außer dem sorgt dieser Ran für eine zusätzliche Tren nung von Bild und Glas

139

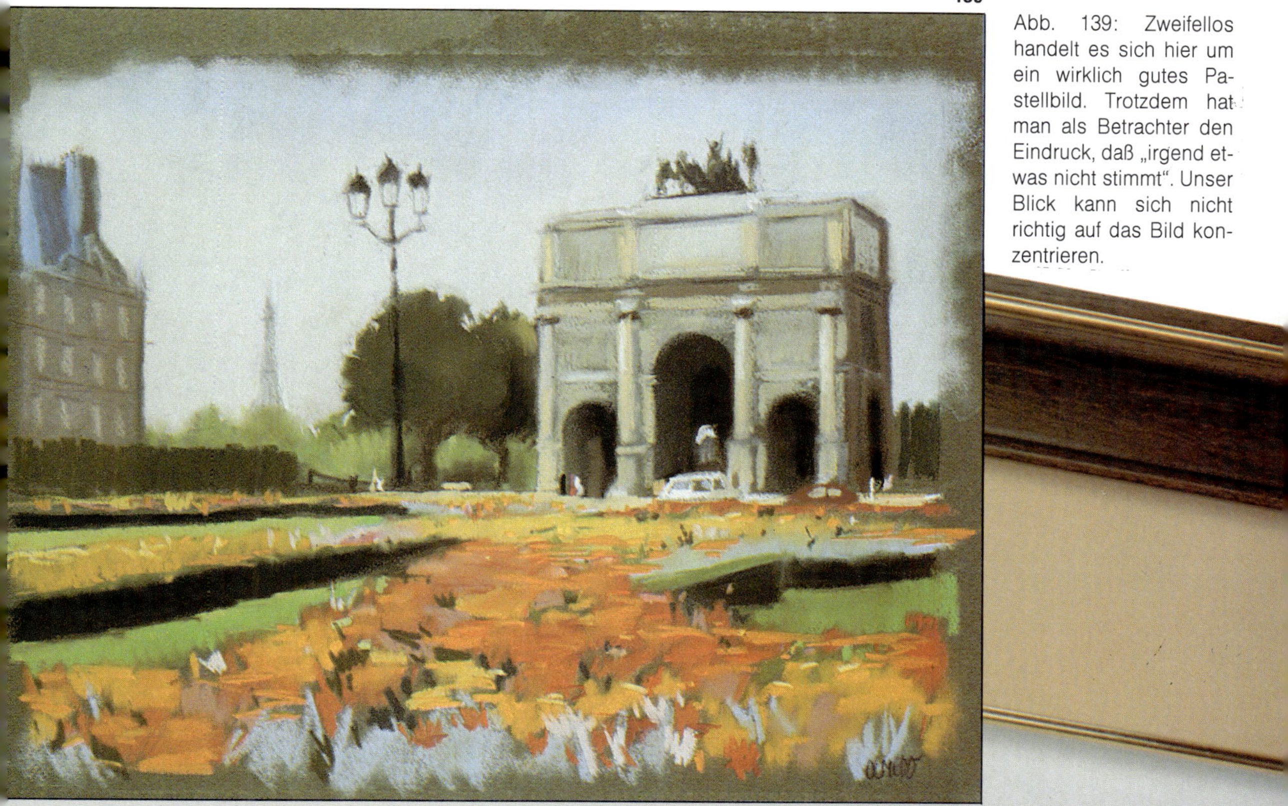

Abb. 139: Zweifellos handelt es sich hier um ein wirklich gutes Pastellbild. Trotzdem hat man als Betrachter den Eindruck, daß „irgend etwas nicht stimmt". Unser Blick kann sich nicht richtig auf das Bild konzentrieren.

140

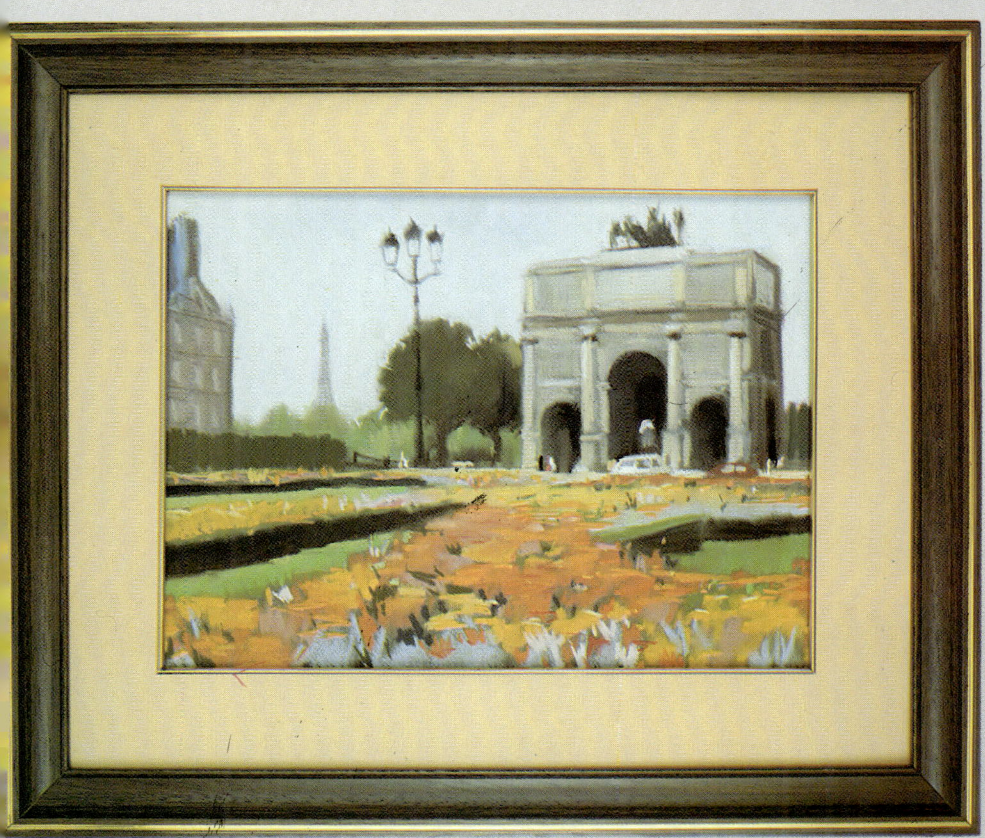

Abb. 140: Welch ein Unterschied: Ein einfaches Passepartout in einer warmen, ziemlich dunklen Farbe (die mit der Harmonieskala des Bildes übereinstimmt), das einen guten Kontrast bildet, konzentriert das Interesse auf das Bild und verstärkt erheblich das Gefühl von Tiefe.

Radieren und retten

Der alte Professor Labarta (1883–1963) der Kunstakademie San Jorge in Barcelona machte sich bei seinen Schülern mit Vorwürfen wie diesem beliebt: „Sehen Sie einmal, Mädchen (oder junge Dame: Junge Mädchen behandelte er immer als junge Damen); daß Sie Malerin werden wollen, ist sehr gut. Letzten Endes liegt die Verantwortung nicht bei mir. Mich beschäftigt auch nicht, ob Sie eine Birne malen wollten und eine Artischocke daraus geworden ist. Mich bekümmert, daß Sie es nicht einmal bemerkt haben."

Mit Reden wie diesen (er besaß ein breites Repertoire davon) wollte der gute Meister seinen Schülern zu verstehen geben, daß man einen Fehler durchaus korrigieren kann, falls man ihn entdeckt. Das eigentliche Problem besteht also darin, die eigenen Fehler zu erkennen.

Nehmen wir einmal an, wir haben mit all unserer Begeisterung ein Pastellbild in Angriff genommen, und es kommt der Augenblick, in dem uns klar wird, daß „etwas nicht stimmt". Mir ist dies bei dem Porträt passiert, das dieses Kapitel veranschaulicht.

Das linke Porträt wurde farblich sicher und gewandt gestaltet, weist in der Zeichnung jedoch ernste Mängel auf: die verschobene Nase, die unterschiedliche Größe von Augen und Augenbrauen, der etwas „schiefe" Mund. Es entsteht der Eindruck eines asymmetrischen Gesichtes.

Abb. 141: Pastellportr „alla prima", bei dem ic nicht genug auf die Fe ler während der Arbe achtgegeben habe (v allem in der Form), der das Bild wurde in eine Zug fertiggestellt.

Abb. 142: Dasselbe Bi wie zuvor, jedoch ausr diert, um jenes *sfuma* zu erhalten, das mir a Ausgangsbasis für ein neue, sorgfältigere Au führung des Porträ diente.

141

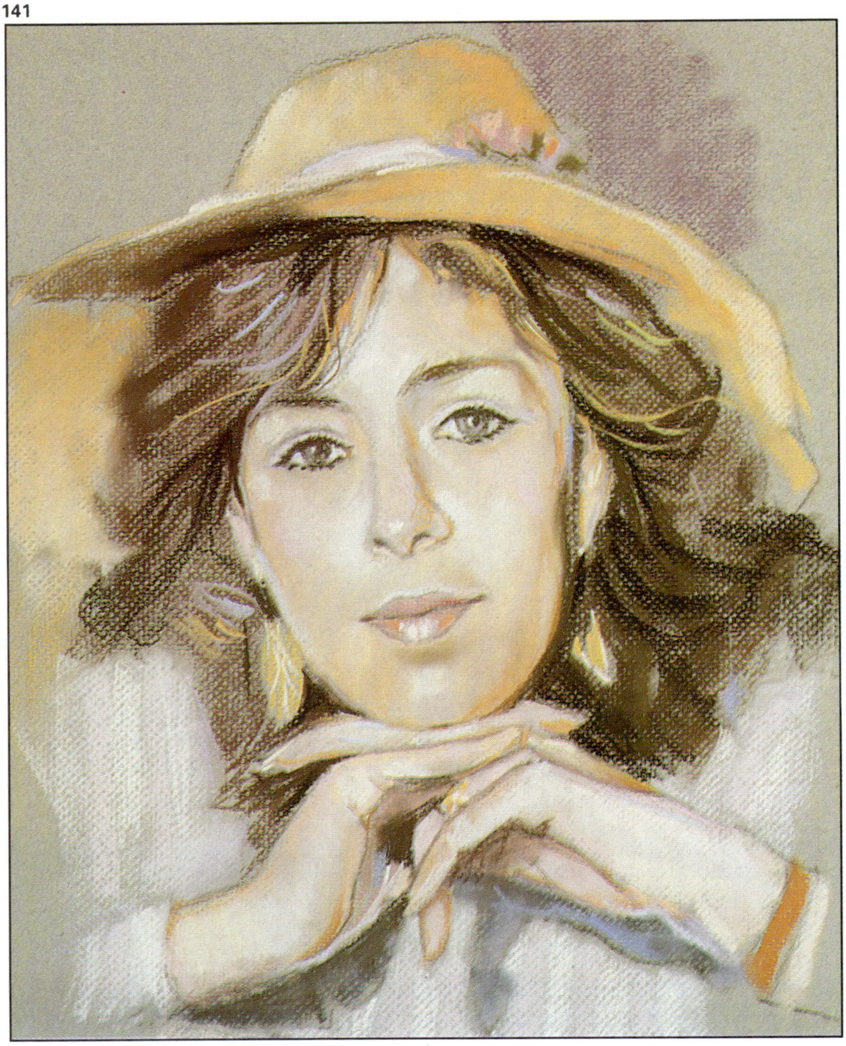

142

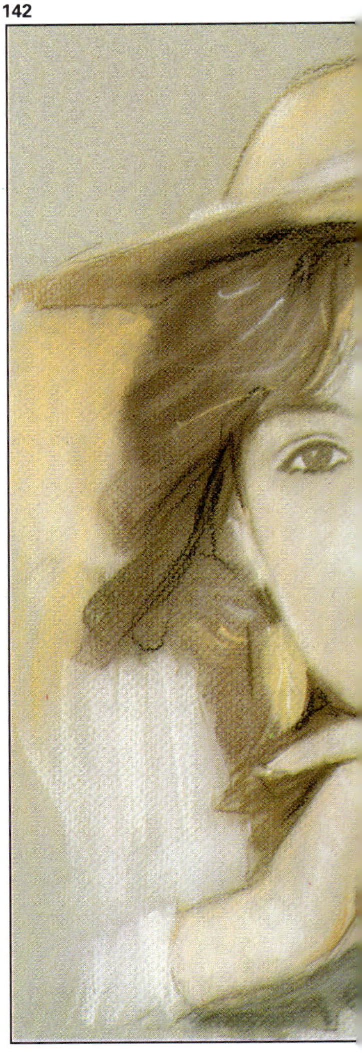

Fragen Sie mich bitte nicht, weshalb ich das nicht schon früher gemerkt habe: ehrlich gesagt, ich weiß es nicht. Lag es an zuviel Selbstvertrauen? Wichtig ist, daß mir die Fehler bewußt geworden sind.
Und was jetzt? Muß ich das Bild zerreißen? Durchaus nicht. Bei einem Pastellbild bietet sich eine wesentlich konstruktivere Lösung an. Sie brauchen nur ein sauberes Tuch zu nehmen, damit über das Bild zu reiben und soviel Farbe wie möglich zu entfernen. Dabei verschwindet die Farbe nicht restlos, sondern es bleibt ein verschwommenes Bild zurück, das häufig eine gute Grundlage für einen neuen Aufbau bildet. So behält man dann das Korrekte bei und berichtigt das Fehlerhafte. Seien Sie versichert, daß sich das Handwerk nur mit Hilfe häufigen Radierens und zahlreicher Verbesserungen erlernt. Es gibt keinen anderen Weg.
Die Entdeckung einiger Fehler hat mir übrigens zu einer sehr interessanten, nützlichen Übung verholfen: die Wiederherstellung eines Bildes auf einer ersten Fassung, in der es zweifellos auch Positives gab. Dank solcher „Übungen" habe ich Erfahrungen angesammelt und die Angst vor dem Radieren verloren.

Abb. 143: Ein absichtlich ausradiertes Pastellbild ähnelt, aus einiger Entfernung betrachtet, ein wenig dem Abdruck im Heiligen Schweißtuch von Turin.

Abb. 144: Hier das fertige Bild. Die Formfehler sind verschwunden. Ich habe meine Erfahrungen aus der ersten Version genutzt und die Farben verfeinert. Die kleinen schrillen Töne, die Sie gewiß im ersten Porträt bemerkt haben, sind ausgemerzt.

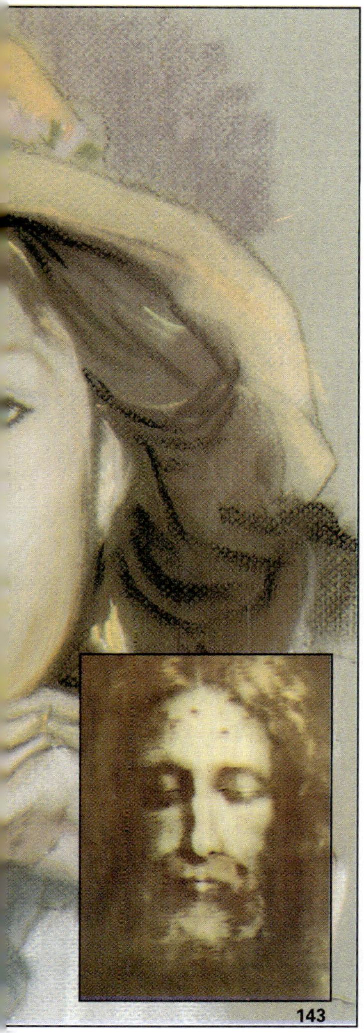
143

144
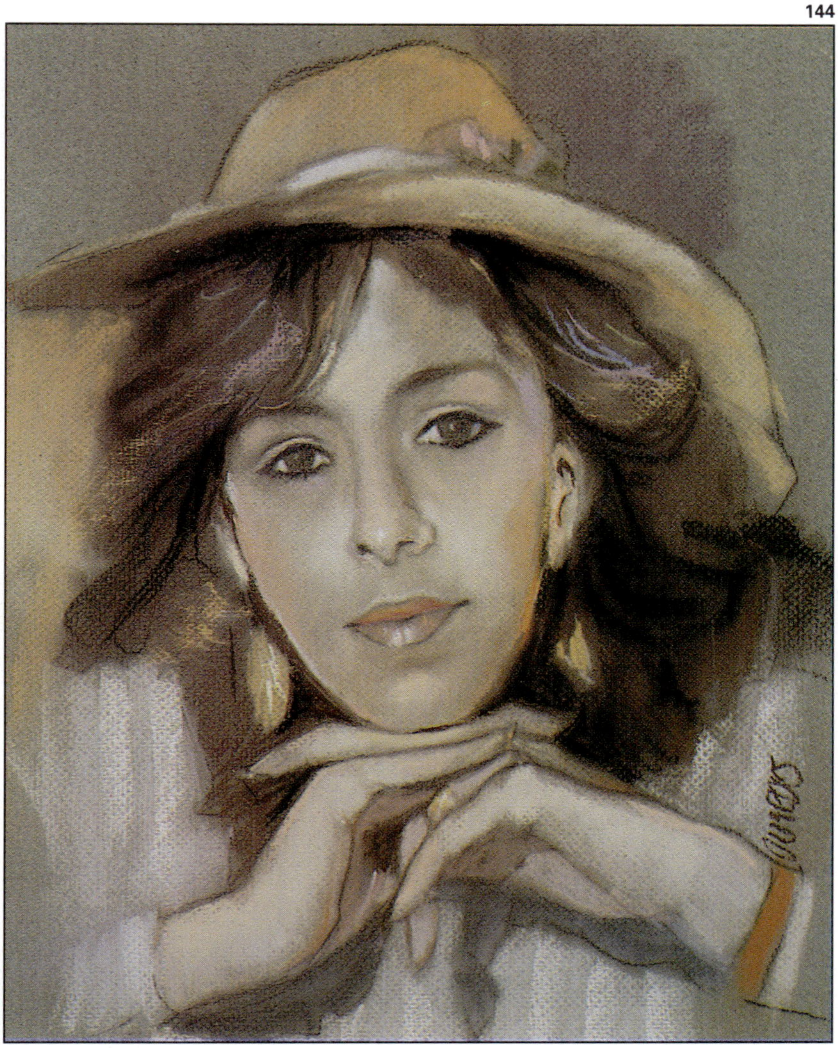

Problemlösungen

Die Pastellmalerei besitzt wie alle Malverfahren Vor- und Nachteile z.B.: *Die Lagerung der fertigen Werke.* Die Bilder sollten in einem Schrank mit Einlegeböden oder ausreichend breiten Fächern oder in Zeichenmappen aufbewahrt werden, wobei jedes Blatt wiederum durch ein geeignetes Seidenpapier geschützt werden muß. In welcher Form man die Originale auch aufbewahrt, wichtig ist die höchstmögliche Gewißheit, daß sie sich nicht gegenseitig berühren.

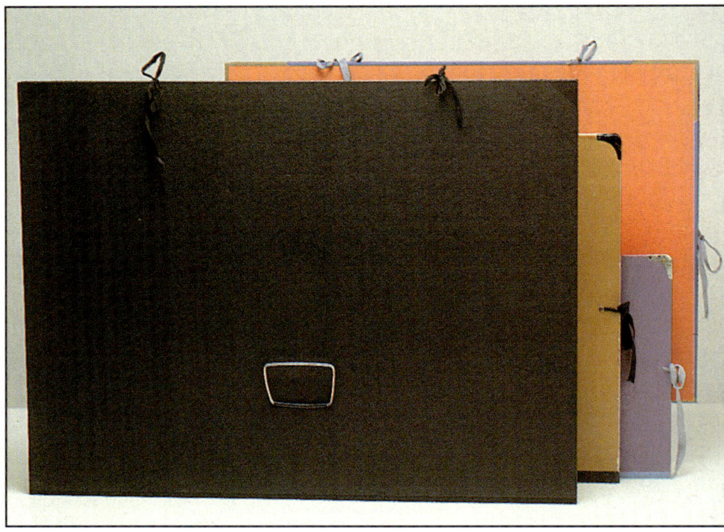

Das Fixieren des Pastellbildes ist immer problematisch. Die Sprühflüssigkeit kann vor allem an Stellen mit wenig Farbe – das heißt an Stellen, an denen das Papier noch sichtbar ist – zu Flecken führen. Aus diesem Grund müssen wir beim Fixieren äußerste Sorgfalt walten lassen, das Fixativ schichtweise auftragen und jeweils warten, bis die vorherige Schicht getrocknet ist. Falls notwendig, retuschiert man mit viel Farbe jene Stellen, an denen Flecken durch das Fixativ entstanden sind.

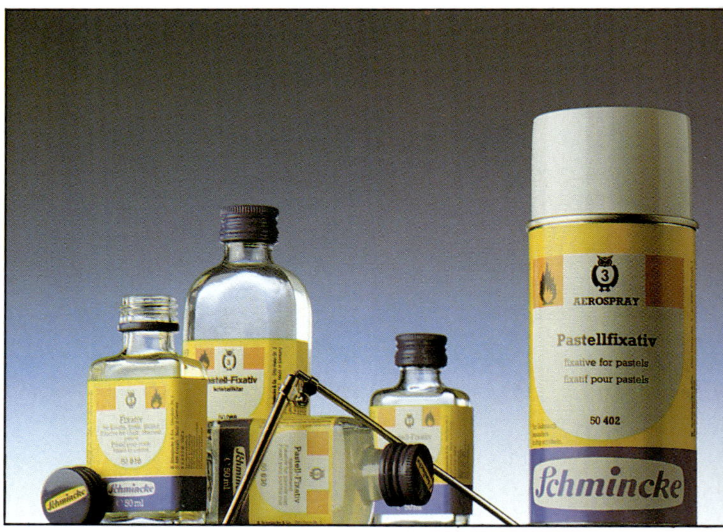

Der Transport großformatiger Werke. Obgleich es sehr große Zeichenmappen gibt, muß man manchmal Arbeiten transportieren, deren Format die Maße der Mappen übersteigt. In diesen seltenen Einzelfällen besteht die beste Lösung darin, die Bilder zusammen mit einem Seidenpapier aufzurollen. Es gibt Köcher mit Deckel, die eine große Sicherheit beim Transport garantieren.

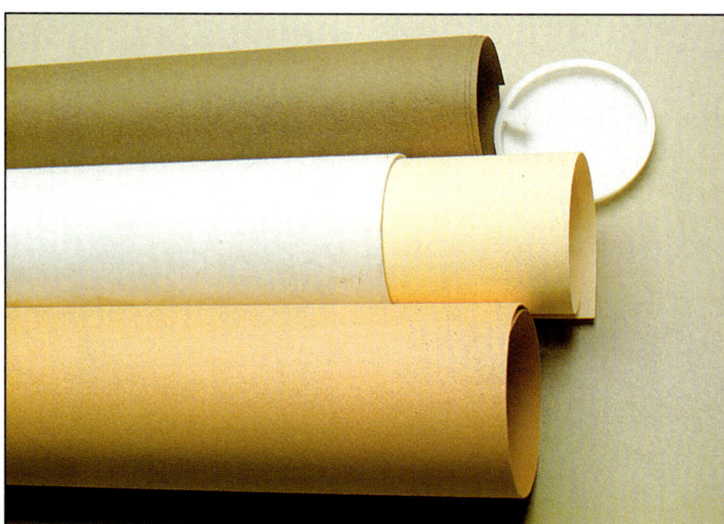

Die geringe Bekanntheit der Pastellkreiden. Ein weiteres Problem, das sich dem Pastellmaler stellen kann, ist die allgemeine Unkenntnis des Mediums beim Publikum. Häufig muß ein Pastellmaler viel Zeit darauf verwenden, einen Kunden davon zu überzeugen, daß Pastellkreiden ebenfalls ein gültiges Malverfahren sind – wenn nicht ein noch besseres – und daß die künstlerische Qualität nicht vom benutzten Verfahren abhängt, sondern in der Kunst einzig und allein das Ergebnis zählt. Wir haben die Pastellkreiden gewählt und fühlen uns mit ihnen voll und ganz als Künstler.

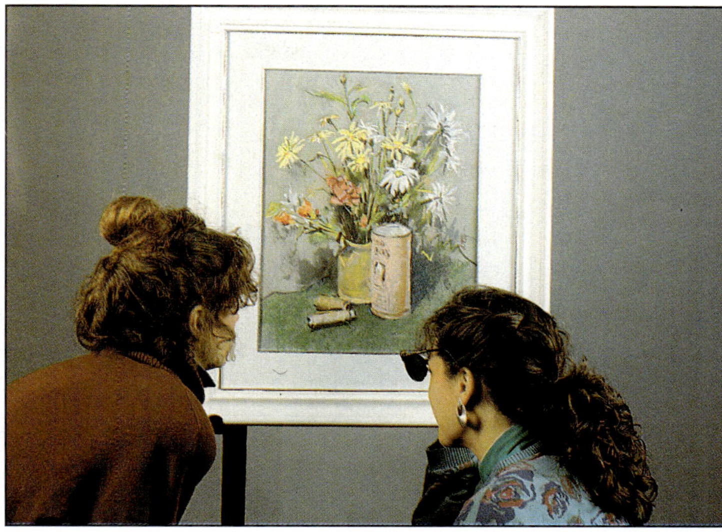

Die Empfindlichkeit des Materials. Nicht selten sieht man einen umgekippten Pastellkasten mit jenem kleinen oder großen Chaos, den dieser Zwischenfall für seinen Besitzer bedeutet: in kleine Stücke zerbrochene Stäbe, bunt gemischt verstreute Stücke bestimmter Farben, ein wahrer Verdruß.

Die Empfindlichkeit des Materials ist ein Problem, dem man Rechnung tragen muß, denn mit entsprechenden Vorsichtsmaßnahmen sind derartige „traumatische" Vorfälle vermeidbar. Suchen Sie für Ihren Pastellkasten einen sicheren Platz.

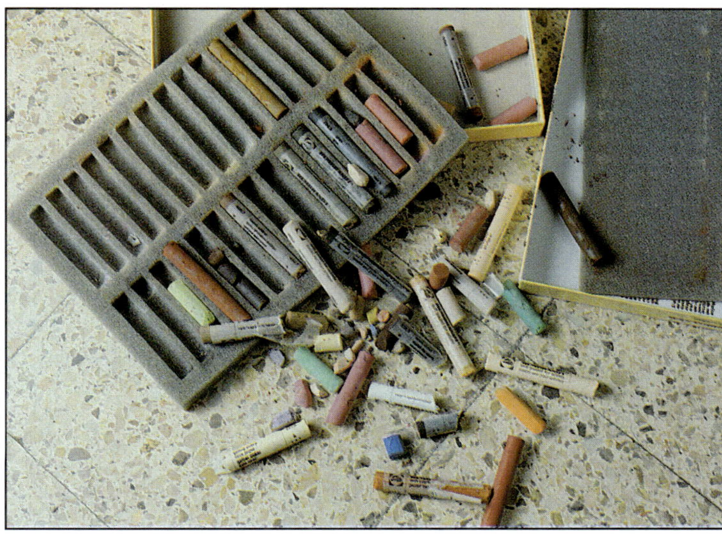

Der Preis für einen guten Rahmen. Es gibt noch weitere Probleme und kleinere Ungelegenheiten, von denen hier nicht die Rede war, doch für alle gibt es eine Lösung. Zum Abschluß dieses Kapitels möchte ich noch einmal auf das wirtschaftliche Problem hinweisen, das durch die einigermaßen ordentliche Rahmung eines Werkes entstehen kann. Diesem Problem müssen wir uns früher oder später stellen, denn ein gutes Pastellbild ist erst völlig fertig, wenn wir es im Passepartout unter Glas in seinem Rahmen betrachten können. Dieses glückliche Ende hat unsere Arbeit verdient.

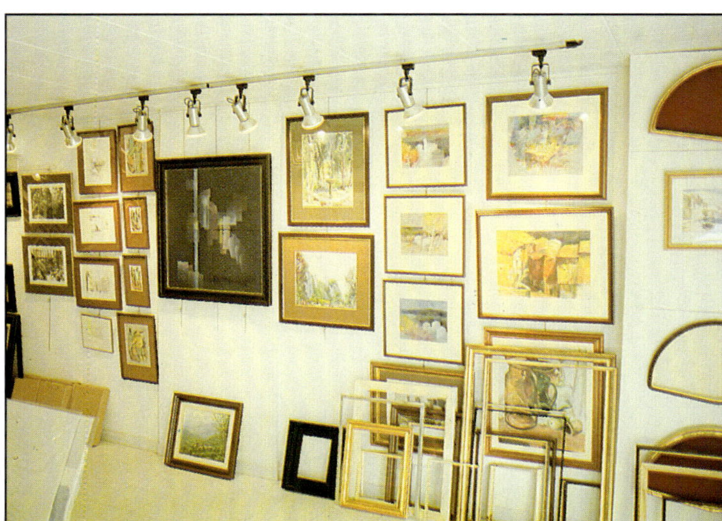

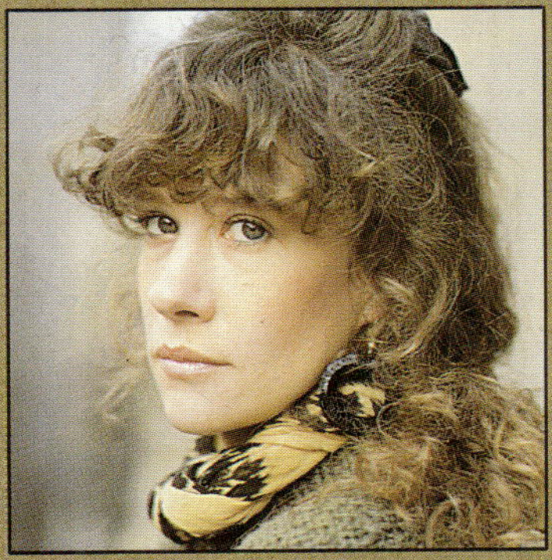

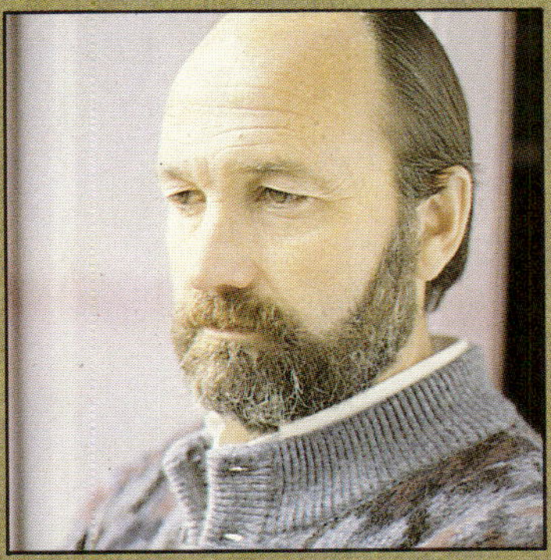

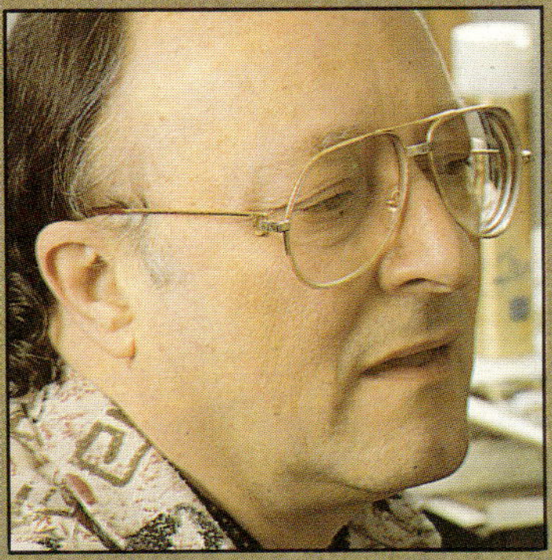

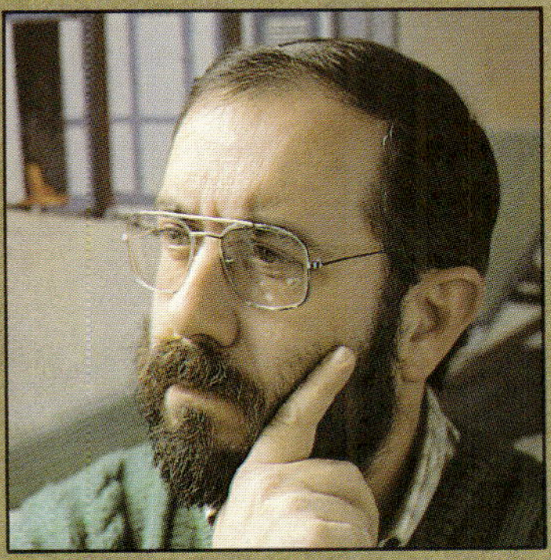

Die großen Pastellmaler

Mary Franquet

145

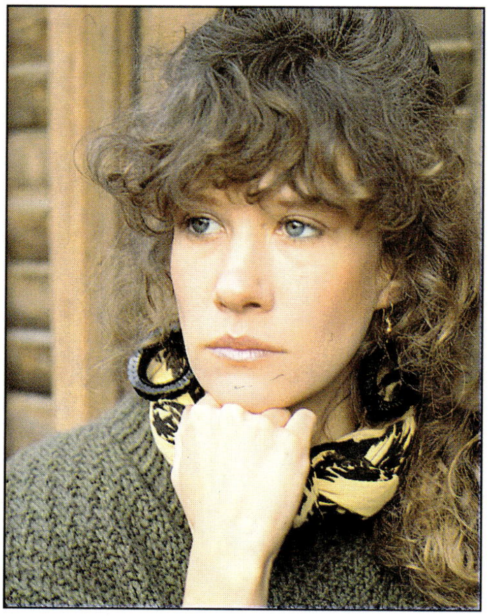

146

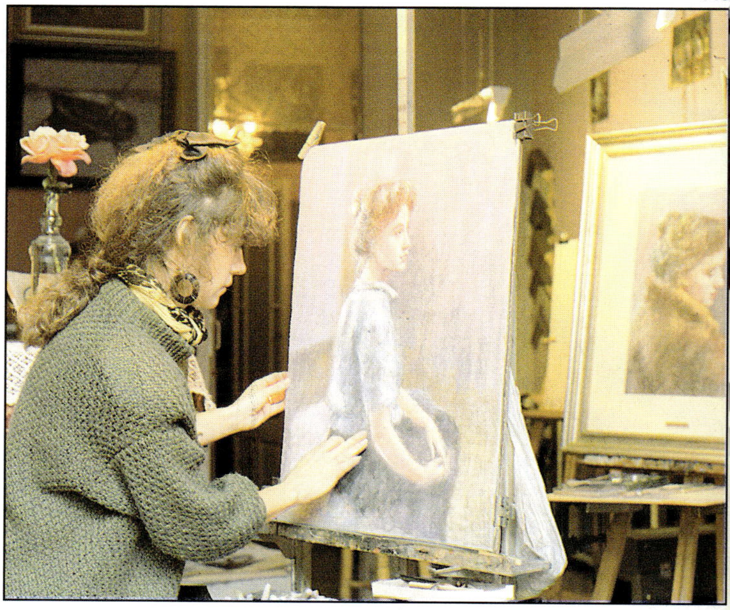

147

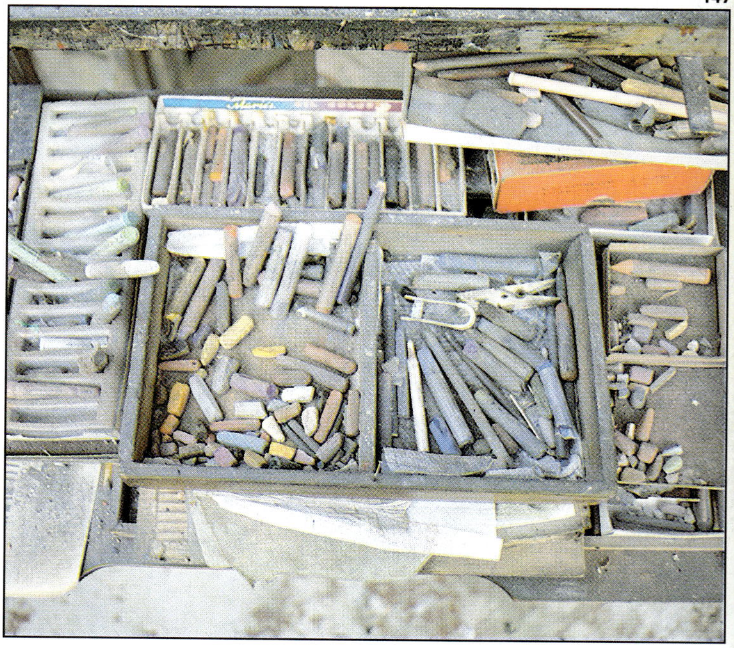

Mary Franquet wurde 1953 in Barcelona geboren. Sie fühlte sich von klein auf zur Künstlerin berufen und begann ihr Studium der Malerei an der Kunstschule von Lonja. Außerdem besuchte sie Stunden für Arbeiten nach der Natur des königlichen Künstlervereins von Barcelona und später die Mal- und Zeichenstunden des Künstlerkreises Sant Lluc.

Seit Beginn ihrer Tätigkeit hat Mary Franquet ausgiebig das Werk der großen Meister des Impressionismus studiert und hegt ebenfalls eine große Bewunderung für zahlreiche katalanische Künstler. Mary Franquet wurde bisher mit drei Preisen ausgezeichnet: Fundación Güell (1977), Lola Anglada (2. Preis, 1981) und ein Trostpreis in einem Malwettbewerb in Arles. Ihre Werke wurden in spanischen Galerien sowie in Deutschland, Frankreich und Großbritannien ausgestellt.

Mary Franquet bevorzugt die Gestalt als Modell. Sie möchte diesen Gestalten ein eigenes Leben verleihen; sie sollen sich in einer geheimnisvollen, magischen weiblichen Intimität bewegen. Die Gestalten ruhen, drücken jedoch gleichzeitig mit ihren Blicken eine Herausforderung und viel Kraft aus. Grundsätzlich handelt es sich um Frauen, ganz bestimmte Frauen mit kraftvollen Gesichtern voller Zauber und Magie. Das Mysterium ist Bestandteil der gesamten Malerei Mary Franquets; es drückt sich grundsätzlich in den Blicken ihrer Gestalten aus.

Die Pastellbilder Mary Franquets sind voller Harmonie und Farbe. Ihre weichen und dennoch kraftvollen Töne bringen die Farben in gerade unwahrscheinlicher Weise zum Vibrieren.

Abb. 145 bis 148: Fotografie von Mary Franquet, die Künstlerin bei der Arbeit in ihrem Atelier in Barcelona, und Mary Franquets „Palette“, in der eine perfekt geordnete Unordnung herrscht.

148

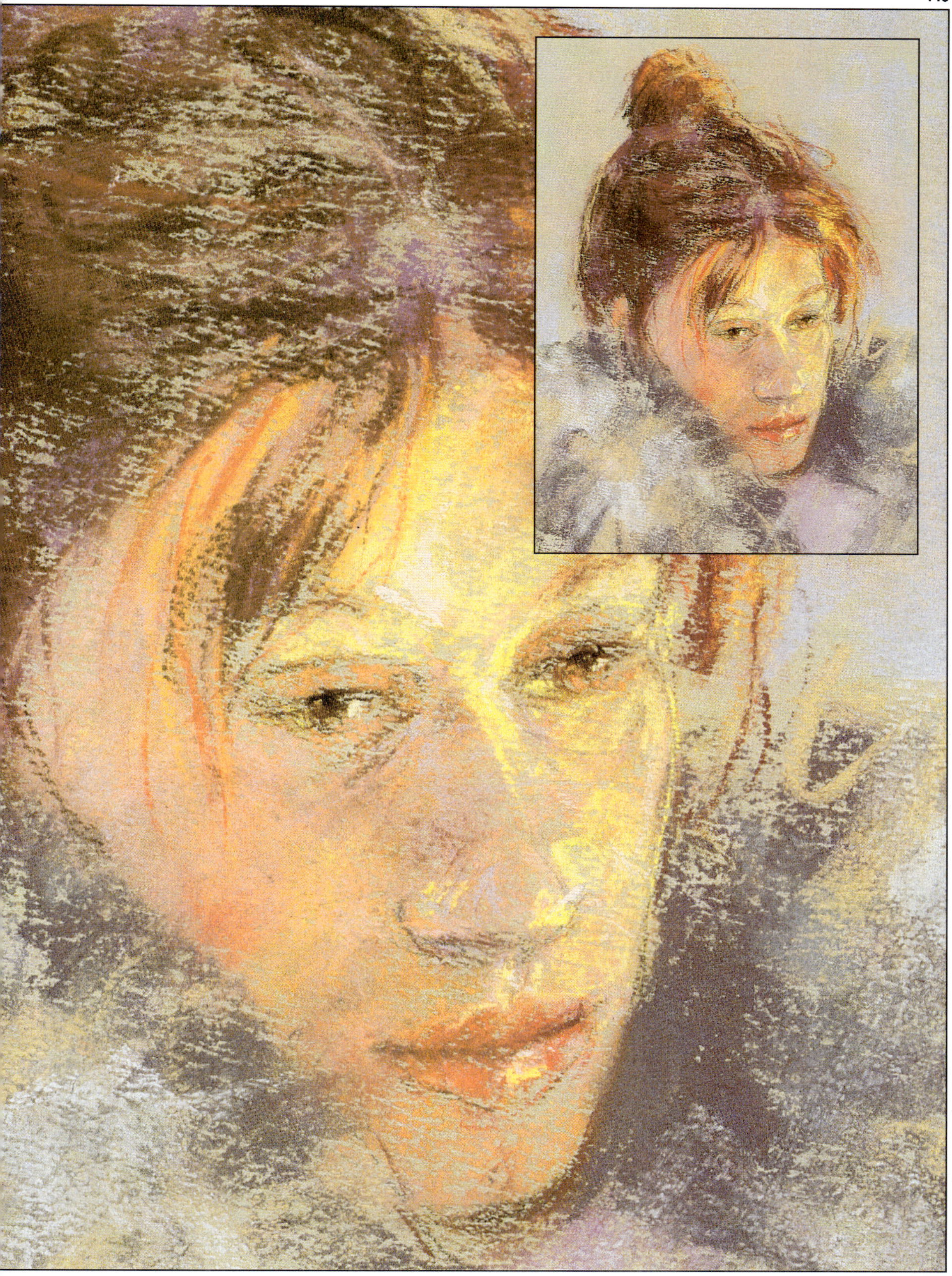

149

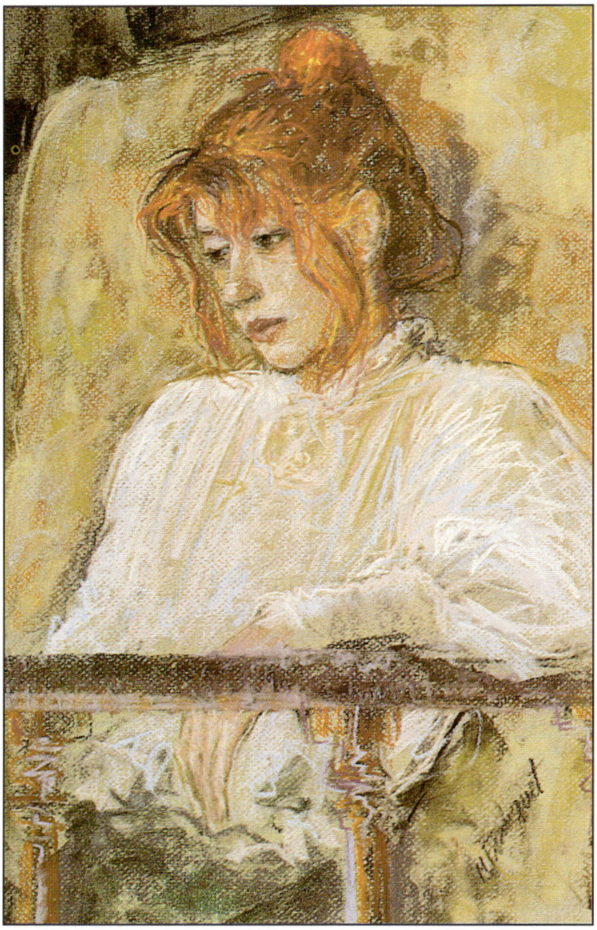

15

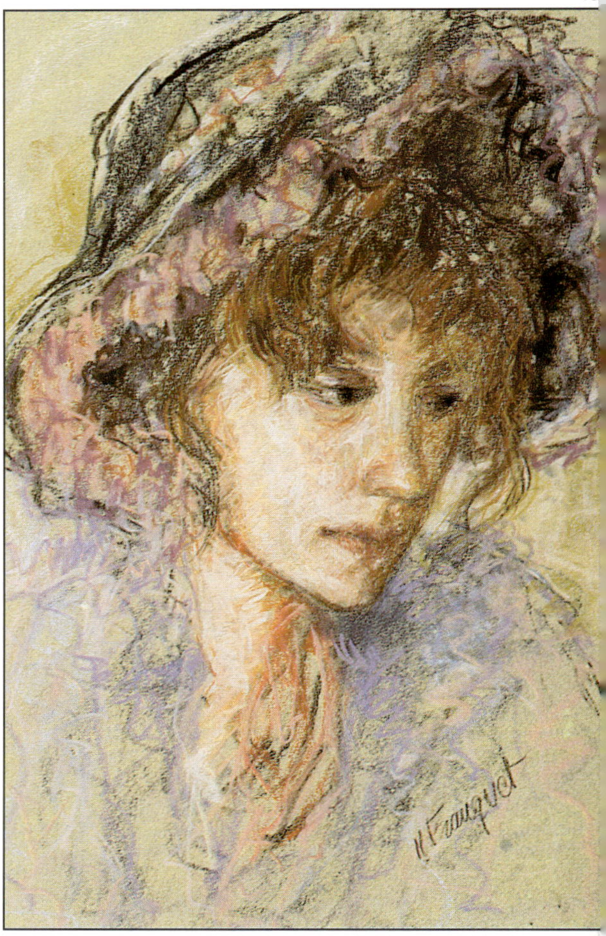

15

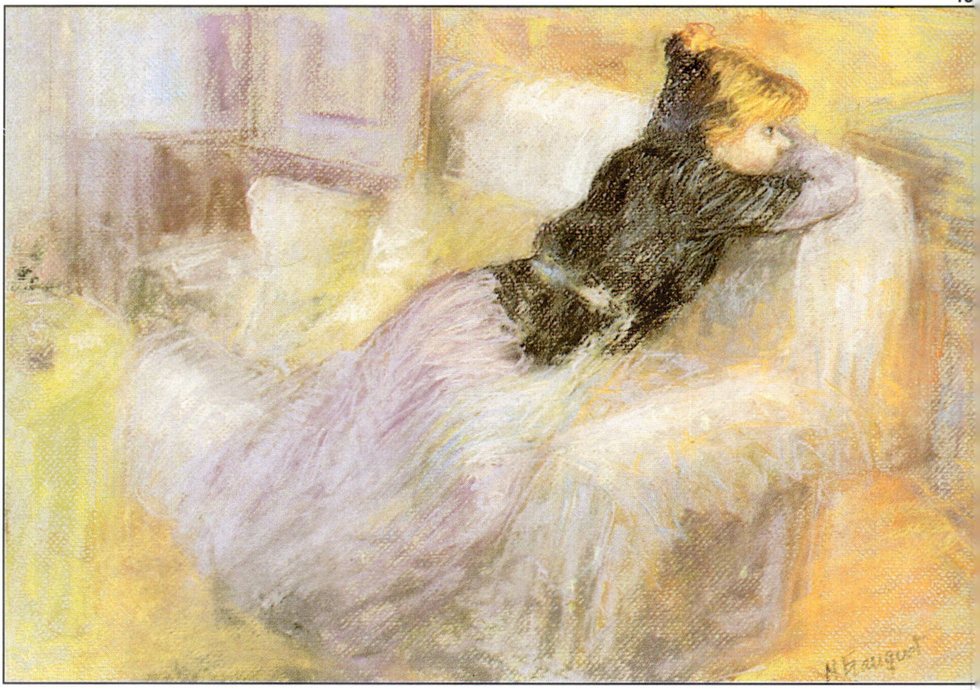

Abb. 149 bis 152: Frauenporträts von einer Kraft und Energie, die mit der – wie Mary Franquet beweist – falschen Meinung aufräumen, daß sich mit Pastellkreiden keine vibrierenden, aggressiven Striche anlegen lassen.

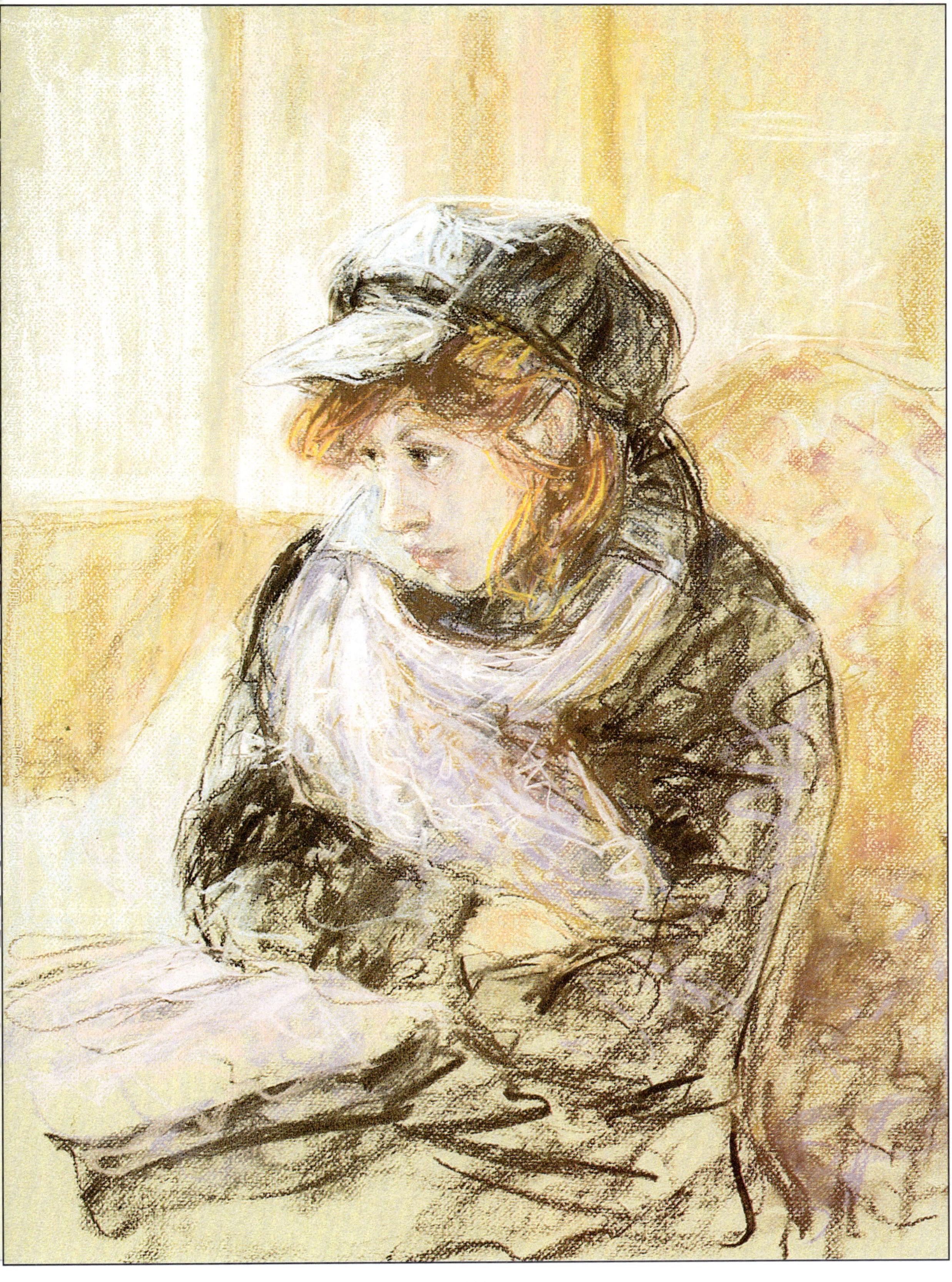

Álvarez Domingo

153

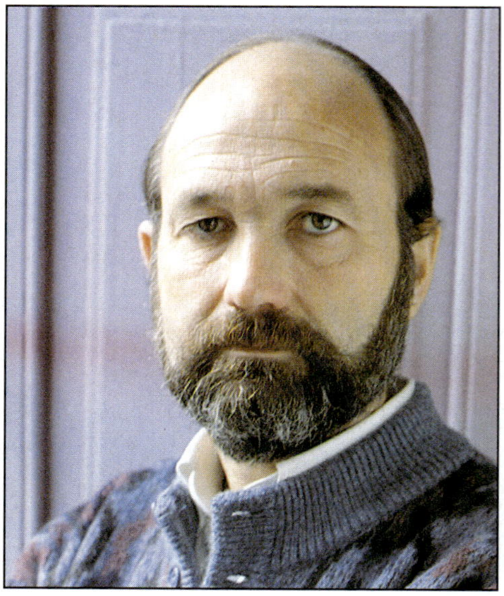

154

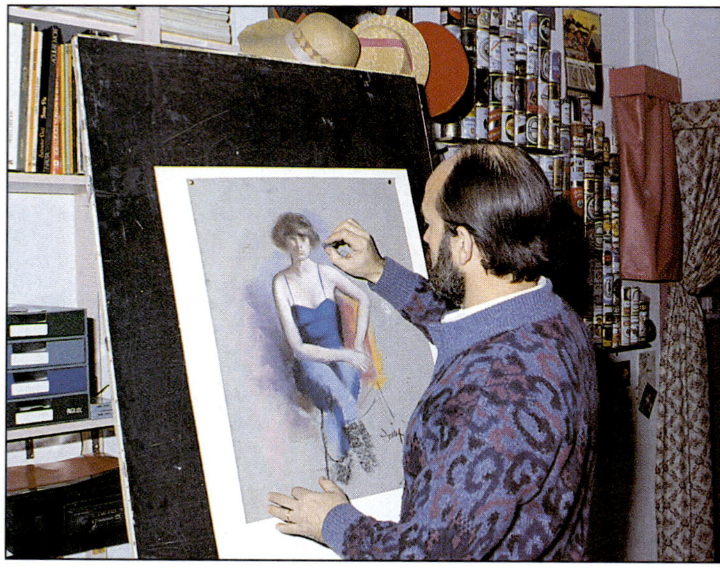

155

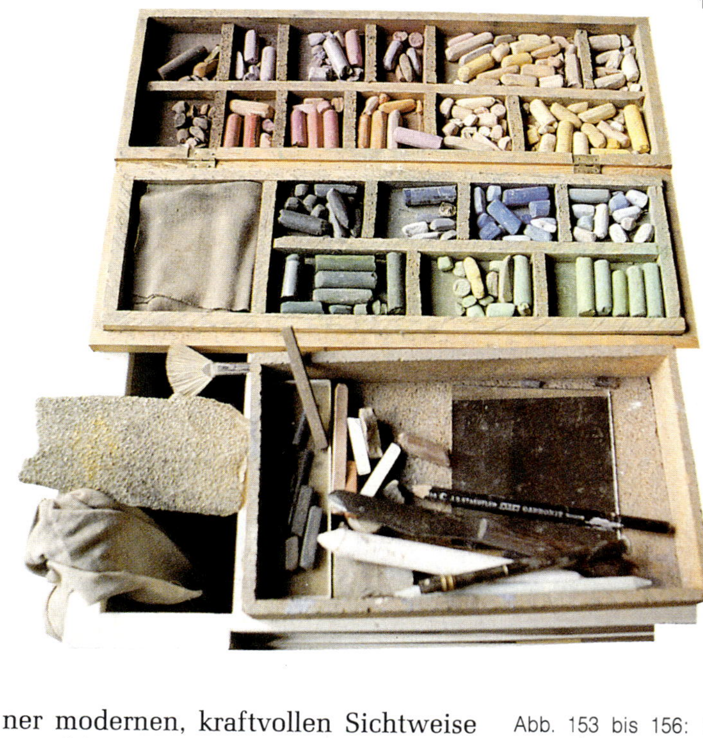

Domingo wurde in Barcelona geboren und erhielt auch dort seine Ausbildung. Er hat in Europa und in den Vereinigten Staaten ausgestellt und zahlreiche Bücher sowie weitere Publikationen illustriert. Er ist vor allem als Illustrator weltweit bekannt und wendet seine Aufmerksamkeit seit 1974 immer stärker der Ateliermalerei zu.
Domingo gilt als ein Künstler, bei dem sich die Kriterien der großen Kunst häufig virtuos mit den Merkmalen des großen Illustrators mischen, ohne daß sein Werk darunter zu leiden hätte. Seine bevorzugten Themen sind Frauen, die er mit der Leidenschaft des Künstlers sieht, dem es gelingt, seine Träume genauestens wiederzugeben oder die Wirklichkeit, die das Modell ausstrahlt, in einen reinen Traum zu verwandeln. Immer handelt es sich um eine figurative Malerei mit einer starken Komposition auf der Grundlage skulptierter Volumen, die sich aus großen, im allgemeinen wenig kontrastreichen Farbzonen ergeben und je nach Thema oder Inspiration des Augenblicks konkrete oder verwischte Umrisse aufweisen.
In seinen Pastellbildern vereinen sich das Erbe der großen Meister und eine hervorragende Technik im Dienste einer modernen, kraftvollen Sichtweise sowohl der weiblichen Gestalt als auch deren eventuellen Kleidung sowie des Umfeldes. Und das alles in einer Farbenharmonie, innerhalb derer häufig dennoch heftige Farbkontraste auftreten.
Domingo findet seine Themen in der weiblichen Gestalt. Die Sensibilität, mit der er sie behandelt, gründet sich stets auf dem Ursprung der Schönheit.

Abb. 153 bis 156: Domingo Álvarez ist ein angesehener Illustrator dessen Werke in de ganzen Welt veröffentlicht wurden. Doch e vernachlässigt auch nicht die Malerei, bei de er sich immer wieder mi dem weiblichen Porträ befaßt.

156

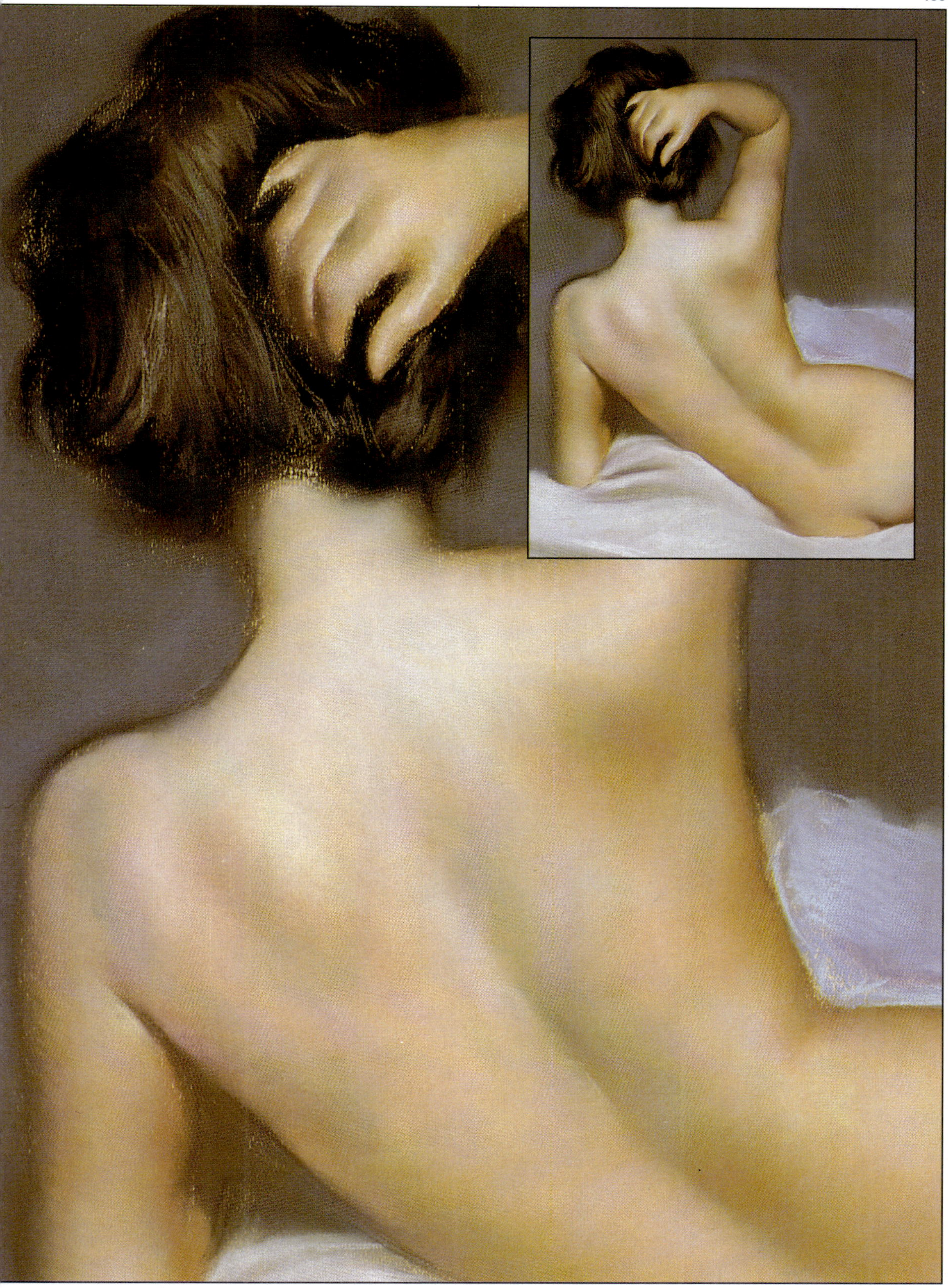

157

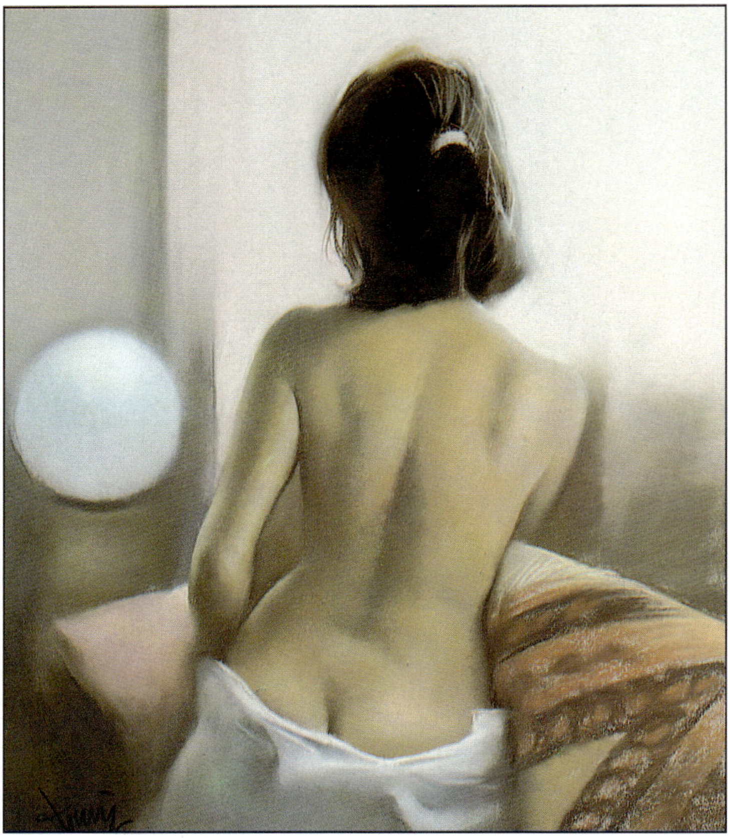

1

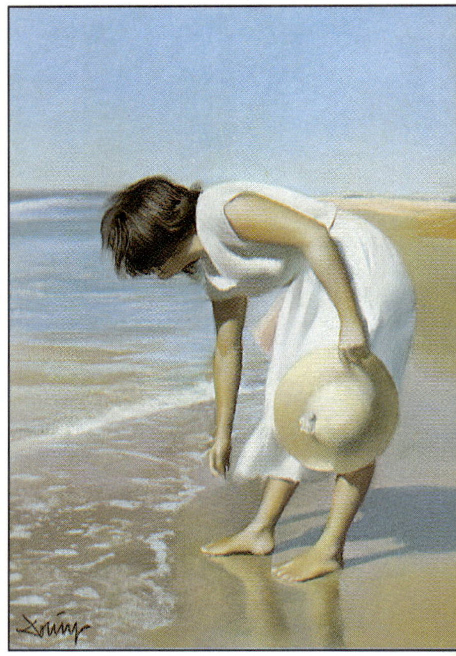

Abb. 157 bis 160: Pastellkreiden scheinen wie geschaffen für den weiblichen Akt, denn kaum ein anderes Me(um gibt den Reichtu der menschlichen Ha so perfekt wieder.

1

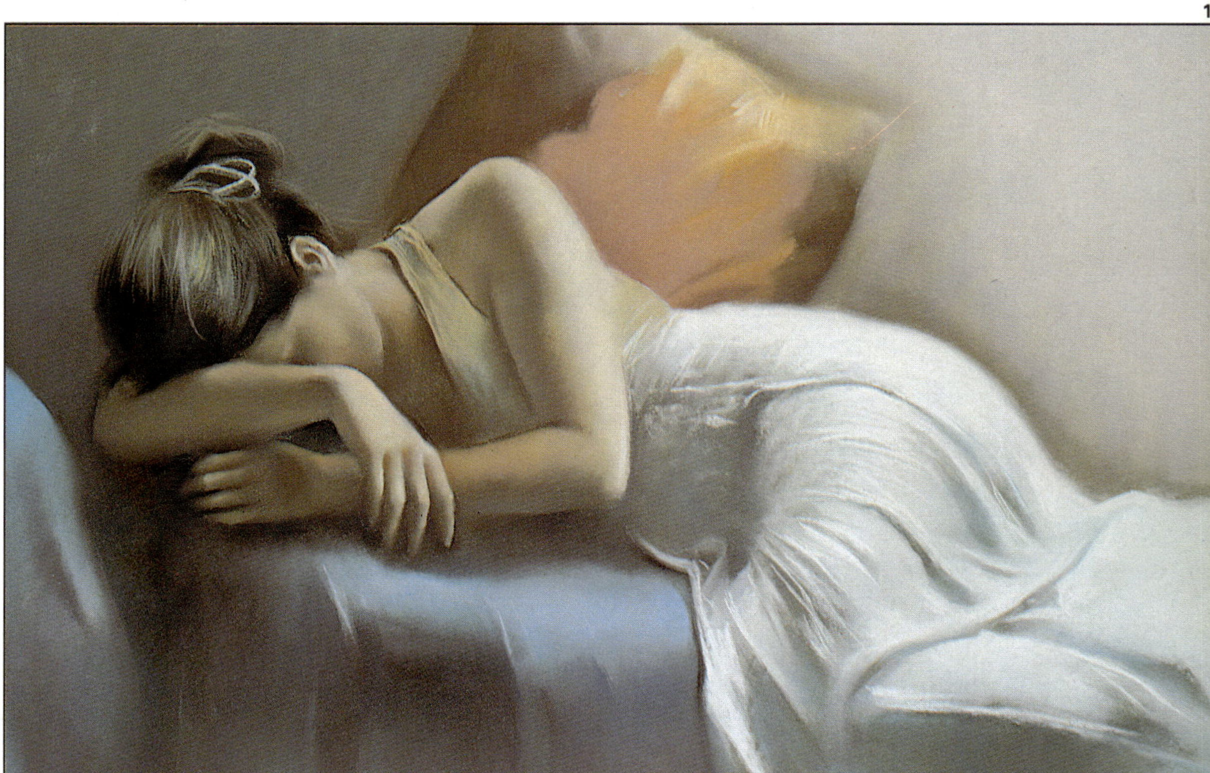

160

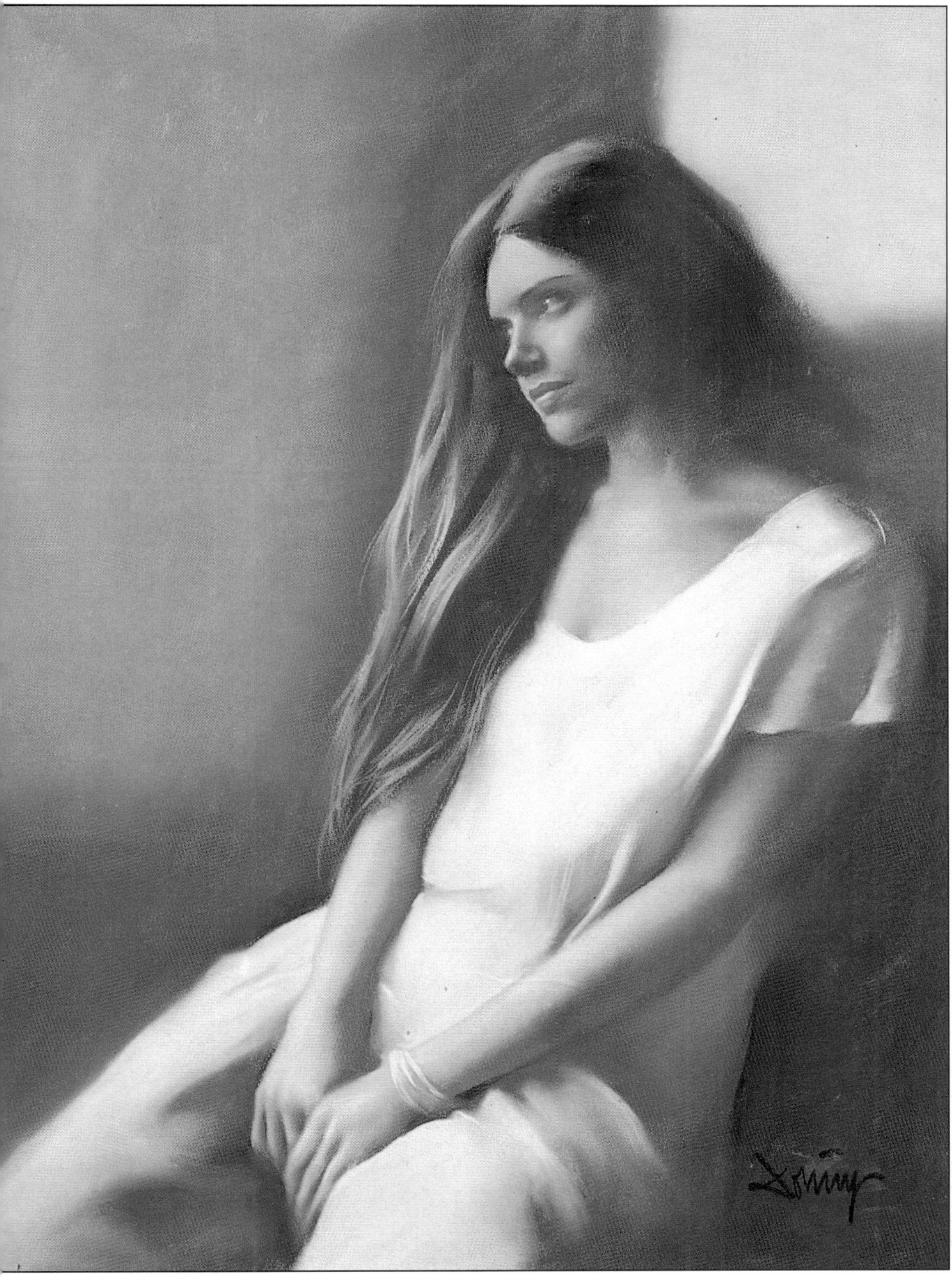

Joan Martí

161

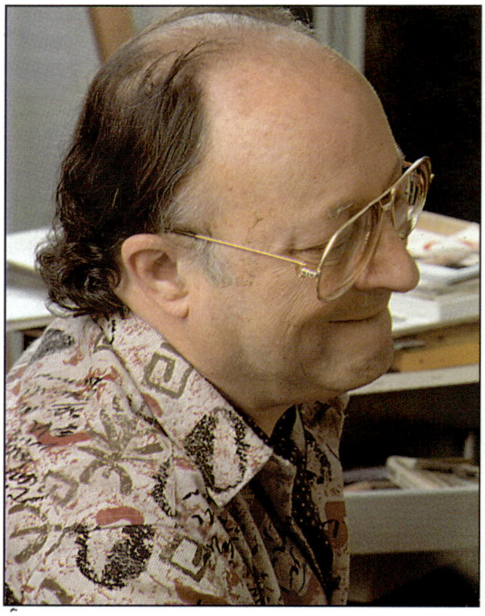

16

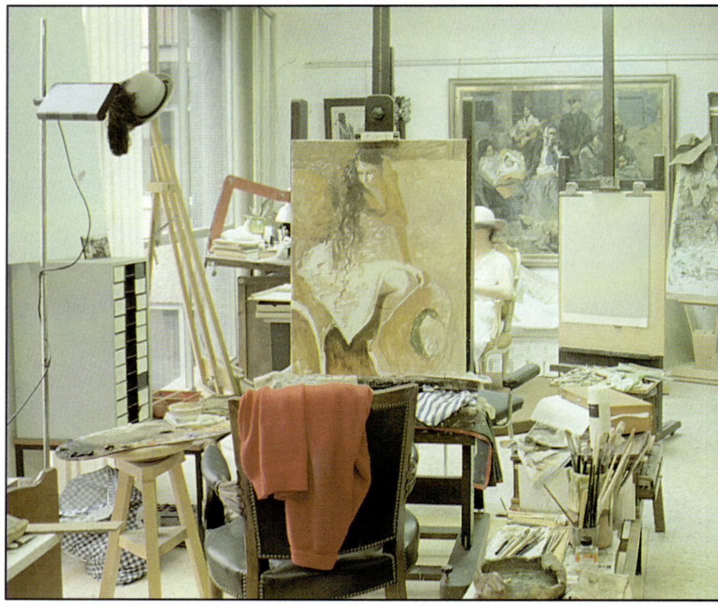

16.

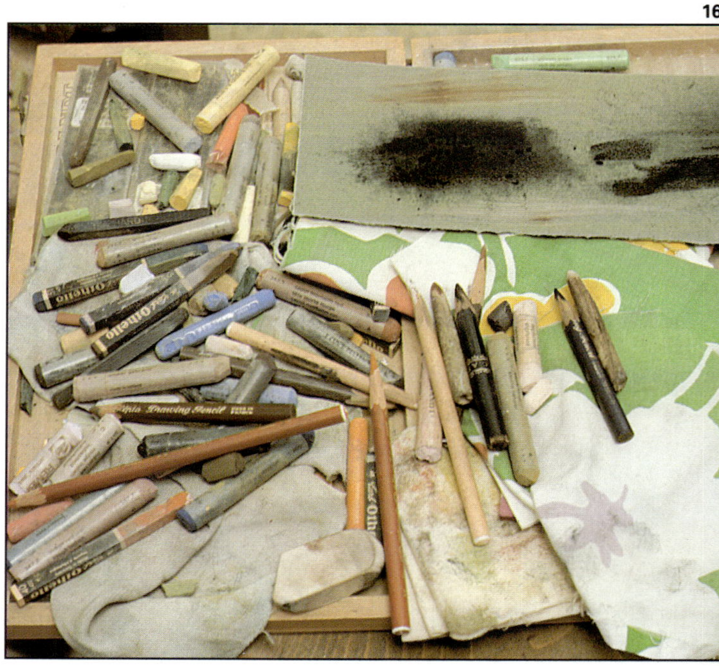

Joan Martí wurde am 20. September 1936 in Barcelona geboren. Er begann sein Studium der Zeichnung und der Malerei in Valls und setzte es später an der Kunstakademie San Jorge in Barcelona fort. Diese gewährte ihm ein Stipendium für Reisen nach Paris, Rom und Venedig. 1960 folgte eine Reise nach Amerika, wo er seine künstlerische Ausbildung abschloß. Die erste Einzelausstellung hatte er 1963 in der Sala Jaimes in Barcelona. Spätere Ausstellungen und Veröffentlichungen fanden in Madrid, Paris, Luxemburg, Caracas und Washington statt.

Joan Martí hat über seine künstlerische Persönlichkeit unter anderem folgendes gesagt:

„Ich bin ein figurativer Maler, mehr oder weniger ein Neo-Impressionist. Es ist schwierig, seine eigene Malerei zu erklären. Man malt, und damit hat es sich."

„Mich reizt am meisten die Gestalt, vor allem das Porträt."

„Als Porträtmaler bewundere ich am stärksten Velasquez, Rembrandt, Vermeer . . ."

Wie wir gesehen haben, hegt Joan Martí eine große Bewunderung für die Genies vergangener Epochen, das heißt für die großen Meister. Es ist sehr gut möglich, daß sich in seinen Werken der Einfluß seiner am meisten verehrten Maler bemerkbar macht; doch das interessiert ihn nicht. Sie sind Bestandteil seiner Persönlichkeit, die er wie jeder Künstler in seinem Werk widerspiegeln lassen möchte. Und das gelingt ihm in der Tat mit erstaunlicher Meisterschaft.

Abb. 161 bis 164: Ir
Laufe seiner Karriere ha
sich Joan Martí auch m
dem Thema Gestalt, vo
allem dem Porträt, be
faßt. Daher verwunde
es nicht, daß er besor
ders Vermeer, den Me
ster der intimen Malere
und Velasquez, eine
weiteren genialen Po
trätmaler, bewundert.

164

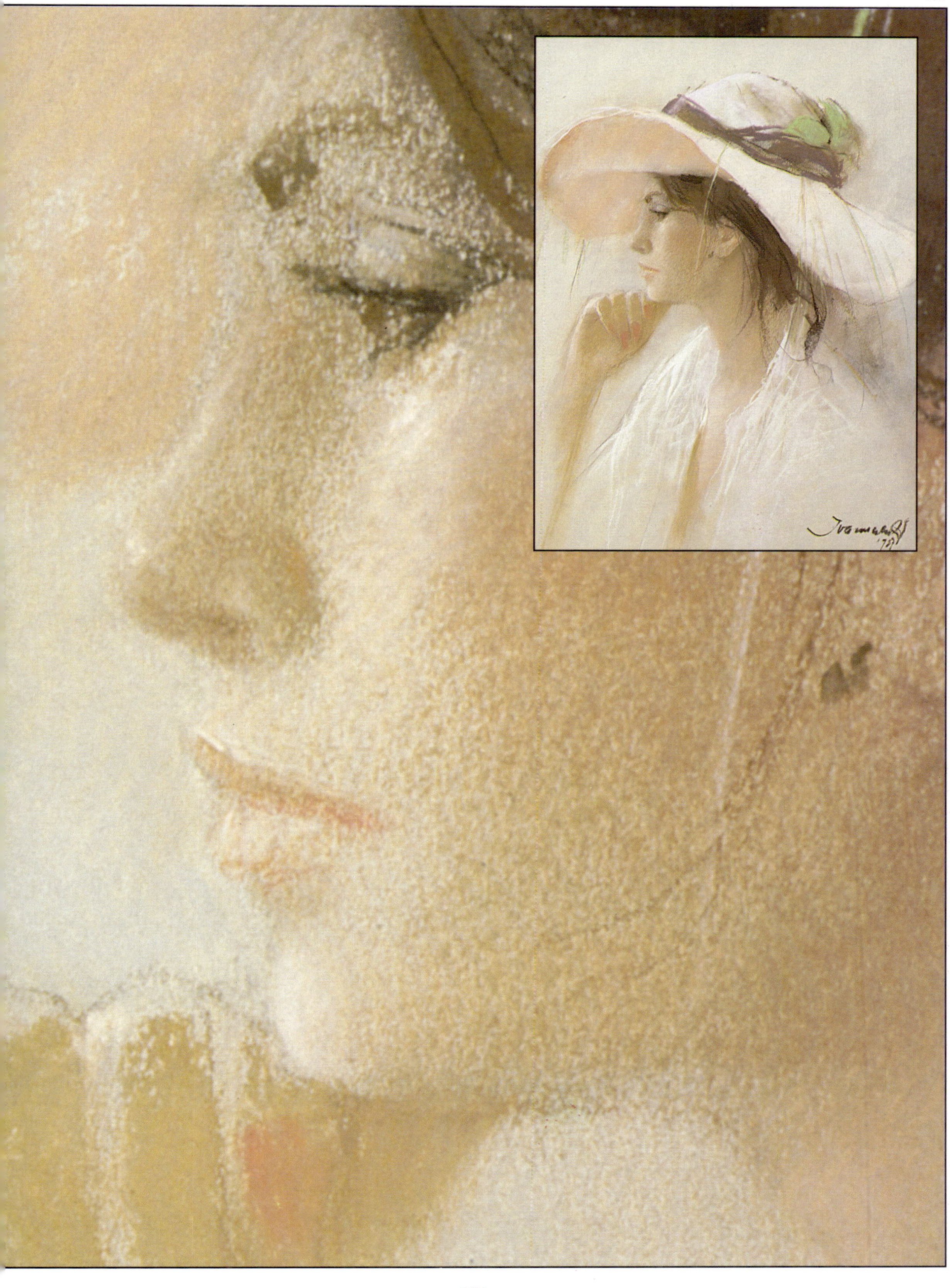

Ausgewählte Werke

165

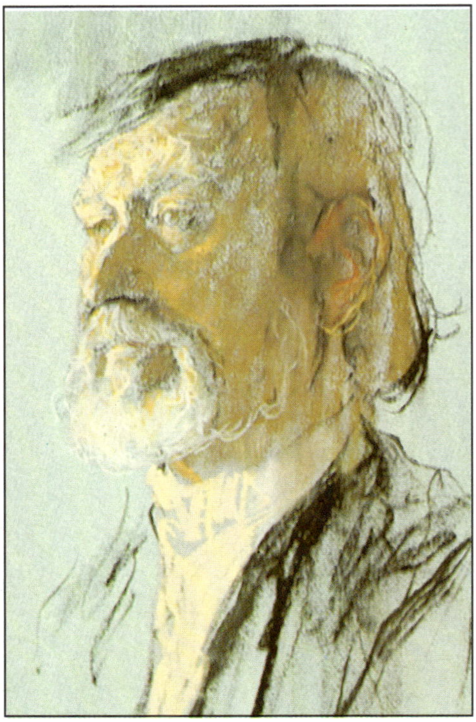

16[illegible]

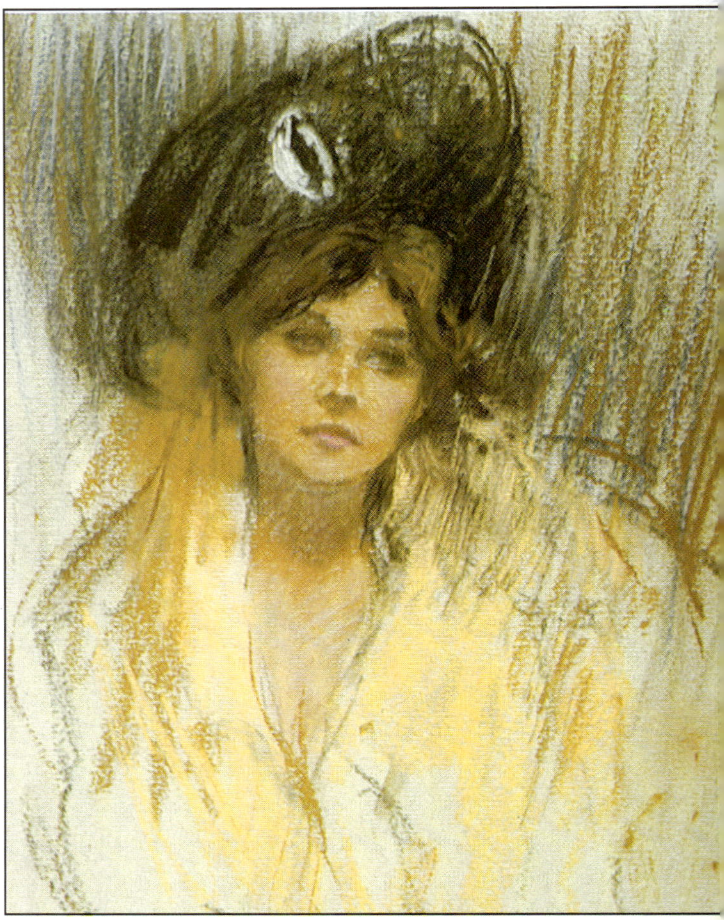

Abb. 165 bis 168: Das vielfältige große Werk von Joan Martí zeigt, daß sich die Möglichkeiten der Pastellkreiden für die Gestalt und das Porträt nicht auf zarte Frauen beschränken, sondern sich mit kleinen Kreidestücken kräftige Striche ziehen und Porträts herstellen lassen, die die Persönlichkeit des Modells widerspiegeln.

16[illegible]

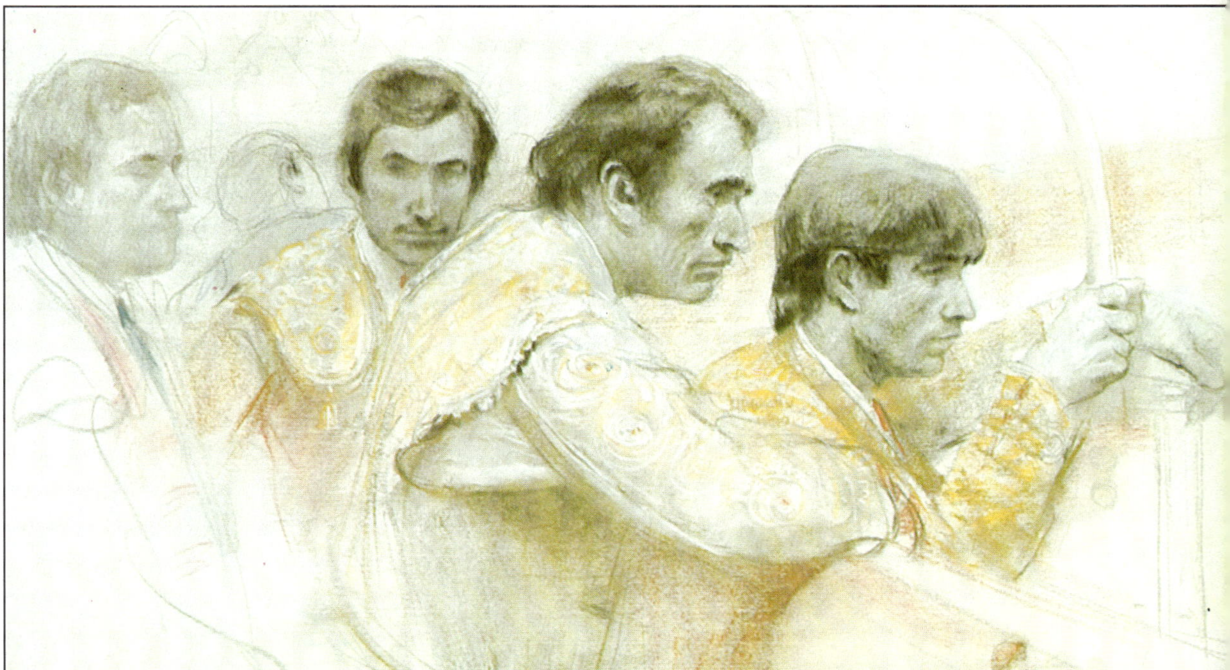

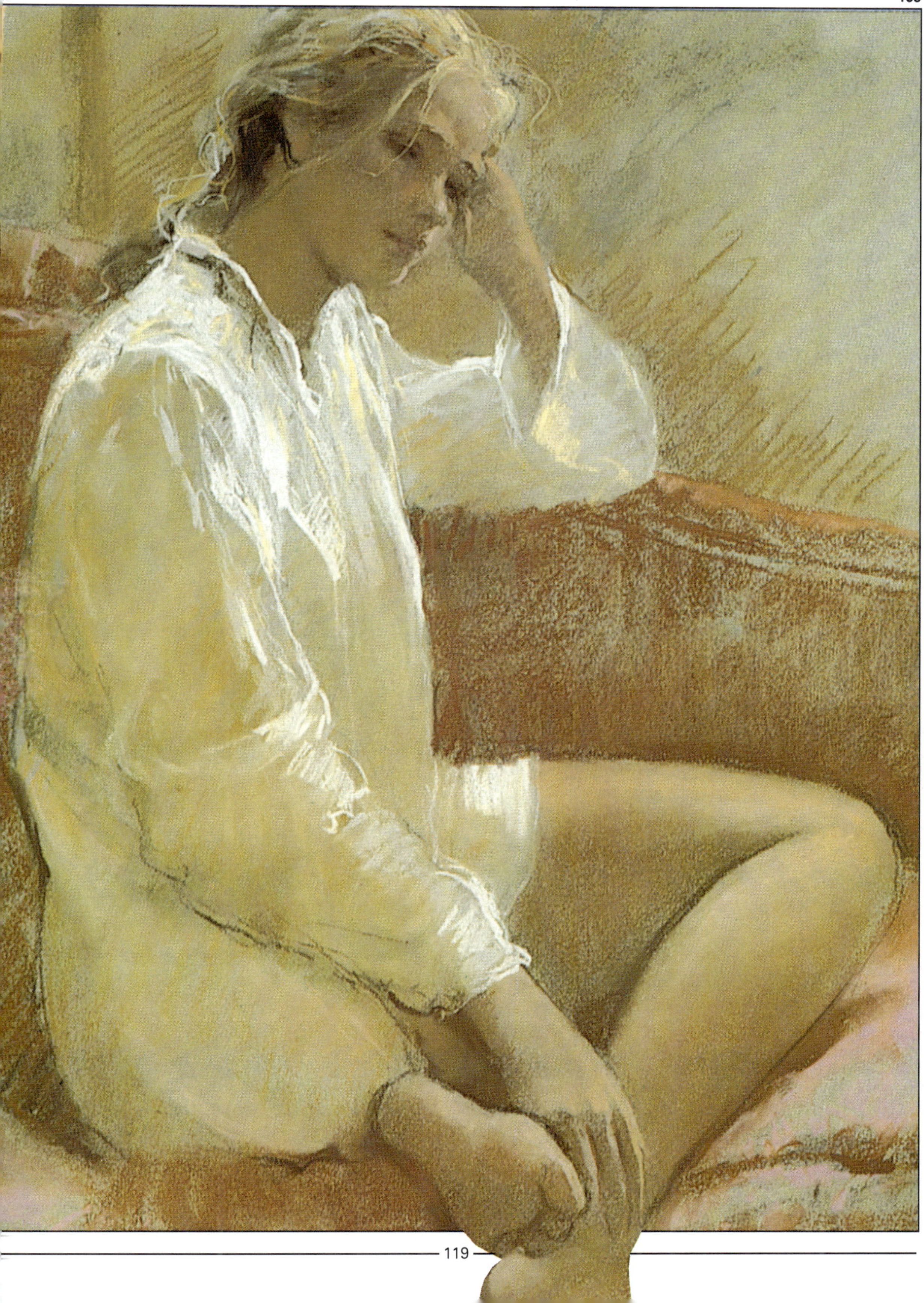

Salvador G. Olmedo

169

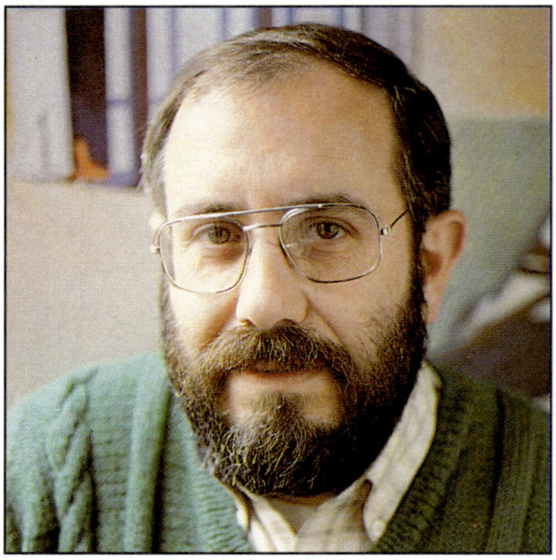

17

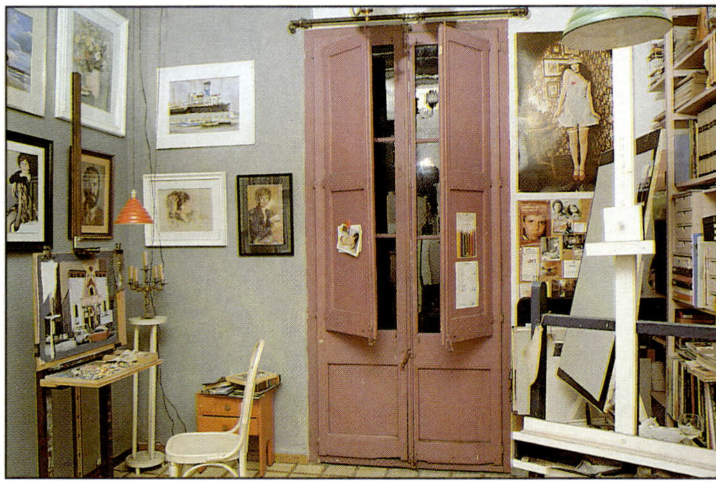

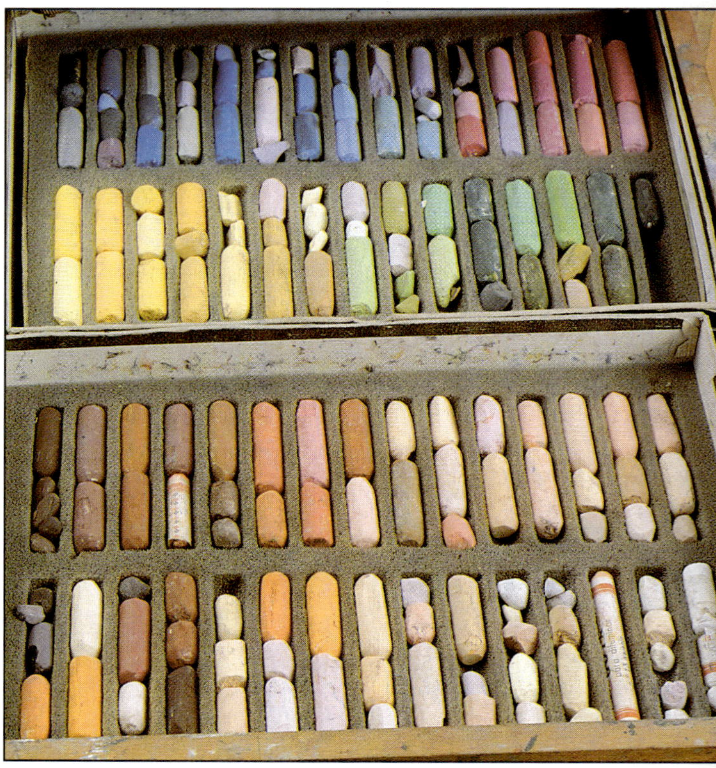

Es ist etwas schwierig, über sich selbst zu sprechen und der Kritiker seiner eigenen Arbeit zu sein. Ich möchte nur sagen, daß ich viele Jahre darauf verwendet habe, um das zu erreichen, was ich erreicht habe und was ich Tag für Tag mit großer Besessenheit male. Mein Name ist Salvador González Olmedo. Ich wurde am 12. Juni 1945 in Barcelona geboren. Ich habe graphisches Zeichnen und Malerei studiert und mich auf mein Lieblingsgebiet, die Pastellkreiden, spezialisiert. Die jahrelange Mitarbeit bei Parramón Ediciones hat mir Gelegenheit gegeben, meine Erfahrungen niederzuschreiben und zu illustrieren. Während dieser Zeit habe ich aber nicht meine Liebe zur Malerei vernachlässigt und gleichzeitig meine Pastellbilder in spanischen Galerien ausgestellt. Schließlich konnte ich ein Werk mein eigen nennen, das sich auf verschiedene europäische und amerikanische Länder verteilt.

Mit Hilfe der Pastellkreiden konnte ich meine Gefühle ausdrücken, die Schönheit suchen, wo sie sich verbirgt, und gute Kunstfreunde finden, die mir bei der Fortsetzung meiner kreativen Tätigkeit geholfen haben; denn das zählt für den Künstler, der sich voll ausleben möchte, immer noch am meisten.

Abb. 169 bis 172: Der Zeichner und Maler Salvador Gonzáles Olmedo befaßt sich mit beiden künstlerischen Verfahren und zieht aus beiden eine persönliche Befriedigung.

172

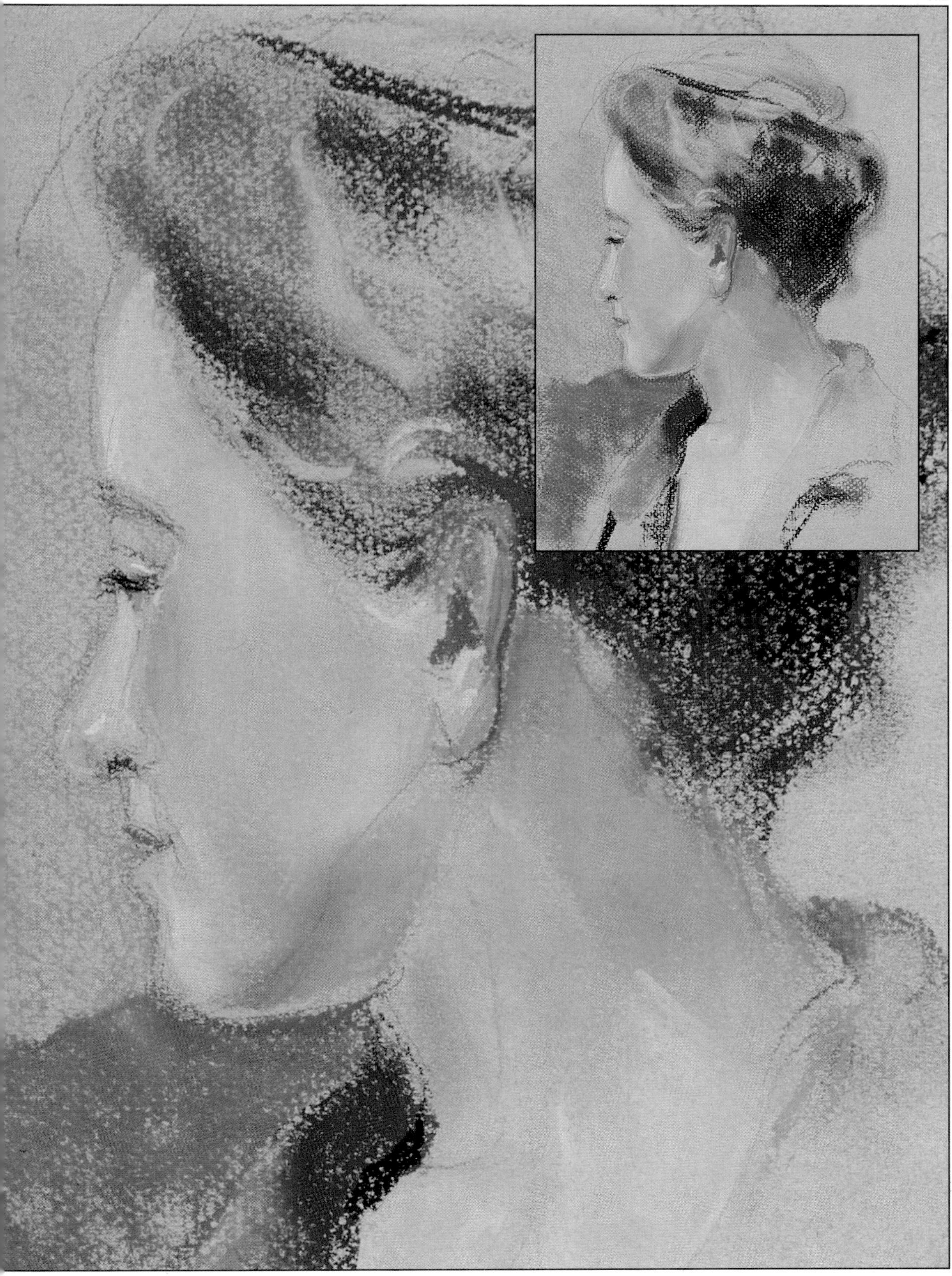

173

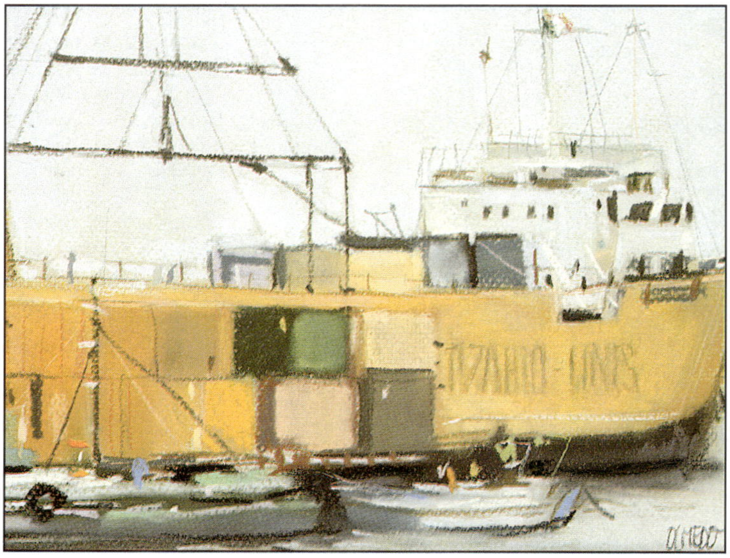

174

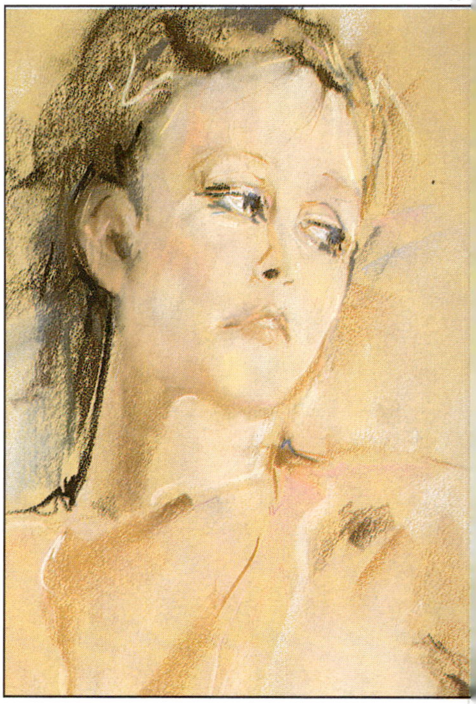

Abb. 173 bis 175: Olmedos Werk umfaßt eine große Themenvielfalt: Porträts, Gestalten, Landschaften, Seestükke. Es ist eine Bestätigung dafür, daß sich alle Motive mit Pastellkreiden behandeln lassen.

175

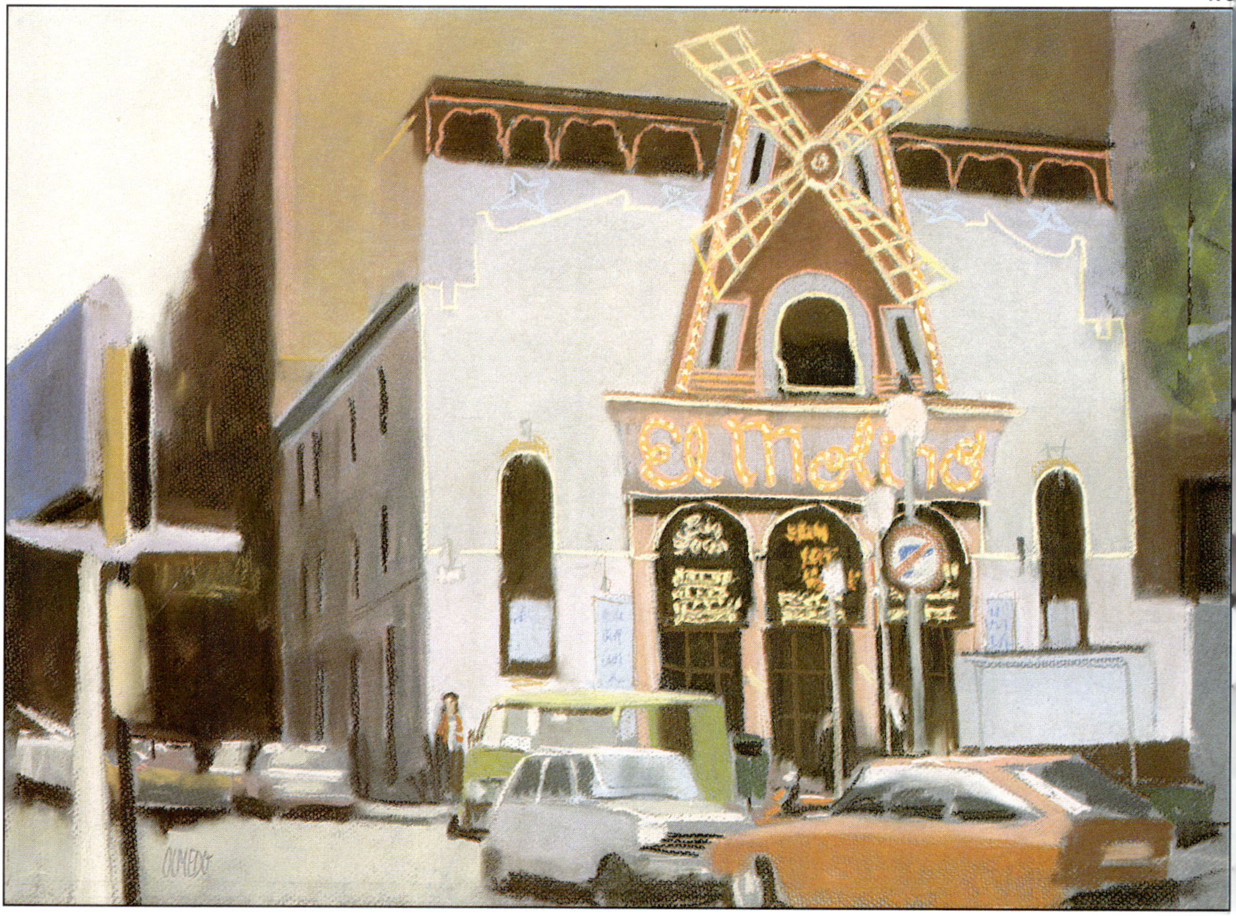

176

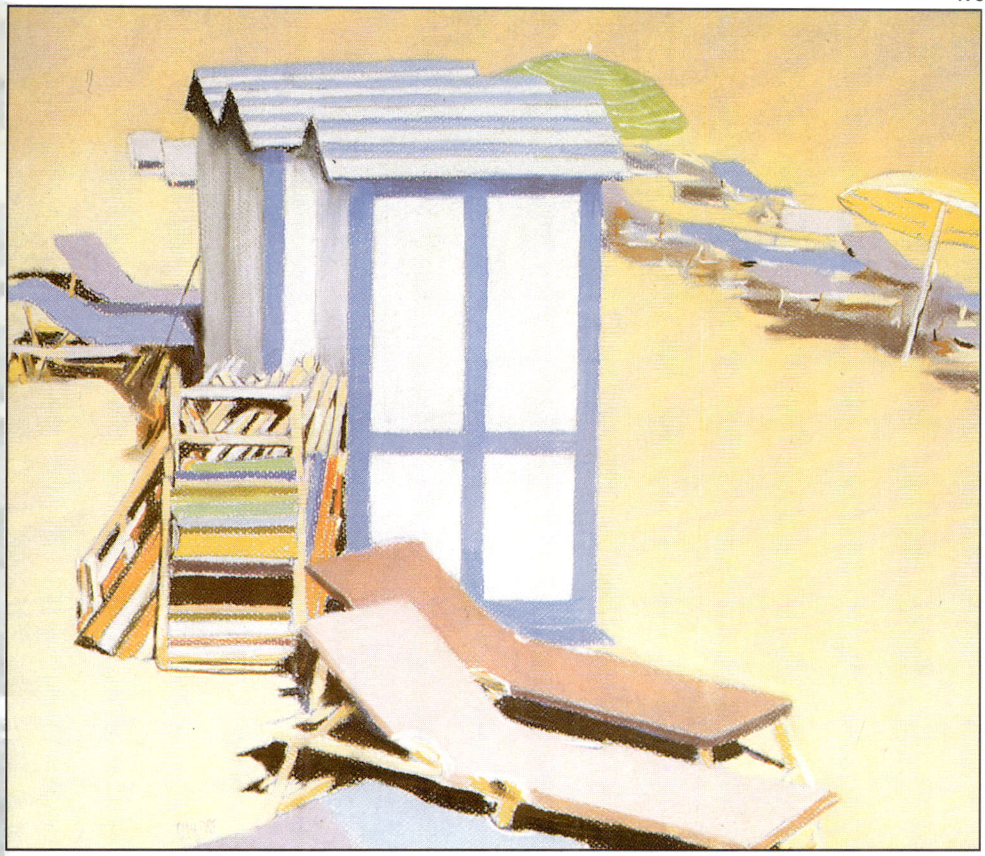

Abb. 176 und 177: Mit dem Seestück und der Landschaft, die nur wenig von Pastellmalern aufgegriffen werden, beweist Olmedo, daß die Pastellkreiden den Öl- und Aquarellfarben durchaus ebenbürtig sind.

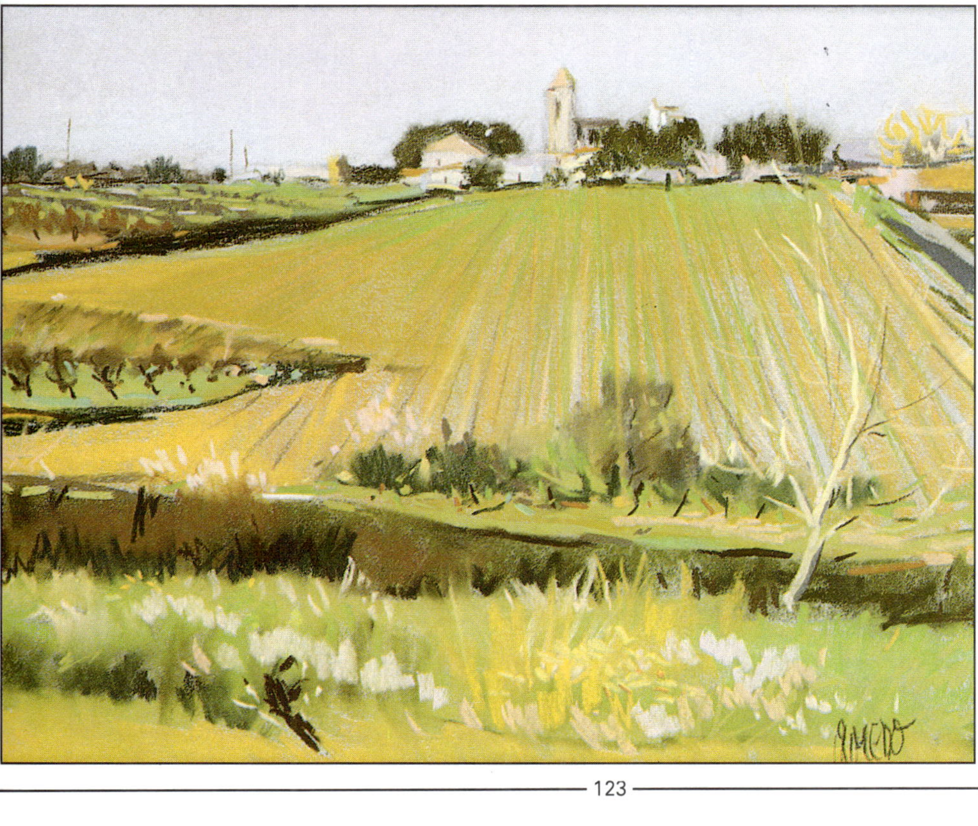

177

178

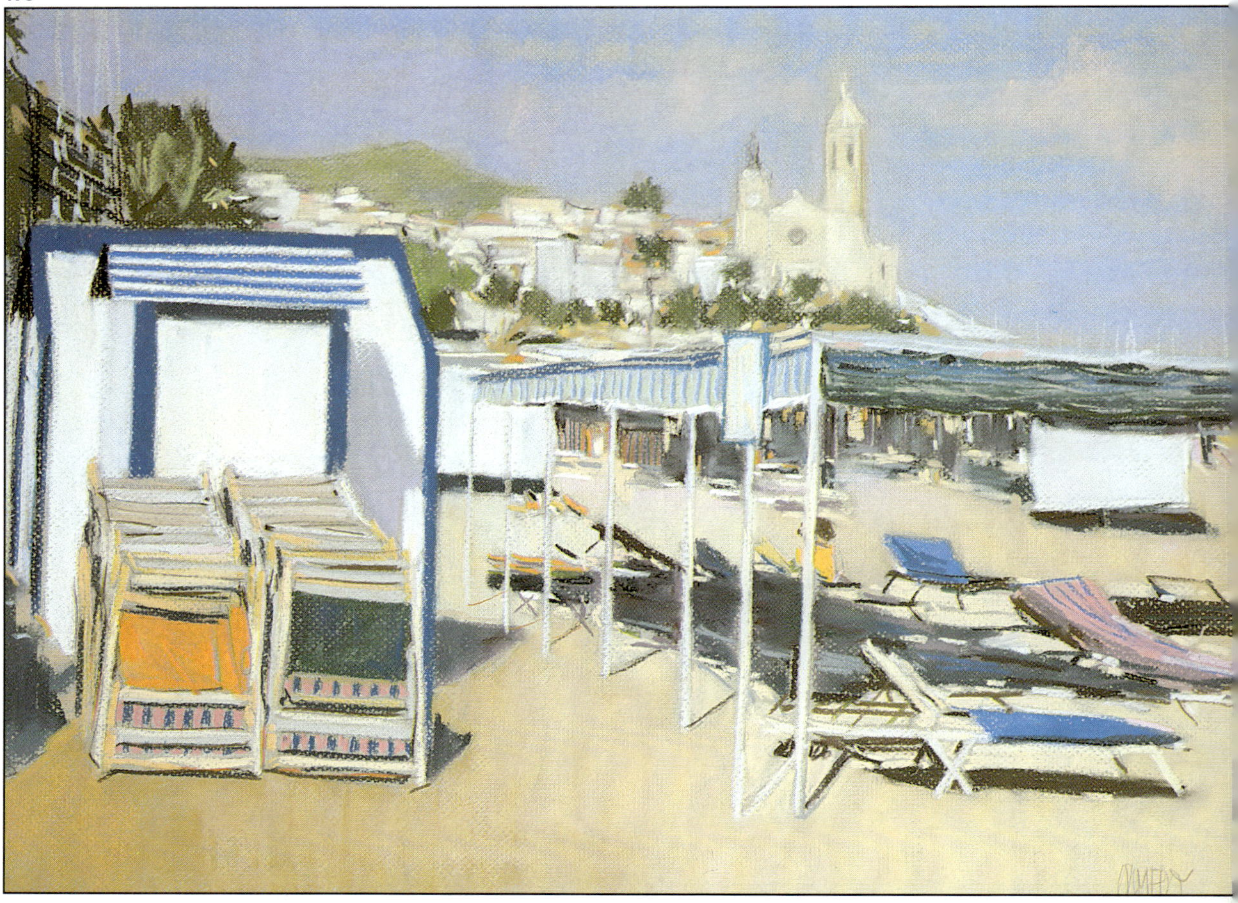

179

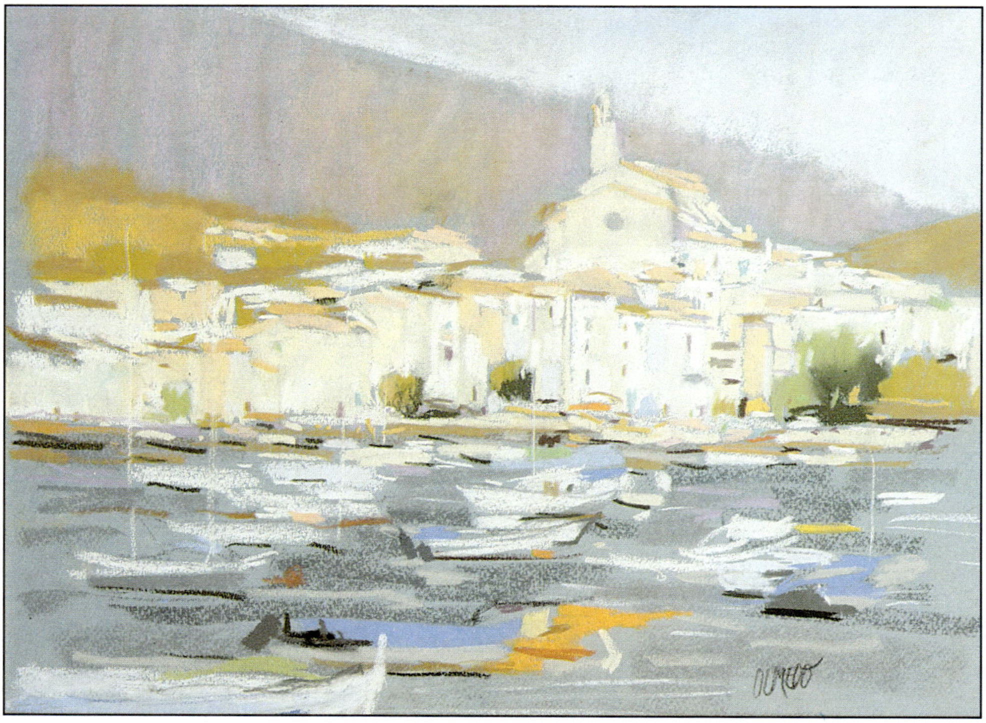

Abb. 178 bis 180: Drei Beispiele für die weitreichenden Möglichkeiten der Pastellstifte: Zwei Bilder vom Strand in Sitges und ein Kindergesicht, bei dem der Künstler die Farben verwischte, bis er diesen reichen Fleischton erhielt.

180

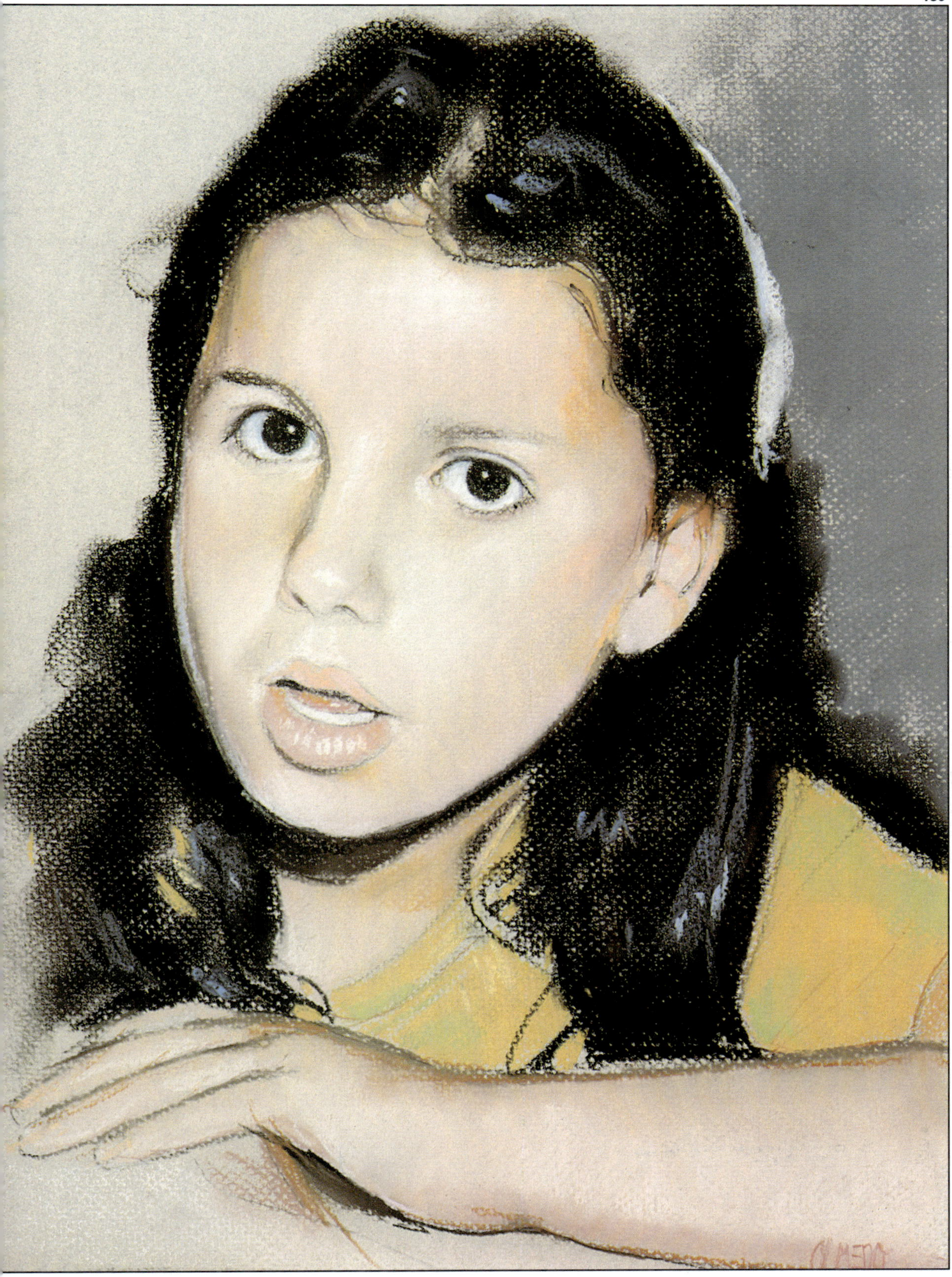

Danksagung

Zum Gedenken an meinen Vater,
José Gonzáles Bragado

Widmung

Bevor ich meine Arbeit abschließe, möchte ich meinen Dank gegenüber allen zum Ausdruck bringen, die mir geholfen haben und mir Gelegenheit boten, andere Menschen ebenfalls zum Malen mit Pastellkreiden zu bewegen. Die Entdeckung der Pastellkreiden hat mich glücklich gemacht, und ich hatte schon immer den Wunsch, dieses Gefühl auch anderen zu vermitteln.
Mein Dank gilt José M. Parramón für seine Hilfe und sein Verständnis. Gedankt sei ferner Mary Franquet, Álvarez Domingo, Joan Martí und Marta Hernández für ihre wertvolle Unterstützung.

Herzlichst

Salvador González Olmedo